“十四五”教育类专业系列规划教材

德育与班级管理

DEYU
YU
BANJI GUANLI

李西顺　主编

苏州大学出版社
Soochow University Press

图书在版编目(CIP)数据

德育与班级管理 / 李西顺主编. —苏州：苏州大学出版社,2022.5（2024.12 重印）
ISBN 978-7-5672-3932-6

Ⅰ. ①德… Ⅱ. ①李… Ⅲ. ①德育工作-师范大学-教材②班级-管理-师范大学-教材 Ⅳ. ①G41 ②G451.6

中国版本图书馆 CIP 数据核字(2022)第 068116 号

书　　名：德育与班级管理

主　　编：李西顺
责任编辑：杨宇笛
装帧设计：刘　俊

出版发行：苏州大学出版社(Soochow University Press)
社　　址：苏州市十梓街 1 号　**邮编**：215006
印　　刷：苏州工业园区美柯乐制版印务有限责任公司
邮购热线：0512-67480030
销售热线：0512-67481020

开　　本：787 mm×1 092 mm　1/16　**印张**：16.75　**字数**：387 千
版　　次：2022 年 5 月第 1 版
印　　次：2024 年 12 月第 3 次印刷
书　　号：ISBN 978-7-5672-3932-6
定　　价：49.80 元

“人之所以异于禽兽者,几希！庶民去之,君子存之。舜明于庶物,察于人伦,由仁义行,非行仁义也。”孟子这一段名言,道尽了德性养成的极端重要性。

德性固然可以通过自我修养而获得,但是若所有德性都仅靠自我探究而养成,在现代社会就会显得效率低下。所以,教育对于道德修养的加持就显得十分重要。人,只有通过教育才成其为人。康德等人的这一命题中所言“教育”虽然不等于德育,但德育也一定是其中最核心的内容。“立德树人是教育的根本任务”,则是对德育的重要性做了更直接、更彻底的肯定。

德育重要,对于教育者可能无须赘言。但是由于德性既涉及认知、情感和价值观的建构,更涉及学以致用、知行统一,强调人格的整体养成,所以德育又是一个千古难题。德育是一个需要智慧也呼唤智慧的教育领域。德育实效的获得,实在需要切切实实尊重德育规律,讲求德育的专业性。李西顺教授主编的《德育与班级管理》出版,对希望了解已有德育研究成果,通过提升德育的专业性从而提高德育实效的广大读者来说,是一件非常有意义的事。

本教材所有作者都是德育研究及班级管理研究领域内的实力派,可以有力保障本教材的专业品质。这一点,不难从本教材精彩独到的章节安排、内容阐发及强烈的实践取向中得到充分印证。作为一个长期从事德育研究工作的教育学人,我由衷地祝贺本书的出版。

我一直认为:教育工作千头万绪,但对于中小学教师来说,最重要的工作可以概括为“教书”“育人”两项。前者主要指各科教学,后者当然主要是指德育与班主任工作了。故对所有有志于投身教育事业的人而言,研习德育与班主任工作就应该是必修课。我由衷地希望广大读者以本教材为基础,结合教育工作实际,为受教育者的幸福人生和国家立德树人事业做出扎实贡献。

檀传宝

2022年初春于京师园三乐居

“德育”与“班级管理”具有内在的学理一致性。将两大板块融合起来，建构“德育与班级管理”这样一门综合、务实、专业的课程，是当前我国师范类教材改革的迫切需要。本教材在保证学术性、前沿性的基础上，强调实践性。在服务于各类高校教育类专业学生培养的同时，亦可服务于一般性的教师教育项目，如教师培训、师范生培养、职前教师学习等。

在内容创新层面，本教材做了以下努力。

第一，在保证学科内容逻辑完整性的基础上，在教材的内容选择、章节安排层面采取了以点带面的策略。专业亮点既可勾勒出整体的学理脉络，又能够凸显教材的重点内容。

第二，突破了将狭义德育限定为学校德育的做法，该做法的主要问题是混淆了德育概念的内涵与外延。实际上，在学校德育（外延）中，广义德育与狭义德育（内涵）同时存在。除了有目的、有计划、有组织的狭义德育外，那些不经意间发生的文化育人、环境育人等广义德育，同样发挥着润心无声的实质性育人功能。

第三，“课程德育”是对当前德育课程内容的时代回应，也改变了过于强调直接德育课程内容的做法，从而适当增加了间接德育课程及隐性德育课程的内容占比。

第四，德育评价是德育教材中的难点，也是重点，同时是广大德育工作者的实际需求点。本教材融合德育评价的本体价值与工具价值，既使教材在德育理论的架构层面更为完整，同时又通过德育评价将德育理论与德育实践融通。

第五，强调教师的“德育力”这一概念。这既是德育教材编写中的一次内容创新，又是实现德育教材“从文本迈向生成”的创新性努力。德育教材最终要落实为教育者的实际德育力，才能真正将教材力量转化为育人力量。而且，“德育力”作为“德育”与“班级管理”两大板块之间的内在衔接，有着承上启下的结构功能。

第六，在德育的学理基础上强调班级管理中的“实务”，是本教材凸显实践性的重要努力。例如，班级矛盾及突发事件的处理、难题的巧妙解决之道、班级管理方法的限度与艺术等。

第七，班级管理中常见的教育侵权及其法律救济是本教材内容的一大特色，也是“德法共治”思路在德育教材编写过程中的重要体现，提升了教材的专业品质和实践价值。

本教材的作者均长期从事德育研究及班级管理研究。各章的撰写者分别是：第一章，李西顺；第二章，叶王蓓；第三章，龙宝新；第四章，李惠；第五章，张志华；第六章，尹艳秋、孙琳;第七章,郭冰;第八章,曹永国;第九章,刘长海;第十章,肖卫兵。

从研讨写作大纲到完成初稿并不断完善的过程中,作者们表现出的精品意识、团队理念、敬业精神令人敬佩,让我备感温暖而有力量。此外,苏州大学教育学院、苏州大学出版社的各位领导给予了宝贵的支持与鼓励;我的研究生高星森、孙嘉琦协助完成了部分统稿工作;苏州大学出版社的编辑杨宇笛女士在本书的编辑出版过程中提供了宝贵的建议。在此,我向他们表达真挚的敬意与谢意!

李西顺

2022 年 3 月 1 日于苏州金鸡湖畔橄榄湾

目录 / CONTENTS

Chapter 1

第一章 德育与德育的历史发展

第一节　德育概念

○ 德育概念的内涵
- 德育之词源考察
- 界定德育概念内涵时容易出现的问题
- 德育的内涵界定

○ 德育概念的外延
- 依据德育活动的实施场域进行划分
- 依据道德学习者进行划分
- 依据德育内容进行划分

德育概念是对德育本质的界定。对德育概念内涵的不同理解，反映了不同的德育理论体系背后的深层哲学。深入理解德育概念的内涵和外延，是深入认识德育本质的关键所在。

一、德育概念的内涵

（一）德育之词源考察

“德”字早在商朝的甲骨文中已经出现，其形为“㣼”，“彳”旁，意为道路或规则，右上为笔直的道路，右下为“目”之象形。在甲骨文中，“德”是指人目不转睛地看着道路行走，引申为遵守规则或规范。发展到金文，“德”字写为“德”。就字形来看，较之甲骨文，“德”字在金文中最明显的变化是增添了“心”部。可以看出，在金文中，“德”之意不仅仅强调人对规则或规范的遵守，还强调规则或规范的“入心”，强调“德之心”。不入人之心的规则或规范不能称为“德”。此后虽经篆书等形式演变，这种基于“心”的“德”字写法仍沿用至今。

在中国古代，“德”还有一种字形为“悳”，其上半部为“直”（音为“得”，声符），下半部为“心”（义符），强调入心方为“德”。正如《说文解字》所言：“悳，外得于人，内得于己也。从心，直声。”《段注》云：“内得于己，身心自得也；外得于人，谓惠泽使人得之也。”此处，“得”与“德”相通，其对象和内容是“道”，指的是宇宙万物运动变化的规律和规则，包含了处理人与自然、人与人、人与社会之间关系的行为规范。在认识了“道”的基础之上，还需要将“道”转化为内在的思想情感，并外化为德行。朱熹解释道：“得之于心，故谓之德”，“施之于身，故谓之行”。就此意义而言，“德”指的是人对规律或规则的内在获得，是基于善的内在思想、感情及其外显行为所表现出的善心与善行，即合乎道的思想情感及其相应的外显行为。

知识拓展

当代印刷体的“德”字“心”部上面还有一横。然而，我们许多书法字帖中的“德”字是没有这一横的。这是为什么呢？

其实，从甲骨文、大篆、小篆到汉隶，“德”字中间均无一横。中唐时期出现了加一横的写法，但这仅是书法作品中的异体字，在典章文献中并不常见。一直到明代，“德”字的正体字“心”部之上仍无一横。例如，明代官方编纂的《永乐大典》中的“德”字，无此一横；南京明城墙的砖文上，府县官员及窑工姓名中的“德”字均无此一横。

也就是说，从先秦至明代，在官方通用的正体字中，“德”字的“心”部之上是没有这一横的。直至清代，官方编纂的《康熙字典》中才出现“心”部之上有一横的“德”字。因此，是从清代开始，原来作为异体字的“心”部上有一横的“德”字，变成了正体字，而无此一横的“德”字则成了只有在书法作品中才偶尔使用的“特殊写法”，例如，清代“全聚德”的题字。

今人写“德”字，中间需写此一横。若创作书法作品，则可不写，并非错字。

“育”，又作“毓”，其义为“养”。《说文解字》云：“育，养子使作善也。”《段注》言：“不从子而从倒子者，正谓不善者可使作善也。”《易经》云：“君子以果行育德。”其中之“育德”实为“养德”，即涵养品德。“育”之本义为“养子使作善”，即培养人的品德，培养人的善心善行。①

在中国古代典籍中，“育”的词义有四种②：

其一，生育。宋吴曾《能改斋漫录 · 记事二》：“虞部员外郎张咸，其妾孕五岁而不育。”

其二，抚养。《诗 · 小雅 · 蓼莪》：“拊我畜我，长我育我。”郑玄笺：“育，覆育也。”《文选 · 张华〈鹪鹩赋〉》：“育翩翾之陋体兮，无玄黄以自贵。”刘良注：“育，养也。”

其三，培养；教育。唐韩愈《顺宗实录五》：“恩翔春风，仁育群品。”王德安《严师》诗：“三十年心血育英才，芬芳桃李满天下。”

其四，生长；成长。《礼记 · 中庸》：“致中和，天地位焉，万物育焉。”朱熹集注：“育者，遂其生也。”《孟子 · 滕文公上》：“后稷教民稼穑，树艺五谷；五谷熟而民人育。”

概而论之，从汉字词源的角度看，“德”的基本含义是指人合乎道，即符合事物发展规律、社会规范的内在思想、感情及其外显行为；“育”的基本含义是指培养人的品德，培养人的善心善行，即培养人的善的内在思想、感情和外显行为。

---

① 胡厚福 . 德育学原理［M］. 北京：北京师范大学出版社，1997：103-104.
② 罗竹风 . 汉语大词典：第 5 卷［M］. 上海：汉语大词典出版社，1990：1186.

在西方，18 世纪七八十年代，德国哲学家康德（I. Kant）把遵从道德法则培养自由人的教育称为道德教育或实践教育。与康德同时代的裴斯泰洛齐（J. Pestalozzi）也使用过“德育”这一概念，这表明西方社会于 18 世纪晚期已形成“德育”这一概念。英国学者斯宾塞（H. Spencer）在其《教育论》一书中，将教育明确划分为智育（intellectual education）、德育（moral education）、体育（physical education）。从此，“德育”逐渐成为教育学界的一个基本概念和常用术语。

西方的“德育”概念于 20 世纪初传入我国。1904 年，王国维以“德育”“知识”“美育”三词，向国人介绍了叔本华的思想。1912 年，蔡元培在其制定的教育宗旨中，提出了“军国民教育”“实利主义教育”“公民道德教育”“世界观教育”“美感教育”等“五育并举”的教育方针。当年国民政府颁布了“注重道德教育，以实利主义教育、军国民教育辅之，更以美感教育完成其道德”的教育宗旨，由此，“德育”这一概念逐渐成为我国教育界通用的术语。①

（二）界定德育概念内涵时容易出现的问题

1. 强调描述性定义，忽略规范性定义

当前，我国许多德育教材对德育概念的界定，基本遵循了《中国大百科全书·教育卷》（1985）对德育概念的界定：德育是教育者按照一定的社会或阶级的要求，有目的、有计划、有组织地对受教育者施加系统的影响，把一定的社会思想和道德转化为个体的思想意识和道德品质的教育。例如，胡守棻认为德育是将一定社会或阶级的思想观点、政治准则、道德规范转化为个体思想品德的教育活动。② 孙喜亭认为德育是教育者按照一定的社会要求，通过特定的教育活动，把特定社会的思想和道德规范内化为受教育者的思想意识和道德品质的过程。③

上述定义被许多德育教材引用。类似定义强调对德育过程的描述，却对德育过程本身的价值关注不足。描述性定义仍然没有触及德育的价值内核，而德育过程本身才是最具价值规定性的教育过程，对人之品性的培育才是其根本规定性。因此，德育概念的界定方式就不能止步于描述性定义，只有在描述性定义的基础上加入规范性定义，澄明德育概念的价值规定性，才能呈现完整立体的德育概念。规范性定义包含价值要求的成分，强调德育这一概念在本质层面的应然价值追求。

因此，在界定德育这一概念时，不仅要对德育的客观发生过程进行事实性的描述，而且要关注德育过程中教育者所采用的方式是否合乎道德，这一价值规定性必须在德育概念的内涵中得到体现，即定义德育时不能仅对德育过程进行描述，还应对该过程作正向价值规定。应避免采用不道德的方式来达到德育目的，德育过程本身的方式方法，必须是合乎道德的。这种定义方式在动态价值维度上赋予德育概念立体的规定性。概而言之，不能以“反德育”的方式来进行德育。

---

① 黄向阳．德育原理［M］．上海：华东师范大学出版社，2000：2-3.

② 胡守棻．德育原理［M］．北京：北京师范大学出版社，1989：20.

③ 孙喜亭．教育原理［M］．北京：北京师范大学出版社，1993：290.

德育的方式方法应合情、合理、可行，否则就有可能是在以反德育的方式进行德育。欧阳教先生以三个道德故事“扮鹿取奶的郯子”“投江寻父的曹娥”“卧冰得鲤的王祥”作为例证来进行说明。

例如，在“扮鹿取奶的郯子”这一则道德故事里，郯子的母亲生病了，医生说只有喝鹿奶才能好。郯子捉不到鹿，就借了一张鹿皮披在身上，扮成小鹿，混在鹿群里，取奶给母亲喝。一天，他正在取奶，来了一群猎人，猎人一箭射中了郯子身上的鹿皮，走近了一看，原来鹿皮下的是一个小孩子。郯子说出原委，猎人很赞赏他，就捉了一只母鹿送给他。尽管这个故事很感人，但它作为道德教材就显得不合适，因为故事中郯子尽孝的方式在现实中没有可行性。尤其是在当代，我们更不可能重现这样的故事情境。如果以这则故事作为今日的德育材料，我们只能师其意（rule-oriented），而无法重演其行为（act-oriented）。因此，德育的方式要符合常理，如果不符合常理，可能会阻碍学生形成道德判断力。

概而言之，德育之推行方式，应该具备合认知性（cognitiveness）、合价值性（worth-whileness）、合自愿性（voluntariness）的德育规准。也就是说，德育活动的进行方式应合理、合情与可行。德育的方式应该是“道德可欲的”（morally desirable），而不应该是“悖离道德的”（morally objectionalbe），悖离道德则会导向反德育，或非德育。①

2. 强调单向引导，忽略多向共育

当前，许多德育教材对德育概念的界定仍然遵循着单向引导的价值“授—受”思路。例如，认为德育是教育者向受教育者传播有关特定社会意识、社会规范的知识，使其形成一定品德的活动。②

这一德育理念有以下基本特征。第一，把教师和学生在道德教育与道德学习过程中的身份角色进行区隔并固化，忽略了“教学相长”在德育过程中的重要价值，忽略了在道德教育及道德学习过程中学生亦可为师的基本事实。第二，规定了德育过程中线性的自上而下的单向“授—受”关系，其基本逻辑是教师的品性一定优于学生，学生在道德学习过程中必须接受教师的道德教育才能有所提升。这对学生多样化的个性和在道德学习过程中的主观能动性关照不足。第三，没有明确道德学习与知识学习的根本区别，忽略了学生在道德生活中能更好地进行道德学习这一基本事实。第四，忽略了德育过程是师生双方道德共建、价值共育的过程，仅强调教师对学生的单向引导，忽略了学生对教师的价值影响，忽略了多元主体对道德价值的多向共同建构作用。

---

① 欧阳教．德育原理［M］. 6版．台北：文景出版社，1998：26-30.
② 胡厚福．德育学原理［M］. 北京：北京师范大学出版社，1997：104-105.

课堂点睛

欧阳教先生指出，若培养出来的学生只能死守他律制约，而自己无行善意愿，只能算是“半个人”。① 德育不仅仅是由内而外地引导，更是激发学生内驱力，帮助学生自主完成价值建构的过程。教师不能代替学生进行价值构建，否则就是在培养“半个人”。

3. 强调社会活动属性，忽略心灵滋养属性

德育是一种社会活动，这是事实。但是，仅从社会活动的层面定义德育还远远不够。如果一种社会活动的影响不能深入人心、滋润心灵，就不可能产生真实且持久的价值引领，不可能真正发挥育人功能。

长期以来，德育实效低下一直是困扰学校德育的“老大难”问题。对此问题的解决，应该先从对德育概念的界定开始。在界定德育这一概念时，不能仅关注德育的社会活动属性，因为社会活动仅仅是一种外在形式。德育要想取得实效，就必须滋养人的心灵，并影响个体精神世界的价值秩序。

在心灵滋养和价值影响这一维度，德育以人类心灵向善的意向状态为根基，德育概念的界定不能忽略人类对于“善”的原初意识和渴望。就此意义而言，德育不仅是一种社会活动，更是一种善意的价值影响和心灵滋养。

在技术主义大行其道的当代，我们应避免片面强调德育作为一种社会活动、一种职业、一种工具、一种技术的观点。德育这一概念应从整全性的鲜活的生命存在层面进行理解，而不应仅从工作技能或功效层面进行理解。只有从整全性的精神层面来理解，德育这一概念的内涵才是深刻的而非浅表性的。

因此，在界定德育这一概念时，应把人类对于“善”的原初意识，把人们希望在这个世界上获得温暖，与别人建立相互关怀的关系的自然善意，作为德育概念界定的重要基础。德育最重要的是处理好心与心之间的关系。

4. 对“道德”与“品德”的区分不足

德育的本质是“育德”，但是，育的是哪个层面的“德”？是“道德”还是“品德”？在德育学的诸多概念中，道德与品德是两个既相互区别又相互联系的概念。

“道德”可以分为两种类型：社会性道德及精神性道德。社会性道德指在现代社会的人际关系和人群交往中，个体在行为活动中所应遵循的原则和标准。它是处在一定社会关系中的人们在其社会生活中所形成的关于善与恶的观念，是通过社会舆论、内心信念和教育力量来实现的，调节人与人、人与社会乃至人与自然之间相互关系的行为规范的总和。社会性道德指向人类向外求的实践活动。

精神性道德包含两类：宗教性道德及自我实现性道德。宗教性道德是李泽厚在《历

---

① 欧阳教．德育原理［M］．6 版．台北：台湾文景出版社，1998：2.

史本体论》中提出的概念，处理的是人与绝对信仰或理性之间的关系。绝对信仰的对象是一种不仅超越人类个体，而且也超越人类总体的“造物主”“天意”或理性，信众认为正是它们制定了人类（当然更包括个体）所必须服从的道德律令或伦理规则。自我实现性道德则纯粹指向人类自身，具有精神享用属性，能够帮助个体在现实的生活世界中完善德性、安顿心灵、追寻意义、安身立命、体悟幸福。精神性道德处理的是人与自身的关系，指向人类向内求的实践活动。

不论是社会性道德还是精神性道德，最终都需要落实为善的品德。善的品德指的是人的优秀的品格德行，是通过个体的思想、情感和行为表现出来的一组积极特质，是积极人格特质研究的主要内容。善的品德可以组成更高一层的美德（Virtue），而美德是人类获得幸福和健康的核心要素。美德是德育要着力培育的核心特征。在积极心理学的视野内，可以将其概括为六种美德，体现在心理学家彼得森和塞利格曼（Peterson & Seligman）提出的“价值—行为分类系统”之中，六种美德分别是智慧、勇气、仁慈、正义、节制、卓越。具体而言，智慧是指获得和运用知识的品质。在面对内部、外部两种不同立场时，仍然誓达目标的意志是勇气的主要特征。仁慈是指在和朋友、家人进行积极的社会交往时所体现的品质。正义则在更广泛的团体交往中体现出来。节制是谨慎处事的品质。卓越是把个体与整个人类联系起来的品质。①

通过上述区分，我们可以看出，“德育”是通过“道德教育”而实现善的“品德教育”的过程。道德可以是德育的内容和实施方式，但美德才是德育的育人目的和最终依托。道德需要借助德育的过程转化为人的美德，而人的美德则可以借助道德的形式外显为德行。在心为德，施之为行。

5. 对“德福一致”缺乏应有的重视

有些德育概念片面强调道德主体向外的利他奉献，却忽视道德主体自身的幸福追求，从而违背了“德福一致”这一伦理学基本原则，遮蔽了道德与幸福之间的一致性。正如休谟指出的，德性的唯一目的是使人幸福②，让广博的人道或仁爱来融化褊狭的自私性而使人类社会达到和平、秩序和幸福③。如果德育这一概念仅强调向外的亲社会行为、利他奉献行为，而忽略人们在利他奉献的过程中所收获的精神幸福，则会导致伦理学上的“自我—他人之间的伦理不对称性”。

幸福与道德之间的一致性至少可以从以下两个维度加以说明。第一，从总体上说，道德与幸福之间的一致具有必然性。这既有功利方面的原因（“俗福”的角度），又有文化方面的原因。前者是指道德本身是一个具有客观性的利益调节器，其分配原则是按“德”分配。后者是指人类是文化性或社会性的存在，而道德是人类文化的重要因子，文化制约人的方式是良心和社会舆论。如果一个人不具备起码的德性，没有德行，他就很难被社会接纳，很难收获幸福。因此，总体而言，德福一致具有必然性。第二，从

---

① 卡尔．积极心理学：关于人类幸福和力量的科学［M］．郑雪，等译校．北京：中国轻工业出版社，2008：48-49.

② 休谟．人类知性研究和道德原则研究［M］．牛津：牛津大学出版社，1902：279.

③ 休谟．人类知性研究和道德原则研究［M］．牛津：牛津大学出版社，1902：274-277.

“雅福”的角度看，德行本身就具有自我肯定、超越牺牲的性质。所谓“仁者无忧”，“无忧”其实就是有德性的人的一种幸福，孔颜之乐就是这种幸福的表征。真正的德行实际上是实践其人格的价值追求过程，所以，德行本身就具有自我实现的幸福意义。即使经历千辛万苦，道德主体也有践行使命的神圣与愉悦。①

（三）德育的内涵界定

在避免上述五类问题的基础上，我们对德育这一概念的内涵做出界定。

德育的本质是“育德”：以合乎道德的方式来培育人的品德。德育的内涵有广义与狭义之分。

从广义来看，所有形式的“以美善育美善”的正向价值影响及心灵滋养都属于德育的范畴。也就是说，不论是否有目的、有计划、有组织，凡是以合乎道德的方式培育人之美德的活动，或者是以合乎道德的方式对人的品德产生的正向价值影响及心灵滋养，都属于“广义德育”。

从狭义来看，德育指的是教育者有目的、有计划、有组织地建构适合道德学习者美德成长的价值环境，促进道德学习者在道德认知、道德情感、道德意志、道德行动等方面不断提升的教育活动。“狭义德育”这一概念，需要从三个层面加以规定。一是饱含道德的目的或使人为善的意图，并以幸福为最高目的。二是建构具有正向价值的德育内容，产生有益的价值影响或心灵滋养。三是采取合乎道德的方式或至少在道德上可接受的方式，而不能以反德育的方式进行德育。

知识点拨

第一，广义德育与狭义德育两个概念，是基于“内涵”维度对德育概念进行的划分。若基于“外延”维度划分，则可分为学校德育、家庭德育、社会德育、网络德育等多种德育外延形态。德育的每一种外延形态都同时包含着广义德育和狭义德育两个内涵维度。

第二，在学校德育中，广义德育与狭义德育同时发挥着重要的育人功能。相较有目的、有计划、有组织地开展的狭义德育，那些不经意间进行的广义德育，例如，文化育人、环境育人等，往往如春风化雨，能更好地发挥育人功能。

第三，教学相长是学校德育的基本属性之一。教师的角色不是固定僵化的“教育者”，教师也可能会成为德育过程中的“道德学习者”。学生的角色也不是固定僵化的“道德学习者”，学生也可能在德育过程中承担起“教育者”的角色。学校德育过程不是单向的价值“授—受”过程，而是学校场域内的所有价值主体之间（而非仅师生之间）多向互动的价值共育过程。

① 檀传宝．教师伦理学专题［M］．2版．北京：北京师范大学出版社，2010：31-32.

第四，在德育这一概念中，不宜采用“受教育者”或“德育对象”等称谓，而应采用“道德学习者”这一称谓。“受教育者”或“德育对象”这样的称谓过于强调道德学习者的被动性，而忽略其主体性或主观能动性。因此，德育的基本要素是：教育者、道德学习者、德育内容。

二、德育概念的外延

德育概念的外延，可从德育活动的实施场域、道德学习者、德育内容等三个维度进行划分。

（一）依据德育活动的实施场域进行划分

依据德育活动的实施场域，可以把德育的外延划分为学校德育、家庭德育、社会德育、网络德育等多种类型。

首先是学校德育。学校是德育的实施场域，德育的实施过程依托狭义德育与广义德育的共同育人功能。就狭义德育来看，学校德育是学校依据社会的需要，同时依据道德学习者的品德发展规律，对道德学习者进行的有计划、有目的、有组织的品德教育活动。就广义德育来看，在学校场域内，不经意间发生的润心无声的价值影响或心灵滋养，同样发挥着重要的育人功能。

其次是家庭德育。家庭的重要性毋庸置疑。“天下之本在国，国之本在家”（《孟子·离娄上》）。家庭是社会的基本细胞，是人生的第一所学校，家长是孩子的第一任德育教师，家长要给孩子讲好“人生第一课”，帮助孩子扣好人生的第一粒扣子。家庭德育是家庭教育最核心的内容，是在家庭环境中教育孩子如何做人的品德教育，对于孩子的成长具有重要的奠基功能，对孩子的道德品质的养成影响深远。在传统社会，家庭德育的实施者往往是长辈，德育通常是家庭长辈对晚辈的教育。而今，随着后喻时代的来临，晚辈同样会对长辈产生重要的价值影响。因此，完整地说，家庭德育是家庭成员之间相互产生的多向互动的价值影响。当然，在儿童时期，父母的道德品质、生活方式、言行举止等对儿童具有直接且持续终生的榜样示范及价值引领功能。

再次是社会德育。社会德育的实施者是整个社会，涵盖除了学校和家庭之外的任何社会环境，社会德育对人的价值影响是广泛而深刻的。社会德育也可以划分为广义的社会德育和狭义的社会德育。前者指没有明确目的的社会影响过程，而后者则指一定的社会组织或机构通过有目的的社会宣传、社会活动等多种形式对人的品德施加的教育或影响。

最后是网络德育。严格来说，网络德育与学校德育、家庭德育、社会德育处在不同的层面：网络德育属于虚拟空间场域的德育形态，而学校德育、家庭德育、社会德育则属于实体空间场域的德育形态。但在当代，两类场域高度融合在一起，共同建构德育的空间正义。当前，虚拟网络空间实实在在深刻影响着人们的实体生活空间，网络科技早已成为现实生活中不可或缺的组成部分，与人类的社会生活、道德生活息息相关。在虚拟网络、元宇宙等多种网络场域中，狭义德育与广义德育共同存在并协同发挥功能。前者是通过官方或其他社会组织实施的有目的、有计划的德育活动，而后者则是无目的性的，甚至在未被当事人察觉的情况下便对其品德产生各种形式的价值影响。

知识点拨

第一，学校德育、家庭德育、社会德育、网络德育之间需要相互配合，协调发力，共同建构德育的空间正义。

第二，与学校德育相似，在家庭德育、社会德育、网络德育等不同的场域中，广义德育与狭义德育同样重要。以家庭德育为例，随着《家庭教育促进法》的正式实施，许多家长开始重视德育，学习如何有目的、有计划地开展家庭德育。然而，仅关注狭义德育是不够的，家长不能忽略自身的日常言行举止，不能忽略家庭氛围、家教家风等广义德育要素。

第三，无论是学校德育，还是家庭德育、社会德育、网络德育，都应是“幸福德育”，都要以“德福一致”原则为价值根基，幸福是所有德育活动的最高目的。道德与幸福须臾不可分离，德育的过程是建立人的心灵价值秩序、培育美善的整全人格、成就人的幸福生活的过程。

（二）依据道德学习者进行划分

第一，在学校德育场域中，当学生作为道德学习者时，德育概念的外延依据学段的不同，可以划分为学前德育、小学德育、中学德育、大学德育；依据学习者年龄段的不同，可以划分为幼儿德育、青少年德育、成人德育。

第二，在学校德育场域中，当教师作为道德学习者时，可以将德育概念的外延划分为入职前德育、师德培训学习（职中道德学习）等维度。这些外延形式的划分，包含于“教师教育”这一范畴之内。

第三，在家庭德育、社会德育、网络德育等其他类型的场域中，也可以依据道德学习者的不同而划分出不同的德育外延。例如，家庭德育可以分为儿童德育、家长学堂等不同类型。以此类推，社会德育、网络德育亦如此。

（三）依据德育内容进行划分

依据德育内容的不同，在德育概念的外延维度，可以划分为“大德育”及“小德育”两种类型。

“大德育”指的是统括了道德教育、政治教育、思想教育、法制教育、心理健康教育等多个维度的德育类型。其中，道德教育旨在促进道德学习者的道德发展和良好道德行为习惯的养成，政治教育旨在培养道德学习者正确的政治观念和政治信仰，思想教育旨在培养道德学习者正确的世界观，法制教育旨在培养道德学习者正确的法制观并通过法律来规范其行为，心理健康教育旨在提高道德学习者的心理素质。

“小德育”专指道德教育，最终落实为品德教育。旨在培养道德学习者的优秀品德，德育的目标是培育具有美德并做出相应行动的道德主体。

“大德育”可能会面临德育内容过多而导致的“德育泛化”问题——“德育是个筐，什么都可以往里装”。德育泛化的弊端包括以下几方面。

第一，将德育视为无所不包的范畴，实际上等于取消了德育概念本身。

第二，思想教育、政治教育、法制教育、心理健康教育等与道德教育（品德教育）在指向、目的、内容、方法、理论基础、心理机制等诸多方面具有明显的区别，各自有各自的规律，如果混淆这些概念，容易引发理论层面的混乱。

第三，“德育泛化”可能导致学习者或研究者难以在共同语境下讨论德育问题。就世界范围来看，德育的通用内涵是道德教育（品德教育），过于庞杂的“大德育”概念，容易导致德育概念的内涵及外延混乱的问题。

第四，“德育泛化”可能赋予德育难以承受之重。在实践中，德育往往承担了其难以承担的任务，而其“育德”这一最根本的目的却往往被忽视。

第五，在德育实践中，“德育泛化”容易导致教师混淆道德与政治、思想、法制、心理健康等不同维度的问题的性质，从而在德育实践中采取错误的教育策略，对德育问题产生误诊误判。

檀传宝教授指出，解决“德育泛化”问题，应遵循“守一而望多”的原则。所谓“守一”，是指坚守德育的本质即育德这一最基本的内涵。而所谓“望多”的内涵则包含两个维度：一是思想、政治、法制、心理健康教育等本身都是非常重要的，所以需要“望多”；二是思想、政治、法制、心理健康教育与道德教育（品德教育）之间存在千丝万缕的联系，需要通过“望多”来加强学校道德教育本身。①

第二节 德育的历史发展

知识结构

- 德育历史发展阶段的划分依据
  - 向外求的实践活动
  - 向内求的实践活动
- 德育的历史发展阶段
  - 古代德育
  - 现代德育
  - 当代德育
  - 未来德育

① 檀传宝. 德育原理［M］. 北京：北京师范大学出版社，2006：3-4.

德育的发展历史非常悠久。自有人生，便有教育①；而自有教育，便有广义的德育。

一、德育历史发展阶段的划分依据

人的发展是德育历史发展的内在依据。不断满足人类自身的德性发展需要，并最终通过德性发展而实现人类幸福，是德育历史发展阶段划分的核心依据，同时也是德育发展的核心目的与内在动力。

德育自诞生之日起，就是为人类自身的德性发展需要服务的。满足人类自身的德性发展需要既是人类历史发展的内在动力，也是德育历史发展阶段划分的基本依据。就此意义而言，德育的过程乃是人类通过完善自身的德性，满足追求美好生活需要的过程。在这一过程中，人类处理人与自然的关系、人与社会的关系，最终落实为处理人与自身的关系。德育最终是帮助人类自我实现和自我超越的历程。

人类的实践活动可以划分为“向外求的实践”和“向内求的实践”两种类型。

（一）向外求的实践活动

向外求的实践活动处理的是人与自然的关系、人与社会的关系，主要包括改造自然界的物质生产劳动、改进社会关系的社会活动、探索世界奥秘的科学探索活动等。其中，最为基础的是改造自然界的物质生产劳动，这是人类得以存活的根基。人类社会的发展动因很多，但终极动因是社会物质生产力的发展，其主要标志是生产工具的发展。因此，马克思将生产工具作为划分不同社会发展阶段的重要依据。

一是以极其简陋的生产工具为标志的原始社会。这一阶段以对人的依赖关系（起初完全是自然发生的）为基础形成最初的人类社会形态。这一阶段的德育形态是一种以风俗习惯为标志的习俗性德育形态，属于古代德育范畴。

二是以手工工具为标志的古代社会。包括奴隶社会和封建社会，这一社会形态仍然是以对人的依赖关系为基础的。这一阶段，人们产生了道德自觉，道德具有等级性、经验性等特征，这一时期的德育同样属于古代德育这一范畴。

三是以广义的机器为生产工具的现代社会。这一阶段以对物的依赖关系为基础形成现代人类社会形态。进入资本主义社会后，机械化的生产工具取代了古代社会的手工工具，标志着现代社会的形成。发展到今天，即使互联网技术或人工智能技术已经高度发达，它们也属于广义的机器生产。因此，我们正身处其中的当代社会属于现代社会这个大的范畴。这一阶段的德育，属于现代德育（20 世纪之后属于当代德育）。

（二）向内求的实践活动

向内求的实践活动处理的是人与自身的关系。向外求的实践活动是向内求的实践活动的基础及条件，但向内求的实践活动才是人类社会发展（包括德育发展）的最终目

---

① 杨贤江．杨贤江教育文集［M］．北京：教育科学出版社，1982：414.

的及动力源泉。德育的历史发展最终是以人类的自我发展完善和幸福追求为内在依据的，德育的发展史即一部崇尚人性美善的“人学”发展史。人类的发展经历了从自发到自觉、自为，再到自由审美的历程。借助自我实现、自我完善、自我超越，人类不断创造出更加幸福美好的生活世界。

在原始社会，自发的道德及其教育乃是为了满足人类自身生存的需要，道德及道德教育是为了让族群得以生存延续，具有明显的自发性、习俗性等特征；到了奴隶社会及封建社会，道德及道德教育被奴隶主和封建主垄断，是为统治阶级服务的，具有明显的等级性的特征；到了现代社会，人类从对人的依赖关系中解脱出来，却又被对物的依赖关系所拘囿。道德及道德教育是为了规范人与人、人与社会之间的关系，最终是为个体及社会的物质需求及社会生活交往的需要而服务的。

可以看出，从原始社会至现代社会，道德及道德教育是在处理人与自然、人与社会的关系的过程中不断发展的。依据马斯洛（Abraham H. Maslow）的分类，从原始社会至现代社会，道德及道德教育主要是在满足人类社会对物质、安全、归属与爱、尊重等方面需要的过程中得以发展的。但是，这些需要仍属于“缺失需要（deficit or deficiency need）”，而对人类发展的“生长需要（growth need）”关注不够。

因此，有理由推论，未来德育的核心价值追求应该是满足人类发展的“生长需要”，未来德育应着重处理好“人与自身”的关系，满足人类的自我实现需要，与人类向内求的实践活动紧密相连。

我们应该明确以下两方面。第一，尽管道德指向利他品性及行为，但是，利他品性及行为必须具备内在的伦理主体，道德之所以存在是以道德主体的存在为前提条件的。第二，道德是一个“关系范畴”，但关系范畴的核心不是人与他人之间的关系，而是人与自身的关系。社会性道德处理的是人与他人之间的关系，属于工具性的道德类型，是为自我实现性道德服务的，自我实现性道德才是自成目的性的道德类型。李泽厚界定的“宗教性道德”则位于“社会性道德”与“自我实现性道德”的中间地带：在终极关怀及安身立命层面，宗教性道德具有目的属性，但是面对高高在上的绝对信仰或道德律令时，宗教性道德则具有工具属性。

概而言之，在个人全面发展，以及人们共同的社会生产能力成为其社会财富这一基础上的自由个性，是未来社会的重要标志。这一阶段的德育，属于未来德育。未来德育基于人类向内求的实践活动，主要处理的是人与自身的关系。

二、德育的历史发展阶段

（一）古代德育

古代社会是指以人的依赖关系为基础的社会形态，古代社会的德育形态被称为古代德育。古代德育包括两个阶段：一是习俗性的德育形态，这个阶段指的是原始社会阶段的德育形态；二是经验性的德育形态，这个阶段指的是奴隶社会、封建社会的德育形态。

1. 习俗性德育

在进入文明社会形态之前，人类社会经历了漫长的原始社会时期。在这个时期，人类文明尚未开化，人类的意识处于混沌状态，人类社会处于蒙昧时期。这个阶段的德育主要是一种习俗性德育，指的是学校教育产生之前，在原始社会中存在的，以习俗性道德为教育内容并通过习俗与生活去实施的道德教育形态。习俗性德育具有以下几方面的特征。

① 自发性。习俗性的德育是在原始社会的生产和生活经验的传授与学习过程中展开的，是一种自发性的德育形态，德育与生活本身是一体的。在此过程中，人们并没有注意到自身主观领域的道德要求，没有觉察到道德思维的产生，没有对道德生活的反思，也不可能产生专门的道德教育活动。

② 全民性。在原始社会，维护氏族、部落的团结或存在是整个社会最重要的任务之一，道德教育成为维护社会存在的重要组成部分。因此，在这个阶段，道德教育就成为教育的核心内容，具有人人参与的全民性特征。

③ 习俗性。由于劳动、生活、教育是一体的，道德教育是在习俗中存在的，并且以习俗的传承为主要内容。儿童通过日常生活以及参加宗教或节庆的仪式、歌舞、竞赛等形式接受道德教育。德育以培养年轻一代对神灵、首领的虔敬，对年长者的尊重、对氏族与部落的责任的理解、对原始宗教仪式的掌握以及形成其他的社会习俗所鼓励的道德品质等为主要目标。①

2. 古代学校德育

古代学校德育是指奴隶社会及封建社会的学校德育。人类社会发展到奴隶社会时，由于生产力发展，剩余产品出现，脑力劳动与体力劳动分离，私有制产生和阶级出现，文字产生以及科学萌芽等原因，专门化的学校教育、学校德育的产生和存在有了必要和可能。学校德育的主要标志和特点是其学校化的组织形式，亦即它已从社会生活中逐渐分化出来，成为一种自觉、独立的社会活动形式。② 古代学校德育为奴隶主、封建主所垄断，德育具有自觉性、等级性、经验性等特征。

① 自觉性。原始社会后期，原始道德开始分化、瓦解。随着主体性的进一步觉醒，人们逐渐形成了抽象的善恶观念，这标志着人类的道德理性开始觉醒，原始道德由自发懵懂的道德直觉逐渐迈向道德自觉，由外在的风俗习惯迈向内在的关于人自身的道德反思。苏格拉底将哲学的思考对象从天上拉回人间，开始思考人类的道德与幸福，用清晰的逻辑思维追问“什么是正义、美好和善良”，提出其著名的“产婆术”或“精神牵引术”。孔子则以“礼”为道德规范，以“仁”为最高道德原则，提升了道德及道德教育的理论水平，对学生进行专门化的道德教育。

② 等级性。古代学校德育是为奴隶主或封建主所垄断的，阶级性明显，这种阶级性在古代德育中的表征为森严的等级性。在古代社会，学校德育是为统治阶级服务的，德育活动中的人、德育目的、德育内容等因素都是根据统治阶级的需求来确定的。由于维护等级性的统治秩序的需要，也由于个人德性在提升统治效率方面的作用，统治者高度重视道德教育。其结果是，古代教育几乎等同于道德教育。在基督教世界，教育的目

---

① 檀传宝．德育原理［M］．北京：北京师范大学出版社，2006：9.
② 胡厚福．德育学原理［M］．北京：北京师范大学出版社，1997：23-24.

的是使人皈依“上帝”而获得救赎；在中国，德性始终是学校教育的首要主题，还出现过“举孝廉”的例子；在印度，一个儿童能否被古儒接受，取决于孩子的德性——因为只有品德优良的人才有条件学习《吠陀经》。[①]

③ 经验性。古代学校德育的经验性表征体现在三个方面。一是从德育内容层面看，古代德育的内容多是经验性的，或与生活经验相关，或是对宗教或圣贤思想的解释、理解及实践；二是从德育方法层面看，古代德育多以不成规模的师徒授受方式进行，强调记忆背诵等灌输式的德育方法，具有明显的经验性特征；三是从德育理论体系看，尽管古代德育不乏真知灼见，甚至产生了许多深刻影响人类道德文化发展的重要思想，但是这些思想仍然被局囿于哲学母体，尚未分化出来，现代意义上的道德哲学思想体系、德育思想体系尚未出现。

（二）现代德育

现代德育是存在于现代社会，以培养现代人为目的的德育。现代社会是以对物的依赖性为基础的社会形态，摆脱了古代社会中的对人的依赖性。在摆脱了对人的依赖性的基础之上，德育的现代化历程开始发端。

现代德育的特征主要有如下几个方面。

① 自主性。现代德育的自主性表征有以下两个维度。其一，在现代德育形态中，人的主体性开始彰显。班华认为，“主体—发展性德育”是现代德育的精髓，标志着现代德育的本质属性，是现代德育区别于传统德育的分水岭。[②] 因此，现代德育乃是凸显了主体德性发展的德育，就此意义而言，现代德育是一种自主性的德育形态。其二，从德育与社会的关系来看，现代德育已经摆脱了古代德育对古代社会形态的依从性和惰性，开始展现出现代德育对于社会发展的独立性、自主性、先导性。也就是说，对于社会发展而言，德育的地位已经从消极适应的跟随型被动角色，日益转变为先行、主导、引领的主动角色。

② 民主性。随着学校教育的普及，现代教育正式诞生。学校教育的普及，为实现教育的民主性提供了重要基础。现代学校德育的民主性表征体现在宏观与微观两个层面。其一，从宏观层面看，随着学校教育的普及、高等教育入学率的不断提高、终身教育体制的建立等，作为宪法中政治民主的重要内容——平等的受教育权得到落实，现代德育的民主由仅强调受教育向强调参与的积极民主转变，这标志着现代德育的民主化向纵深发展，现代德育越来越强调让更多的人参与到德育及其管理的过程中来。其二，从微观层面看，现代德育的民主性还表现在德育过程中的微观民主的实现，即对于学校德育目标、内容、方法、评价等各个方面的民主化追求，现代德育逐步实现了从注重形式和数量向注重内容和质量发展，实现了从外部民主向内部民主发展。民主化逐步深入现代德育过程的内部，强调平等的师生关系，强调学生进行道德学习的主体性，强调师生共育，强调德育的过程是师生共同体成长的过程。正如杜威所言，民主不仅是一种政府

---

① 檀传宝．德育原理学科地图［M］．北京：北京大学出版社，2020：14.

② 班华．现代德育论［M］．合肥：安徽人民出版社，2005：12-15.

的组织形式，更是一种联合生活的、一种共同交流经验的生活方式。①

③ 科学性。现代学校德育的科学性表征有四个层面。其一，世俗化是现代德育科学性的重要基础。德育在教育体系中的地位、德育自身的运作过程、德育理论体系的建构等各个方面都避免了古代社会中德育被神学化、神秘化的命运，现代德育关心的是人们在现实的道德生活世界中面临的道德伦理及道德教育问题。其二，科学性对现代德育培育目标，即所培养的现代人的品德规格的影响。在原始社会，生产力水平极其低下，科学尚未萌芽，为了使部族在艰苦的条件下存活，习俗式的原始社会德育首先要培养的是人们英勇、顽强、吃苦、合作等品质。到了古代社会，尤其是封建社会时期，德育被封建社会的统治阶级垄断，培养农民小生产者的品质成为封建社会德育的目标。到了现代社会，随着生产力和科学技术的不断发展，现代德育需要培养的是现代人从事社会化大生产、科技活动、商品经济活动的科学意识和科学精神，以及自由、民主、平等、法治观念等。其三，科学性对现代德育内容的影响。现代科技的飞速发展，促使德育增加了科学伦理及科学规范的内容。而且，随着现代社会职业变革的加剧和人员的快速流动，人们的职业观念及职业道德规范也必然引起德育内容的变动和拓展，如生态伦理、环境保护意识等，都是科学化的社会背景在现代德育内容中的表征。其四，现代德育的组织形式、规模、结构、方式、方法都呈现科学化的特征。现代生产、现代科技、现代商品经济发展水平等因素都对现代德育的科学化、组织化、社会化产生了重要影响。

（三）当代德育

当代德育一般是指 20 世纪初以来的德育形态，是现代德育阶段的当代发展。这一时期的德育除具备现代德育的上述特征以外，在新的时代背景和发展条件下，尤其是进入 21 世纪以来，还发展出以下新的特征。

① 自为性。当代德育的“自为性”包括三层内涵。

首先，“自为”中之“为”是行动、实践、大有作为之意，自为即自我行动、自我实践，强调道德学习的主体性、实践性。德育过程旨在促进道德生活世界中的所有参与者，通过积极的道德实践活动，在相互尊重，相互关爱的过程中，过一种美善的道德生活。这样的道德生活是以美善育美善，以灵魂育灵魂，以心灵育心灵，以幸福育幸福。从这个意义上说，当代德育的过程是引导人们从自觉到自为的道德实践历程。

其次，“自为”之“为”指向“为什么价值而追寻”，自为即自我实现和自我完善，探寻的是生命的价值与意义：什么样的人生是美善的人生？人生究竟是为了什么？什么样的人生最值得过？什么样的人生是最有价值的人生？自为个体探寻的是人生的精神价值使命，自为个体是追求美善生活的，有意识、有目的、有独立自主性的道德主体。从这个意义上说，当代德育的过程是一种不断探寻人生价值、意义的历程。

再次，“自为”之“自”是“道德大我”的概念。除了道德个体的自我实现和自我完善之外，自为性同时强调贡献他人、奉献社会。人生为一大事而来，国事家事天下事事事关心。自为个体具有社会性，无论是从人性到人格的转化还是从人格到人生的转

① 杜威．民主主义与教育［M］．王承绪，译．北京：人民教育出版社，1990：92.

化，自为个体都与他者和社会密切相关，当代德育强调人与社会历史的内在关联。人的本质并不是单个人所固有的抽象物，在其现实性上，它是一切社会关系的总和。①

② 主体间性。主体间性（Intersubjectivity）是20世纪西方哲学中凸现的一个范畴，主要内容是研究或规范一个主体怎样与完整的作为主体运作的另一个主体互相作用。在胡塞尔（Husserl）那里，主体间性只具有认识论的含义，旨在解决认识论上先验的“我们”如何可能的问题，胡塞尔的主体间性概念并不能克服其体系的自我论倾向。从海德格尔（Heidegger）开始，主体间性具有了哲学本体论的意义。主体间性的根据在于生存本身，生存不是在主客二分的基础上进行的主体构造和客体征服，而是主体间的“共在”，是主体与主体之间的交往、对话。海德格尔的“共在”是对胡塞尔的“主体间性”的发展，强调“我们”的“共在”对于“我”之存在的重要性。当代德育是一种强调“共在”的德育形态，当代德育的主体间性表征体现在三个方面。

首先，学校内部的主体间性，包括两个层面的内涵：一是指学校内部各主体之间在德育过程中所形成的道德交往、道德参与、价值对话、价值协商，是学校管理者、教师、学生等不同主体之间共在式的道德生活过程。二是指将学校德育实施进程中的诸要素，如德育目的、德育内容、德育方法、德育评价等视为价值对话的“主体”，使各要素间形成价值协商、配合。这两个层面所涉及的道德交往和价值对话的过程都不是直接的，而是间接的：要借助价值、伦理、情感、文化、语言、社会关系等多种形式的媒介才能完成。就此意义而言，主体间性比主体性更为根本。

其次，学校、家庭、社会之间的主体间性，指的是通过三者之间的协调配合、相互协作来实现的道德教育之“三位一体”。当代德育过程中的“主体”概念，涉及自我与他人、个体与社会的关系。首先，学生作为道德学习的“主体”，不是原子式的个体，而是与其他道德主体之间的价值共在，是联系学校、家庭、社会三者之间的价值枢纽。其次，学校、家庭、社会三者作为育人活动的“主体”，当然也不是孤立的，三者之间的所谓“三位一体”乃是育人共同体，乃是因为育人这一根本的教育目的和教育任务而结成的育人同盟，三者都是作为“育人主体”这一角色而参与对话并进行平等合作的。

最后，全球各国之间德育的主体间性。一是主体间性这一概念，有助于促使全球各国在进行德育合作时明确角色定位，使合作中“主体与客体”的关系转变为“主体与主体”的平等关系。各国都是平等的价值教育主体，各国在相互尊重、相互合作的基础上展开德育合作与交流，而不干涉其他国家作为价值教育主体的权利。二是主体间性这一概念，有助于处理好全球化与民族化之间的关系问题。全球的德育合作需要全球化的视域，更需要不同民族文化自身的血脉根基。

③ 公正伦理与关怀伦理的互补性。21世纪以后，德育的底层伦理结构愈发趋向合理。公正伦理与关怀伦理的互补融合，其背后既是义务与权利的相互补充，也是当代德育的规约功能与保护功能的相互补充。公正伦理强调公平正义，是德育的重要伦理基础，强调德

---

① 中共中央马克思恩格斯列宁斯大林著作编译局．马克思恩格斯选集：第1卷［M］. 北京：人民出版社，1973：18.

育的规则规范系统。与此同时，关怀伦理强调心灵关怀和情感呵护，是对公正伦理的重要补充，具有重要的德育价值。在今天，仅仅讲社会公正是不够的，单从公正的视角无法切实解决目前的许多现实问题。① 有了关怀伦理，就会使公正伦理更加深入人心，真正落实德福一致的原则，更加关注德育的情感价值结构及其温润的道德力量，更加关注真实的道德体验及具体的伦理境遇。公正伦理与关怀伦理都具有重要的德育价值，两者之间相互配合，犹如车之两轮、鸟之双翼②，共同构成当代德育的底层伦理结构。

（四）未来德育

尽管依然需要处理人与自然、人与社会之间的关系，但未来德育主要指向的是人与自身的深层价值关系。作为一种德育形态，“未来德育”不仅是物理时间概念，更是价值发展概念。“未来德育”不能直接等同于物理时间层面的“未来的德育”或“未来社会的德育”，“未来德育”实为“德育的未来”，依据的是德育内在发展的人学逻辑。它是基于自由完美人性及人类自我实现层面的幸福德育形态。未来德育不是工业德育学，而是基于自我实现的人文主义德育关怀美学。

未来德育的基本特征包括如下几个层面。

① 自由审美性。美学是未来的德育学，其内在依据是人的全面自由发展，未来德育强调人的自由审美属性。人类的发展经历了从自发到自觉、自主、自为，再到自由审美、自我实现的历程。未来德育培育的是审美大我，基于人性之全面自由发展，个体的自我实现与他人、社会、自然、宇宙融为一体，每个人的自由发展是一切人自由发展的条件。各美其美，美人之美，美美与共。

第一，未来德育引导人们养成全面自由发展的审美大我人格，而处在审美境界中的人自合于道德法则。古代德育普遍引导人们成贤成圣，强调人格之善，现代德育普遍教人求真，强调人格之真。但正如黑格尔所言，善与真只有在美中才能实现水乳交融。未来德育强调人格之美，通过美将人格之善与人格之真自然融入整全性的人格之美中。

第二，未来德育帮助人们将合目的性与合规律性融合起来，从而使内在的价值系统与外在的人伦秩序相融合。道德主体是完美的独立自我，同时也是天地境界中的审美大我，德育的过程成为美美与共的温润美好的幸福生活过程，美学为道德生活提供了温润美好的价值环境。

第三，未来德育帮助人们走进并呵护自己的精神家园，帮助人们摆脱功利束缚，澄明具有诗意审美的天地境界，审美的天地境界本身就是道德及其教育的境界。

第四，未来德育帮助人们形成心际关系而非功利性的事际关系。当人们以事务性身份（商人、艺术家、律师等）出现时，人与人之间的交往实际上是围绕某种职能，以特定的身份开展的，属于事际关系。而当人们代表自身的人格或美德出现时，人与人之间的交往是人与人在打交道，心与心在打交道，与事务、职能挂钩的关系转变为人心之

---

① 朱小蔓．在有道德的教育中成就人格［N］．光明日报，2012-02-11（5）．

② 李西顺．学校美育：如何教？如何评?：基于对《关于全面加强和改进新时代学校美育工作的意见》的解读［J］．中国德育，2021（5）：43-47．

间的关系，即心际关系。未来德育的伦理形态，其本质是心际关系而非事际关系，不是以事论事，而是以人对人，以心润心。

② 开放圆融性。未来德育是一种圆融性的德育形态，强调德育各要素之间的和谐共生及相互转化，以开放性为基础，避免封闭性和割裂性。

一是德育制度的工具性与人的目的性圆融统一，并最终服务于人的目的性。二是个体发展需要与社会整体的发展需要和谐统一，每个人的自由发展是一切人自由发展的条件。三是个体各个层面的发展需要，在自我实现和自我超越层面得以统一。四是通过人的自我实现的劳动过程，德智体美诸育之间的界限将会消融，形成基于整全性人格的道德生活过程。五是德育过程中的诸要素，如德育目的、德育内容、德育过程、德育方法、德育评价等要素之间的界限也将消融，你中有我，我中有你，相互转化，和谐共生，保持最充分的开放性，并反对割裂性。六是现代德育中诸多内容板块之间的界限也将消失，德育的内容已经完全与整全性的人格发展过程自然融合在一起。七是现代德育中条块分割的德育方法、德育路径，也将在真善美的高度统一之中水乳交融。八是德育的时空边界也将被打破，与自由审美的道德生活完全相融，线上与线下、虚拟与现实、校内与校外等边界也会消融在德育时空正义与关怀的圆融价值体系之中。

③ 自成目的性。目的（telos）与目标（target）不同。目标不论多大，总有结局，具有消费性，承担不了生活的整体意义和人生的整体价值。而目的则关涉生活的整体意义，具有价值属性，关注的是事实问题之上生长出来的意义和价值问题。[①] 未来德育的自成目的性表征体现在三个维度。

第一，未来德育因自身的美善而存在。因为人从必然王国迈向了自由王国，旨在育人之德的德育本身也从异己力量中解脱出来。育人是目的，旨在育人之德的德育本身不再是实现其他诸育的工具。未来德育会直接与人的幸福生活关联，未来德育具有自成目的性和价值自足性。

第二，未来德育不在别处，就在人们基于全面自由审美人格的自我实现过程之中。未来德育的目的不是外在的某种结果或目标，而是在内在审美的道德生活过程中整全性地显现出来的，指向全面发展的完满人性，指向自身具有目的性的整体的生活存在方式，这种目的性就是道德生活本身的意义。

第三，未来德育使自由整全的人性自身充实而有光辉。正如孟子所言："充实之谓美，充实而有光辉之谓大。"（《孟子・尽心下》）未来德育将个体的美善本性扩而充之，使其盈满全身，并以此为"美"；使人自身充盈而且能够散发光辉，温暖照亮整个宇宙，并以此为"大"。未来德育既是美的德育也是大的德育。未来德育不是聚焦职业、素养、工具、技艺，而是聚焦人类自身最高贵的美善人性，使自由、全面发展的个性在审美过程中自我实现并自我超越，完整呈现出人类大我的质朴的温暖善意和纯美的精神面容。人的自由全面发展的个性及其教育之深邃的内在性，与人类审美大我的广袤永恒存在之间产生了最深层次的意义价值关联，人类美善的本质力量在未来德育中将得到最充分的显现。

---

① 赵汀阳. 论可能生活：一种关于幸福和公正的理论［M］. 北京：中国人民大学出版社，2004：84.

思 考 题

一、名词解释

1. 广义德育
2. 狭义德育

二、简答题

1. “德育泛化”的弊端有哪些？
2. 德育历史发展阶段划分的内在依据是什么？
3. 古代学校德育的主要特征有哪些？
4. 现代德育的科学性特征表现在哪些方面？

三、论述题

1. 请结合实际，论述学校德育、家庭德育、社会德育、网络德育之间的关系。
2. 请结合实际，谈谈你对当代德育基本特征的理解。

四、材料分析题

请根据材料，分析以下德育定义的合理性及其可能存在的问题。

德育是教育者根据一定社会需求和受教育者的需要，遵循品德形成的规律，采用言传、身教等有效手段，在受教育者的自觉积极参与的互动中，通过内化和外化，发展受教育者的思想、政治、法制和道德几方面素质的系统活动过程。①

推荐阅读书目

1. 檀传宝．德育原理［M］．北京：北京师范大学出版社，2007.
2. 黄向阳．德育原理［M］．上海：华东师范大学出版社，2000.
3. 黄济，王策三．现代教育论［M］．北京：人民教育出版社，1996.
4. 朱小蔓．情感德育论［M］．北京：人民教育出版社，2005.
5. 布鲁柏克．教育问题史［M］．合肥：安徽教育出版社，1991.
6. 范梅南．教育的情调［M］．北京：教育科学出版社，2019.

① 鲁洁，王逢贤．德育新论［M］．南京：江苏教育出版社，1994：95.

Chapter

2

第二章 德育课程与课程德育

第一节　德育课程

- 课程的基本内涵
- 德育课程的基本内涵
- 学校德育课程的主要类型
- 德育学科课程
- 各科教学与德育
- 德育活动课程

泰勒（P. H. Taylor）和理查兹（C. M. Richards）在《课程研究导论》（*An Introduction to Curriculum Studies*）一书中指出，课程是“教育事业的核心，是教育运行的手段，没有课程，教育就没有了用以传达信息、表达意义和说明价值的媒介”①。

而道德是否可以教？学校通过何种类型的课程开展德育，则又是德育研究中备受争论、关注的议题。以下，本节依次介绍德育课程的内涵和类型、我国学校德育学科课程的改革与发展、课程德育研究与实践。

一、课程的基本内涵

在英语中，“课程”（curriculum）源自中世纪后的拉丁文（主要用于教堂和学校等）currere，原意是“跑”（to run）和“跑道”（race course）。与其词源相似的英语单词有“走廊”（corridor）、通货、货币（currency）等。它们的词根都含有“跑”的意思。在学界对课程内涵的探讨中，学者们有的注重从学习轨道界定课程，有的从个体学习经历角度界定课程。

开创课程开发研究先河的博比特（Bobbitt）认为课程是一系列教育活动与体验，培养学生成为社会所需的成年人。20 世纪，随着课程理论和实践的发展，学者提出了 1100 多种课程的定义。尽管没有达成一致意见，但是从多个角度界定了课程内涵。例如：

课程是一系列独特的过程，由学生、教师、知识和环境彼此互动组成。

课程是由学校计划和主导的学习，包括校内外开展的活动，也包括小组和个体开展的活动。

课程是学校教授的学科科目、内容、学习材料、学习目标、个体学习体会及一切其他由学校教职员计划的学习活动。②

---

① TAYLOR，RICHARDS. An Introduction to Curriculum Studies［M］. Swindon：NFER Publishing Company，1979：11.

② YE W. Power and Moral Education in China［M］. Maryland：Rowman & Littlefield Publishers，Lexington Books，2014.

知识拓展

1991 年出版的《国际课程百科全书》对不同的课程定义进行了总结：

1. 课程是学校为了训练团体中儿童和青年思维及行动方式而组织的一系列可能的经验；

2. 课程是学习者在学校指导下所获得的所有经验；

3. 课程是学校为了使学习者取得毕业资格、获取证书及进入职业领域，而提供给学生的教学内容及特定材料的总体计划；

4. 课程是一种方法论的探究；

5. 课程是学校的生活和计划……一种有指导的生活事业；课程成为构成人类生活能动活动的长河；

6. 课程是一种学习计划；

7. 课程是在学校指导下，为了使学习者在个人的、社会的能力方面获得不断的、有意识的发展，通过对知识和经验的系统改造而形成的有计划和有指导的学习经验及预期的学习结果；

8. 课程基本上包括五大领域的训练学习：掌握母语并系统地学习语法、文学和写作、数学、科学、历史、外国语；

9. 课程是关于人类经验的范围不断发展的、可能的思维方式——它不是结论，而是结论产生的方式，以及那些所谓真理的结论产生和被证实的背景。

在我国，古代先贤的著述中也蕴含丰富的课程思想。根据我国学者系统考证，“课程”一词在我国最早出现在南北朝时期翻译的佛经中。北魏凉州沙门慧觉翻译的《贤愚经·阿难总持品第三十八》记载：“尔时有一比丘，畜一沙弥，恒以严敕，教令诵经，日日课程。其经足者，便以欢喜。若其不足，苦切责之。”“课程”在这里的含义有学习的范围和进度的意思。① 宋代朱熹在《朱子论学·论学》中多次提及“课程”，如“宽着期限，紧着课程”，“小立课程，大作工夫”等。“课程”在这里主要指功课及其进程。②

自 20 世纪初开始，我国引入西方国家课程研究。1949 年后，受苏联教育学影响，我国教育学界长期把课程看作与学科等同的概念，或认为课程是学科的总和。目前，我国教育学界普遍认为，课程是指学校学生所应学习的教学内容总和及其进程和安排。广义上是指为了实现学校培养目标而规定的所有教学内容的总和，狭义上是指某一门学科。

施良方总结课程定义，认为可以归纳为六类：① 课程即教学科目。② 课程即有计

---

① 胡乐乐，肖川．再论课程的定义与内涵：从词源考古到现代释义［J］．教育学报，2009，5（1）：49-59.

② 崔允漷．课程与教学［J］．华东师范大学学报（教育科学版），1997（1）：54-60.

划的教学活动。③ 课程即预期的学习结果。④ 课程即学习经验。⑤ 课程即社会文化的再生产。⑥ 课程即社会改造。每一种有代表性的课程定义都有一定的指向性，都指向当时特定社会历史条件下课程所出现的问题，所以都有某种合理性，但同时也存在着某些局限性。而且，每一种课程定义都隐含着一些哲学假设和价值取向。①

二、德育课程的基本内涵

西方传统德育课程是与宗教课程和权威灌输性学校道德教育联系在一起的。主要特征有：在性质上是一种强制、灌输的教育；在目的上，试图通过一切可能的方法和措施使学生接受并最终形成特定社会所要求的固定的价值观念和道德行为习惯；在内容上，所要传授给学生的是大多数人一致认可的、具体的道德细则、规范或宗教教条；在方法上，使用直接的问答式教学、规劝、说服、纪律、强迫执行、训诫、奖励和惩罚以及榜样等。②

西方传统德育课程受到了批评和反对。如杜威在《德育原理》中认为，当时的道德课只能灌输关于道德的观念（ideas about morals），而不能使人养成道德观念（moral ideas）。③ 此后西方道德教育研究领域形成了诸多道德教育流派和德育课程理论，如我们熟悉的价值澄清理论、道德认知发展理论等。

当代西方德育理论流派林立，德育课程理论繁多，整体上有以下特点：以反对传统宗教课程和道德知识教育为起点；反对“美德袋”式的灌输，主张学生个体道德思维发展和价值观念多元化；课程形态从单一走向综合，从学科课程走向综合课程。但是，西方社会缺乏统一的道德价值标准以及西方资本主义道德价值观的局限性和虚伪性，致使当代西方道德教育理论过分偏重形式特征，而忽视德育课程内容的研究。④

德育课程这一概念在我国学术研究中出现的时间较晚。1999 年，班华在《近十年来德育思想现代化的进展》一文中介绍：“在以往的教育学论著、教材中，包括德育原理的著作中，几乎未见‘德育课程’这一术语，较多见的是‘德育内容’‘德育途径’‘德育组织形式’这类提法。”⑤

受课程多元化内涵影响，我国德育课程的内涵也是多种多样的。在我国德育课程界定方面，比较有代表性的观点有两种。① 侧重于课程开设的目的性方面：德育课程是具有育德性质和功能，因而对受教育者的思想品德发展有影响作用的教育因素，是整个教育课程的有机组成部分。② 侧重于课程的形式方面：德育课程是道德教育内容或教育影响的形式，是学校道德教育内容与学习经验的组织形式。⑥

---

① 施良方．课程定义辨析［J］．教育评论，1994（3）：44-47.

② 戚万学．冲突与整合：20 世纪西方道德教育理论［M］．济南：山东教育出版社，1995：17-18.

③ 杜威．民主主义与教育［M］．王承绪，译．北京：人民教育出版社，1990.

④ 佘双好．当代西方道德教育流派德育课程理论的特征与局限［J］．清华大学教育研究，2000（3）：45-51.

⑤ 班华．近十年来德育思想现代化的进展［J］．教育研究，1999（2）：18-23.

⑥ 刘黔敏．德育学科课程：从理念到运行［D］．南京：南京师范大学，2005.

因此，我国德育课程可视为学校在明确的道德教育目的指引下，通过一定的计划、内容、方法进行道德教育的总和。鲁洁认为：德育课程是指教育者为实现德育目标，有组织、有计划地在学校范围内以各种方式，通过受教育者的意识和心理反应使受教育者获得良好品德经验的教育因素。它不仅包括学校开设的专门德育课，也包括隐蔽德育课程。①

三、学校德育课程的主要类型

（一）德育学科课程

西方现代课程思想沿着两条路线发展。一是由专门学术领域形成的经典意义上的“学科”（discipline），如哲学、历史、数学、物理学、化学等，它们进入学校课程中便一一变成了学校课程中的“科目”（subject）。在西方教育史上，这种经典意义上的“学科”源远流长，进入现代社会以后，各门自然科学都沿用这种模式，这种模式成为学校课程中的“科目”。二是从学生的发展出发，依据儿童的天性并重视其兴趣和需要的发展，以事实为教材，从活动中学习。这就是没有“学科”区分的“活动课程”。一般认为，这一课程思想是从卢梭开始的。②

体现在德育中，德育学科（academic discipline）课程就是以学科为中心来编制的德育课程。学科往往有自己的历史传统、认识论和理论核心。根据学科边界的清晰程度，学科可做出如下区分：边界清晰、内容系统、学生课程选择余地小的学科；边界模糊、内容不系统、学生课程选择余地大的学科。③

因此，体现在德育学科课程中，存在这样的疑问：“开设学科课程是否是德育的最佳选择？”也有的学者表示，从学理上看，德育不能成为一门学科课程，因为德育本身包括高度综合性的教育内容，并无专门的学术性学科作为知识背景，也不存在固有的逻辑和系统，需要多种学科内容和通过多种途径实现整合。④ 这些质疑，其实折射了德育学科课程的特点。和部分学校科目，如数学等相比，德育学科课程的边界和内容系统性较模糊。这一方面受美德复杂性影响——美德是复杂的，不仅仅包括知识性的内容，还包含道德理性、道德情感、道德能力和行动及其发展过程；另一方面，德育学科存在跨学科内容，涉及哲学、社会学、伦理学、政治学等。

① 鲁洁．德育社会学［M］．福州：福建教育出版社，1998：312.

② 丁邦平，顾明远．学科课程与“活动课程”：分离还是融合：兼论“学生本位课程”及其特征［J］．教育研究，2002（10）：31-35.

③ GROSSMAN，STODOLSKY. Content as context：The role of school subjects in secondary school teaching［J］. Educational Researcher，1995（8）：5-23.

④ 刘黔敏．德育学科课程：从理念到运行［D］．南京：南京师范大学，2005.

知识拓展

西方德育学科课程目标和教学方法

◆ 课程目标：个体层面，引导学生为成年后生活做准备和自我道德发展；社会层面，强调道德教育，提升学生亲社会行为和道德发展。

1. 受柯尔伯格（Kohlberg）道德认知发展传统影响，德育课程目标强调提升个体认知能力，如批判性思考、道德决策和道德推理能力等。

2. 受吉利根（Gilligan）道德推理和关怀的理论影响，德育课程目标强调培养同情心、关怀和对他人的热情等。

3. 品格教育（Character education）则旨在将美德内化，如信任、尊敬、责任、诚实、公平、公正等。

4. 强调社会维度的德育目标，常常在“公民教育”（citizenship education）、“民主教育”（democratic education）等课程中出现，旨在提升个人的社会参与度，强调知识、态度和价值观。

◆ 课程教学方法：相应地，西方德育学科课程改变传统灌输教学，引入了相应的教学方法，如基于问题的学习、小组合作、讨论、道德两难等。其中较为常用的有：课堂讨论、戏剧、文学、服务学习等。①

（二）各科教学与德育

德育的复杂性，也决定了德育不仅仅是德育学科课程的责任。黄向阳提出“全方位德育”，将学科教学、道德教学、管理服务、学校集体生活、学校管理与辅助性服务均包括在内，而课堂教学是最重要的，因为学生大部分时间是在课堂上度过的，课堂教学构成学校道德教育的主渠道。② 所有的学校课程都承担着德育任务。檀传宝提出各科教学与道德教育的直接作用主要表现在两个方面。第一，系统的文化知识的学习是提高学生理性能力的重要途径。第二，各科教学本身包含着许多重要的价值或道德教育的因素。如教师与学生的人际关系，教师对学生的人格示范作用等。③

呼应我国重视学科德育的做法，西方学科史研究（History of School Subject）也清楚指出：中小学的各个学科，并不等同于其母系学术学科（parent academic discipline），其在中小学课程体系中的发生、发展体现了其母系学科的影响，但更多地则是折射了它所在的社会、文化体系的综合诉求，其中居于首位的就是关于教育目的（德育）的追问和探索；之后才是学科教学内容、相关学科知识技能的活动途径等问题。④ 教育的目

---

① SCHUITEMA, DAM, VEUGELERS. Teaching strategies for moral education: A review [J]. Journal of Curriculum Studies, 2008 (1): 69-89.

② 黄向阳. 德育原理 [M]. 上海：华东师范大学出版社，2000：204.

③ 檀传宝. 学校道德教育原理 [M]. 北京：教育科学出版社，2000：128.

④ GROSSMAN, STODOLSKY. Content as context: The role of school subjects in secondary school teaching [J]. Educational Researcher, 1995 (8): 5-23.

的不仅仅在于培养聪明的学生，更在于培养有道德的学生。各学科课程也具有德育价值，例如，数学、科学的逻辑性有助于学生树立正确的世界观等。不少学科本身就蕴含着重要的道德教育主题，例如，科学教育中涉及的克隆、实验室安全等内容。①

（三）德育活动课程

活动课程（activity curriculum）可以在裴斯泰洛齐、卢梭、福禄培尔和杜威的著作中找到理论渊源。从课程发展上看，“活动课程”最初是与传统的学科课程相抗衡而出现的。②

19 世纪末期，早期教育家关于“活动课程”的思想在欧洲为“新教育”派的教育家所继承和发展。美国南北战争后，欧洲先进的教育思想迅速传播到美国，帕克是对此做出突出贡献的美国教育家之一。帕克的“活动课程”思想充分体现在他所领导的教育改革运动中，其核心思想，一是把儿童置于教育过程的中心；二是把各学科的教学统整起来，以增进儿童对知识的理解；三是让儿童直观地学习和在活动中学习。③“活动课程”的思想在杜威那里经历了一次大汇合，并且在 20 世纪二三十年代，“活动课程”成为美国中小学课程的主要课程形式，它从根本上突破了传统的以系统的知识为中心的学科课程的藩篱。④学生在课程中通过完成一系列的基于活动的学习任务，创造性地学习，而教师主要扮演学习促进者的角色。

案例点击

以下为 1933 年帕克（Parker）的一项对比研究。

P 学校和 U 学校生源情况、办学情况接近，唯一的区别就是 P 学校使用学科课程模式开展教学，以学科为中心教授数学、英语等科目；U 学校以活动课程的方式开展教学，让学生在教师指导下建构学习。U 学校不使用现成的课程，而是使用以下五种项目：① 远足项目；② 交流项目；③ 建设项目；④ 玩耍项目；⑤ 技能项目。对学生的阅读、健康、普通科学、公民、数学、写作、拼写等方面展开测试。测试使用工具有斯坦福成就测试（Stanford Achievement Test）阅读，莫里森-麦卡科尔测试（Morrison-McCall）拼写等。⑤

U 学校的学生测试结果比 P 学校的学生好。

---

① WELLINGTON. Science education for citizenship and a sustainable future [J]. Pastoral Care in Education, 2003 (3): 13-18.

② 丁邦平，顾明远．学科课程与“活动课程”：分离还是融合：兼论“学生本位课程”及其特征 [J]. 教育研究，2002（10）：31-35.

③ 滕大春．美国教育史 [M]. 北京：人民教育出版社，1994：577，581.

④ 丁邦平，顾明远．学科课程与“活动课程”：分离还是融合：兼论“学生本位课程”及其特征 [J]. 教育研究，2002（10）：31-35.

⑤ COLLINGS. Learning The Fundamentals in the Activity Curriculum [J]. The Journal of Experimental Education, 1933 (4): 309-315.

案例分析：尽管帕克试图证明活动课程的优越性——活动课程突破了传统的学科课程知识授受脱离情境和学生被动学习的弊端，但应看到，活动课程也有其不足，如只满足于学生当下的需要和兴趣而缺乏理论知识授受等。学科课程和活动课程在教育教学中不是对立的而是互补的。

结合布鲁姆及其团队在20世纪60年代对德育目标的分类学研究，克拉斯沃尔主持出版的《教育目标分类学Ⅱ：情感领域》一书，按照“从简单到复杂”“从具体到抽象”“从外部控制到内部控制”“从有意识到无意识”（内化）的进程，讨论了人类情感领域的五个主要教育目标类别：注意（开始接受信息）、反应（积极参与相关活动）、价值化（接受价值标准）、组织（克服不同价值的差异）、价值体系的性格化。① 我们可以发现，活动课程对德育有着更重要的意义。

德育活动课程有助于：① 凸显主体性原则，关注学生生活经验，并视之为德育课程信息接受的起点。反思与超越以“知识本位”“教师中心”为特征的教学，重视儿童的学习兴趣和直接经验。② 给学生提供积极参与相关活动，开展合作探究的机会，从而促使学生达到第二层的德育目标——反应，并在活动中促成第三层德育目标——价值化的达成，即让学生在“做中学”，在活动过程中接受价值标准，形成良好的道德品质。③ 在课内外、师生互动活动中，提供道德冲突与两难的情境，进一步促进学生反思，使他们把课堂上所接受的价值观加以组织，将学生的道德学习推向最高阶段的目标——价值体系的性格化，即将所学的道德转变为自身的道德观念、情感，形成道德信念，从内心产生遵守道德准则的自觉性。

第二节　我国学校德育学科课程的改革与发展

- 清末至民国我国德育课程设置情况
  - 清朝末期开设“修身”科
  - 中华民国时期引入公民教育
- 新中国成立以来中小学德育课程改革的发展历程
  - 除旧布新（1949—1978）
  - 调整改革（1978—2000）
- 中小学德育新课程改革的基本理念与发展趋势

在读到本节标题的时候，读者脑海里可能会浮现自己学生生涯中所学过的德育课程。甚至有的读者还能回忆起老师的言行举止、教材细节。如果让大家说一说自己所学

① 叶王蓓．德育互动教学法［M］．上海：华东师范大学出版社，2019.

过的德育学科课程名称，就会有五花八门的答案，例如，“思想政治”“思想品德”“公民”“品德与社会”“品德与生活”“道德与法治”……

请问，结合别人介绍的德育课程名称，你能判断出这个人的年龄和故乡吗？请问，你知道中华人民共和国建立之前，学校德育学科课程有哪些名称吗？本节主要介绍我国学校德育学科课程的改革与发展。

一、清末至民国我国德育课程设置情况

（一）清朝末期开设“修身”科

1902 年，清政府颁布了《钦定学堂章程》，即“壬寅学制”，将初等教育分为三级：蒙学堂、寻常小学堂和高等小学堂，规定蒙学堂和小学堂以及中学均开设“修身”和读经二科。尽管这个学制没有在全国施行，但是它是我国用法令形式规定德育学科课程的开始。① 此后，德育开始成为学校教育中的一门独立科目。

（二）中华民国时期引入公民教育

中华民国政府早期沿用了清朝的“修身”科作为德育学科科目。1912 年的《中学校令施行规则》（摘录）中指出：“修身要旨在养成道德上之思想情操，并勉以躬行实践，完具国民之品格。修身宜授以道德要领，渐及对国家社会家族之责务，尤宜注意本国道德之特色。”②

1923 年，随着新文化运动的深入，“修身”改为“公民”，也体现了道德观念的变化，从注重私德培养转向注重公德的培养。在 1923 年公布的中小学课程标准纲要中，小学 1—4 年级设社会科（由公民和历史、地理、卫生组合而成），5—6 年级设公民科。初中阶段改“修身”为公民科。③ 公民教育强调国民道德观念的培养和行为的养成，强调培养儿童互助团结的精神，养成儿童爱国爱群观念。④ 1927 年以来，中华民国的公民科也发生了一些变化，如增加了“三民主义”教育宗旨、“党化教育”（教育建在国民党的根本政策上）等。⑤

民国时期教育家陆伯鸿为小学公民教育教材设计了学生家庭道德习惯行为评价表（表 2-1）。

---

① 郑航．中国近代德育课程史［M］．北京：人民教育出版社，2003：37.

② 课程教材研究所．20 世纪中国中小学课程标准：教学大纲汇编：思想政治卷［M］．北京：人民教育出版社，1999：135.

③ 郑航．中国近代德育课程史［M］．北京：人民教育出版社，2003：171.

④ 赵颖霞．晚清民国时期中小学国学教育的历史嬗变研究：以课程为考察中心［D］．石家庄：河北大学，2016.

⑤ 刘黔敏．德育学科课程：从理念到运行［D］．南京：南京师范大学，2005.

表 2-1 学生家庭道德习惯行为评价表①

________省________县____________小学校________年级儿童________公民训练家庭纪录片

此片目的，在使儿童养成在学校外的良好习惯，儿童一有不良习惯，则终身受害。深望家长监察子女，每晚照实记录，万勿鼓励儿童谎报。

每日已做到的条目，即在该条目下作一“○”号，如未曾做到的，作一“×”号。

年　月	一日	二日	三日	……	二十九日	三十日	三十一日	总计
在家庭中喜欢说笑话听笑话								
笑的时候不露牙龈								
说话的时候不喷吐沫								
爱惜笔墨纸张								
爱护一切用品								
东西用过以后就收拾起来								
自己的东西自己收拾保管								
不涂刻墙壁桌椅								
爱惜图书								
不独占游戏器具								
损坏了东西能自己承认赔偿								
爱护花木								
在黑暗里不害怕								
每日得圈总数								

请贵家长签字盖章于下，表明曾经监察。
每星期六早晨，请将此片交与儿童，带交教师审阅。

二、新中国成立以来中小学德育课程改革的发展历程

中华人民共和国自成立以来建立了具有中国特色的中小学德育课程体系。新中国中

① 陆伯羽．初级小学学生用模范公民：第四册［M］．世界书局，1934：95-96.

小学德育课程改革的历程主要包括以下几个阶段。

（一）除旧布新（1949—1978）

中华人民共和国成立后，对旧的学校课程进行改造，取消“公民”“党义”等课程。然后，总结中国共产党在中华人民共和国成立之前的德育经验，例如，1949 年前，苏区小学设置了“共产主义”“政治常识”“社会进化史”等课程。抗日根据地的中小学还设置“政治”“边区建设”等课程。解放区的中小学则开设“政治”“政治常识”“公民”“民主政治”“民主建设”“青年问题”“时事研究”“政治经济学”“新民主主义论”“政策”“哲学”等课程。①

1949 年后我国形成了社会主义德育课程体系。主要由马克思主义理论教育、时事政策教育和日常思想品德教育组成。学校的政治课和政治理论课是进行经常性的、系统性的政治思想教育的基本形式，也是进行德育的主渠道。施教的途径以校内课堂教学为主，即主要通过中等以上学校的马克思主义理论及中小学政治常识课程与时事政策课、各科课内教学和课外活动及周会、晨会等展开。与此同时，建立起了一支包括政治理论课专业教师、班主任、政治辅导员、党团工作干部、学生工作干部和少先队辅导员组成的政治思想教育工作队伍。②

与此同时，采取统一课程标准和教学计划、成立统一编审出版机构、统一全国售价与供应、成立出版发行委员会、统一秋季始业时间等重大举措，并实现了中小学教材的全国统一。1954—1956 年，教育部责成人民教育出版社代拟中小学教学大纲，并据此编写出版十二年制中小学教材。③

知识拓展

开国小学政治课本之一《新编高级小学・政治课本》

武纡生编，1949 年 12 月初版，全书两册，每册 18 课。

第一册：

为什么要读书；她为什么进步得这么大；怎样管理自己；我当选了卫生委员；三个民主原则；怎样当主席；我想通了这个道理；批评妈妈；磨棋子；儿童团员的劳动热情；少年儿童队；一个善良的孩子；一页日记；农民代表李秀珍；“真不容易啊”；割麦子；中国青年代表在国外；假期活动。

第二册：

怎样学习；订立公约；团结和批评；师生敬爱；怎样对待小同学；参加少年儿童队有什么好处呢；强老汉的一群小外孙；又觉得爸爸可爱了；中国人站起来

① 刘黔敏．德育学科课程：从理念到运行［D］．南京：南京师范大学，2005.

② 方晓东，李玉非，毕诚，等．中华人民共和国教育史纲［M］．海口：海南出版社，2002：99.

③ 余宏亮．中国共产党教材思想的百年演进与基本经验［J］．课程・教材・教法，2021（9）：44-54.

了；“没有共产党就没有新中国”；谁是我们真正的朋友；真诚地帮助；苏联的儿童乐园；国际主义；生产和节约；供销合作社；参观工业展览会记；组织儿童游戏。

课文为了照顾儿童学习，都以讲故事的方式叙述，并注意创设问题的情景。文后均提出两三个讨论问题，供教学参考。有的地方有注解，但均无插图。①

1959 年，教育部颁布中学政治教学大纲《中等学校政治课教学大纲（试行草案）》，指出：中等学校政治课的任务，是以共产主义道德和社会发展常识、政治常识、经济常识、辩证唯物主义常识、党的方针政策等内容教育学生，培养学生共产主义品质、工人阶级观点、群众观点和集体观点、劳动观点即脑力劳动和体力劳动相结合的观点、辩证唯物主义观点，提高学生的政治思想觉悟，清除资产阶级思想的影响，发展独立思考、明辨的能力，并为进一步学习马克思列宁主义打下初步的基础。这是中华人民共和国颁布的第一部思想政治课程教学大纲。它是初中、高中、中等专业学校和师范学校的共用大纲，大纲除了在课程内容设置上分为初中、高中（与中等专业学校、师范学校相同）两个部分外，其他规定和要求均是一致的。②

从这个时期中小学德育课程建设来看，除旧布新，清除了旧的学校德育的影响，确立了全新的社会主义德育课程体系。在小学，并未开设专门的学科德育课程，只是在部分地区开设了政治常识课，在形式上没有统一的教学大纲和教材。在中学，德育课名称虽然在变化，教育内容也因形势而不断变化，但是一直都开设专门的学科德育课程。课程内容主要是革命传统教育，政治化倾向明显。③

“文化大革命”期间，我国基础教育遭遇艰难挫折。这个期间办学一度中断，学校及其教育教学设施遭到严重破坏。

（二）调整改革（1978—2000）

改革开放以来，我国德育学科课程经历了一个恢复、完善的过程。

“文化大革命”结束之后，如何处理德育和其他学科课程之间的关系，成为改革开放初期的重要任务。例如，1982 年，高秉坤指出：一部分人持“代替论”，认为各科均有思想教育的因素，历史课或语文课等可以取代政治课。也有不少人则持“中心论”，认为必须结合形势，结合党的中心任务，加强政治课的战斗作用。④

我国重视德育学科课程的恢复，并颁布了一系列中小学德育课程政策。1978 年《全日制十年制中小学教学计划试行草案》规定中学政治课学习“科学社会主义”“社

---

① 郭戈．开国的中小学政治课本［J］．课程·教材·教法，2020，40（5）：22-30.

② 杨秀莲，李亮．我国高中思想政治课程标准（教学大纲）变迁历程研究［J］．课程·教材·教法，2020，40（2）：85-91.

③ 刘黔敏．德育学科课程：从理念到运行［D］．南京：南京师范大学，2005.

④ 高秉坤．中学政治课的设置问题［J］．课程·教材·教法，1982（4）：38-42.

会发展简史”“政治经济学常识”“辩证唯物主义常识”等内容。① 该草案规定在小学四、五年级开设政治课。1986 年国家教委颁发了六年制《全日制小学思想品德课教学大纲》，结束了小学德育课程建设缺乏大纲指导的局面。进一步明确了小学思想品德课的性质、地位和作用，指出思想品德课是向小学生比较系统地进行共产主义思想品德教育的一门课程。②

此外，改革开放的深化也不断推动德育学科课程发展。邓小平对《全国教育工作会议上的讲话》做了原则性修改，将原讲话中“更好地为无产阶级的政治服务”改为“更好地为社会主义建设服务”。③针对政治课脱离学生思想实际的弊端，1981 年教育部颁发《全日制五年制小学教学计划（修订草案）》。该草案明确提出：“将现行的政治课改为思想品德课，一至五年级每周各 1 课时，紧密结合学生的思想实际，进行生动活泼的初步的共产主义思想教育和形势教育。”④ 1988 年的《小学德育纲要（试行）》《中学德育大纲（试行）》在强调政治性之外，都强调培养学生个人品德，例如，要求学生具有诚实正直、自尊自强、勤劳勇敢、开拓进取等品质和一定的道德判断能力及自我教育能力。⑤

伴随着市场经济的发展，德育课程尝试包容更广泛的内容，教学方式从呆板灌输到生动实施，不断加深学生对认知和践行的理解。1985 年，中共中央发出《关于改革学校思想品德和政治理论课程教学的通知》，强调“为了适应我国社会主义现代化建设的需要，适应现代科学技术和现代经济政治发展的巨大变化，适应新时期青少年以及各方面改革的需要，我国现行的以马克思主义为指导的思想品德课和政治理论课的课程设置、教学内容和教学方法必须进行认真改革”。明确提出小学是“以五讲四美和五爱为中心的社会常识（包括法律常识）和社会公德教育”，初中包括“道德、民主、法制、纪律教育”和“社会生活和社会发展规律以及社会主义建设常识的教育”。1996 年《全日制普通高级中学思想政治课课程标准（试行）》指出：教学要理论联系实际，启发学生思考，引导学生学习。坚持知识与思想性相结合，培养学生的学习积极性。1997 年，国家教委颁布了《九年义务教育小学思想品德课和初中思想政治课课程标准（试行）》。基础教育德育课程的“教学大纲”向“课程标准”转变，标志着德育课程的改革进入了由教师的教学立场转向学生的学习立场的发展阶段。⑥

在这一时期，我国中小学德育学科课程建设进一步完善、规范，结束了“文化大革命”时期德育课程混乱、无序的状态，中小学各学段都开设了德育学科课程，并都颁布了相应的教学大纲或课程标准，并结合时代发展，进一步深化德育课程的建设。

---

① 任园，陈宁．改革开放 40 年中学德育课程回顾与展望［J］．思想政治课教学，2018（12）：4-8.
② 李敏，崔露涵．改革开放四十年小学德育课程的嬗变与反思［J］．当代教育科学，2019（9）：33-39.
③ 宋恩荣，吕达．当代中国教育史论［M］．北京：人民教育出版社，2004：127.
④ 张晓．回顾与思考：30 年我国德育课程设置价值取向的变迁［J］．教育导刊，2008（12）：11.
⑤ 张晓东．改革开放以来我国中小学德育政策分析［D］．南京：南京师范大学，2007.
⑥ 李敏，崔露涵．改革开放四十年小学德育课程的嬗变与反思［J］．当代教育科学，2019（9）：33-39.

三、中小学德育新课程改革的基本理念与发展趋势

鉴于之前的课程价值观念还是社会政治本位的，课程体系缺乏统整，课程门类过多，课程内容在一定程度上“繁、难、偏、旧”。1996 年，国家教委基础教育司开始对全国各地中小学进行调研，从而引发新一轮基础教育课程改革，人们称之为第八次基础教育课程改革。① 相应地，中小学德育课程也开始了新一轮的课程改革。

德育学科课程名称发生了一系列变化。随着新课程标准陆续颁布，2002 年《全日制义务教育品德与生活课程标准（实验稿）》和《全日制义务教育品德与社会课程标准（实验稿）》；2003 年《全日制义务教育初中思想品德课程标准（实验稿）》；2004 年《普通高中思想政治课程标准（实验）》的颁布，我国中小学德育课程的名称发生调整。小学 1—2 年级为“品德与生活”，小学 3—6 年级为“品德与社会”，初中是“思想品德”，高中学科德育课程为“思想政治”。

另一个变化则体现在德育学科课程的教材上。不同于以往统编教材的做法，小学和初中学段的德育课程教材编写采取“一纲多本”的形式：教育部以教材编写立项的形式，面向全国各个出版社招标，凡是通过教育部审核认定的出版社都有权编写教科书。以初中“思想品德”为例，2003 年以来，经全国中小学教科书审查委员会审查进入实验的“思想品德”教科书有 9 套之多。而“品德与生活”“品德与社会”审批通过的教材则有 5 套之多。②

兼顾学科课程和活动课程的优点，成为本次德育新课程改革的重点。

小学德育新课程改革的基本理念是回归生活。它是以生活为本的，是为了生活而进行的，是通过生活而进行的。新课程开展基于儿童自身的生活经验，以期使他们得以进行有意义的学习，并经历有意义的教育生活。课程的类型是综合课。综合的目的是开拓一条通向生活的道路。③

中学德育新课程改革既注重学科知识的传递，也注重结合学生的生活经验。如《普通高中思想政治课程标准（实验）》指出：“引导学生紧密结合与自己息息相关的经济、政治、文化生活”，“尊重学生个性差异和各种生活关切”，“新课标立足于学生现实的生活经验，着眼于学生发展的要求把理论观点的阐述寓于社会生活的主体之中，建构各科知识与生活现象、理论逻辑与生活逻辑有机结合的课程模块”。④

新课程改革规定了初中思想品德课程标准（2003）基本框架（表 2-2）。

① 谢翌，马云鹏，张治平．新中国真的发生了八次课程改革吗？［J］．教育研究，2013（2）：125-132，146.
② 班建武，檀传宝．改革开放 30 年中小学德育课程的变迁与发展［J］．思想理论教育，2008（24）：14-19.
③ 鲁洁．回归生活：“品德与生活”“品德与社会”课程与教材探寻［J］．课程·教材·教法，2003（9）：2-9.
④ 张有林．普通高中思想政治课程标准对比研究［J］．教育实践与研究，2005（11）：18-19.

表 2-2 初中思想品德课程标准（2003）基本框架

	心理健康	道德	法律	国情教育
成长中的我	认识自我	自尊自强	学法用法	文化认同（中国心）
我与他人的关系	交往与沟通	交往的品德	权利与义务	共同立项
我与国家和社会的关系	积极适应社会	承担社会责任	法律与社会秩序	知国情、爱中华

案例分析：初中德育思想品德课程标准在确定课程内容应包括心理健康、道德、法律和国情等内容后，面对两种编排思路：一、每块内容集中在一个年级进行；二、打破年级界限，把几块内容有机综合，融会贯通在三年中进行，根据学生知识经验的增长和心理的发展过程，按螺旋式由浅入深地安排教育内容，使思想品德教育随学生年龄的增长而逐渐深化。该课标采取了后一种编排逻辑。从而力求适应学生的身心发展特点，贴近现实生活，强调学生自身的观察、感受和体验。①

从 2016 年起，我国德育学科课程又有了新的发展趋势。

首先，德育学科课程名称发生变化。为贯彻落实党的十八届四中全会关于在中小学设立法治知识课程的要求，义务教育小学和初中起始年级《品德与生活》《思想品德》教材名称统一更改为《道德与法治》。

其次，德育学科课程使用统编教材。2017 年，教育部组织编写了义务教育“道德与法治”、“语文”和“历史”教学用书（简称统编教材），这三科意识形态属性强，是国家意志和社会主义核心价值观的集中体现，具有特殊重要的育人作用。2017 年，全国义务教育小学、初中起始年级“道德与法治”课程使用统编教材。

2017 版普通高级中学思想政治课程标准修订，在以往德育学科课程注重学科和活动融合的基础上，进一步提出活动型学科课程概念——这也是本次修订最显著的亮点。学科课程采取包括社会活动在内的活动设计，即“课程内容活动化”；或者说学科内容的课程方式就是一系列活动设计的系统安排，即“活动设计内容化”。② 把理论知识教学的“讲授型”课程塑造成“活动型”课程。在内容方面，德育课程发展趋势就是综合化，不能仅仅单方面强调一门学科。政治课无论是必修还是选修，目的都是为了培养学生核心素养：政治认同、理性精神、法治意识、公共参与能力；在过程方面，发展趋势就是开放性，课标只是设定方向，具体课程实施过程可以超越标准教材，吸纳新知；在方法上，发展趋势就是价值引导与自主发展的统一；在评价上，发展趋势主要是测试学生行为表现，即积极适应社会和解决问题的能力。③

教育部以修订的高中课标为依据，组织编写高中思想政治统编教材，并于 2019 年 9 月秋季学期启用。目前，普通高中思想政治教材：必修教材为《中国特色社会主义》《经济与社会》《政治与法治》《哲学与文化》，选择性必修教材为《当代国际政治与经济》《法律与生活》《逻辑与思维》。

---

① 单晓红．初中思想品德课程标准的设计思路和特点分析［J］．中小学教材教学，2004（2）：16-18.

② 朱明光．关于活动性思想政治课程的思考［J］．思想政治课教学，2016（4）：4-7.

③ 韩震．核心素养与活动型课程：从本轮思想政治课程标准修订看德育课程的发展趋势［J］．思想政治课教学，2016（3）：4-8.

第三节　课程德育

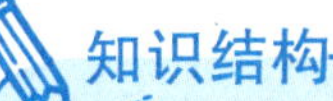

知识结构

- 课程德育的含义
- 新时代党和国家对课程德育的政策引领
- 课程德育的原则与要点
- 课程德育实践与案例
  - 解读课标、分析教材，挖掘德育资源
  - 变革课堂教学
  - 集体教研合作

一、课程德育的含义

课程德育是学校德育的重要途径，是一种走向整合的学校道德教育。它追求知识教学与道德教育的整合，追求课程教学中各个要素之间的整合，追求各个要素内在的整合，力图通过整合课程及课程实施中各种育德因素以形成教育合力，提高学校德育的实效。① 本节所讨论的课程德育主要指除德育学科课程之外的其他学校课程的德育。

案例点击

下午第一节课，张老师在二年级（5）班上数学课。有七八个孩子在睡觉，叫了半天也不起来。其他同学都说，老师你别管他们，班主任都管不了他们。

案例分析：德育学科教师、班主任常常被认为是主要的德育工作者。其他学科教师，有些人错误地认为，他们只要开展学科教学，完成教学任务就可以了，班级上的不良现象、德育问题，不需要他们重点考虑和处理。

科任教师也承担着重要的德育任务，学科课程德育，可以从学科内容、教师人格、师生关系、同伴影响、教学方法等因素自然开展。② 此外，回顾相关教师教育研究的文献，我们还能发现，学科背景对教师德育信念有着深远的影响。每一位老师，都可以问问自己，你们面对上述案例的时候，会有哪些应对措施？你觉得自己作为语文、思政或数学学科教师和其他学科教师在应对上述案例时有哪些不一样的地方？这些不一样的地方是如何形成的？学科其实是一个完备的“知识+社会实践”的体系，它包含了一系列

---

① 周晓静．课程德育［D］．南京：南京师范大学，2006.
② 周晓静．课程德育［D］．南京：南京师范大学，2006.

关于什么是“有价值的知识”“有效的教学”“优秀的学生”“适当的评价”的假设。①教师们在长期的学习过程中，形成了对自己所从事的学科的独特认识。那么这些独特的认识，体现在学科课程德育上，也一定各有千秋。

二、新时代党和国家对课程德育的政策引领

党和国家围绕习近平总书记提出“培养什么人、怎样培养人、为谁培养人”这个时代之问，出台了系列落实和强化课程德育的政策文件。

2018 年全国教育大会上，习近平总书记指出：我们的教育必须把培养社会主义建设者和接班人作为根本任务，培养一代又一代拥护中国共产党领导和我国社会主义制度、立志为中国特色社会主义奋斗终身的有用人才。2019 年 3 月 18 日，在学校思想政治理论课教师座谈会上，习近平总书记再次强调：青少年阶段是人生的“拔节孕穗期”，最需要精心引导和栽培。

以习近平新时代中国特色社会主义思想为指引，近年党和国家出台了一系列强化课程德育工作的政策。

2017 年，教育部颁布了《中小学德育工作指南》，其中第五点“实施途径和要求”提出，课程育人要“充分发挥课堂教学的主渠道作用，将中小学德育内容细化落实到各学科课程的教学目标之中，融入渗透到教育教学全过程”。

严格落实德育课程。按照义务教育、普通高中课程方案和标准，上好道德与法治、思想政治课，落实课时，不得减少课时或挪作他用。要围绕课程目标联系学生生活实际，挖掘课程思想内涵，充分利用时政媒体资源，精心设计教学内容，优化教学方法，发展学生道德认知，注重学生的情感体验和道德实践。

发挥其他课程德育功能。要根据不同年级和不同课程特点，充分挖掘各门课程蕴含的德育资源，将德育内容有机融入各门课程教学。

语文、历史、地理等课要利用课程中语言文字、传统文化、历史地理常识等丰富的思想道德教育因素，潜移默化地对学生进行世界观、人生观和价值观的引导。数学、科学、物理、化学、生物等课要加强对学生科学精神、科学方法、科学态度、科学探究能力和逻辑思维能力的培养，促进学生树立勇于创新、求真务实的思想品质。音乐、体育、美术、艺术等课要加强对学生审美情趣、健康体魄、意志品质、人文素养和生活方式的培养。外语课要加强对学生国际视野、国际理解和综合人文素养的培养。②

三、课程德育的原则与要点

2017 年 12 月教育部基础教育司发布了《中小学德育工作指南实施手册》（以下简

---

① GROSSMAN，STODOLSKY. Content as context：The role of school subjects in secondary school teaching［J］. Educational Researcher. 1995（8）：5-23.

② 中华人民共和国教育部．中小学德育工作指南［EB/OL］.（2017-08-17）［2022-03-28］.http：//www.gov.cn/gongbao/content/2018/content_5254319.htm.

称实施手册），其中第四章“课程育人”对德育课程、其他学科课程及地方校本课程等落实立德树人进行了解读并提供实施原则、要点建议。

学科课程中的德育，主要指通过充分挖掘渗透于各门学科课程中的德育资源，对学生进行道德教育的一种方式。该实施手册把中小学课程主要分为五类：德育课程、人文课程（语文、历史、地理和外语）中的德育、科学类课程中的德育、体艺类课程中的德育、综合实践活动课程中的德育。并按照要点、要点解读、实施建议、参考案例四个层次给出建议。

知识拓展

语文学科德育示例①

学科：语文。

要点解读：注重利用课程中的语言文字潜移默化地对学生进行价值引导和道德熏陶，培养学生的爱国主义情感、民族精神和社会责任感、审美情趣，以及对多样文化的尊重、对人类发展的关注等。

实施建议：可以利用的德育资源是多元的，包括挖掘课堂教学资源和课外学习资源。例如，小学语文教师课上可以利用挂图、视频和相关图书等资源，课外可以利用图书馆、博物馆和自然风光等资源；中学语文教师课上可以利用社会热点、学者观点和学生随笔等资源，课外可以利用展览馆、文化遗产、自然风光和社区实践场所等资源。

参考案例：初中语文教师通过《背影》让学生感悟亲情。

课前，教师让所有学生用心收集父母关心自己的细节，可以通过照片、视频、文字等方式呈现；讲课伊始，教师通过歌曲《父亲》中浓浓的对父亲的爱与感激之情感染学生；接着，通过教师讲解，学生合作探究“父亲”买橘子的艰难、“父亲”的背影、作者流泪、父亲的语言等细节，让学生体会到“父亲”爱子深情；在课文讲解后，教师通过课件进一步引导学生感受父母对自己的关爱，让学生多体谅、理解父母，反思如何与父母沟通；在课后拓展中，教师让学生回家帮父母做一件事，并记录下事情的经过、自己和父母的感受。

需要特别指出的是，各学科教师要意识到自己的言谈举止也是一种育人资源，重视“以身作则，行为示范”在课堂教学过程中的作用，示范好各种角色，如倾听者、提问者、引导者和指导者等。教师在扮演不同角色时，也在向学生潜移默化地传递一定的道德价值，如平等、尊重、真诚等。②

---

① 教育部基础教育司．中小学德育工作指南实施手册［M］．北京：教育科学出版社，2017：41-62.

② 教育部基础教育司．中小学德育工作指南实施手册［M］．北京：教育科学出版社，2017：41-62.

四、课程德育实践与案例

针对新手教师、职前教师课程德育实践，2021年教育部印发《中学教育专业师范生教师职业能力标准（试行）》，对教师课程育人能力、实践也提出了基本要求：

育人理念：具有教书育人意识。理解拟任教学科课程独特的育人功能，注重课程教学的思想性，有机融入社会主义核心价值观、中华优秀传统文化、革命文化和社会主义先进文化教育，培养学生适应终身发展和社会发展所需的正确价值观、必备品格和关键能力。

育人实践：理解学科核心素养，掌握课程育人方法和策略。能够在教育实践中，结合课程特点，挖掘课程思想政治教育资源，将知识学习、能力发展与品德养成相结合，合理设计育人目标、主题和内容，有机开展养成教育，进行综合素质评价，体现教书与育人的统一。

在广大中小学一线实践中，我国教师也在积极探索学科课程德育。一线教师总结出课程德育的实践要点：

（一）解读课标、分析教材，挖掘德育资源

目前中小学课程大致可以分为文科类、理科类、音体美类课程。其中部分学科课程的德育功能较为隐性。特别需要科任老师对本学科课标、教材加以解读分析，挖掘德育资源。

案例点击

数学教师在教研专家启发下，又挖掘出勾股定理的多重教育价值：从古代中国、埃及、巴比伦、希腊等国家都较早发现勾股定理的历史中，让学生了解不同国家早期人类文明交相辉映的情况；由 $3^2+4^2=5^2$ 这个等式，让学生感受数形结合的和谐美，从勾股定理拓展到费尔马大定理，让学生学习数学家献身科学的精神，坚定追求真理的理想信念。①

案例分析：教材是实施学科德育的主要凭借，数学教科书应增加关于数学理性和人文精神的内容，在适当增加数学文化、数学探究、数学阅读、数学写作等内容的基础上注重提高德育元素的运用水平。②

（二）变革课堂教学

系统性变革课堂教学：整合教学目标，包括要求教师优化师生关系，以自身对学科

---

① 李正刚．学科德育：政策引领与教师自觉［J］．现代教学．2020（8）：46-48.

② 姜浩哲，沈中宇，汪晓勤．新中国成立70年数学学科德育的回顾与展望［J］．课程·教材·教法．2019，39（12）：22-27.

的理解和热情、自身人格素养提升等作为隐性教学目标加以系统整合；调整教学内容，嵌入道德生成、思想引领等；优化教学方法，情境创设、活动体验、情感激励、角色扮演、榜样示范、两难情境讨论、价值澄清、小组讨论等方式，可以在课堂教学中有力提升育人效果；关注课堂练习，注重价值观内化；革新评价方式，不局限于认知领域的学习评价；拓展课堂内外。

学科教学作业批改中的育德

高一（7）班有一位男同学，由于刚进入高一，面临新的环境、新的同学和新的学习方式，加之竞争激烈，在初态考中未取得理想的名次，故常常感到力不从心、无法融入新的集体，并在英语每周周记中吐露了自己的困惑与心声。英语老师吴老师每次都会在其周记后面留下一行行宽慰的评语，分享自己的成长经历，并充分肯定他细腻生动的语言表达，还在同学面前展示其优秀的作业，让该生逐渐建立信心，找到突破适应的方向。开学一个月后，该班大部分同学有时都有在作业本上留下一两句与老师交流交心的话语，吴老师每次也会认真细致地反馈。

案例分析：借助书面作业这一频繁的师生沟通载体，案例中的吴老师不仅布置学科知识性作业，还开展了关怀学生、德育引导工作。不仅有利于学生学习学科知识，也引领、激发学生完善自我。

（三）集体教研合作

学科课程德育，可结合集体教研的形式：教师集体梳理课程德育的目标，集体解读相关课标、教材；分头备课、搜集课程德育的资源（如时事新闻、社区文化资源、网络等）；进行初步教学实践并开展课堂观察；课后讨论反思第二轮教学；循环总结。

思考题

一、名词解释

1. 课程
2. 德育课程
3. 学科课程
4. 活动课程
5. 学科德育
6. 活动型学科课程

二、简答题

1. 简述德育课程的类型。
2. 简述我国德育学科课程的发展历程。
3. 简述新课改以来我国德育学科课程的发展与趋势。

三、教学设计题

结合一门中小学科目（语文、数学等），做一份课程德育的教学设计。教学设计格式可参考表2-3。

表2-3 课程德育教学设计方案

作品标题		所属学科	
授课对象		授课时长	
思想素养		相关知识	
一、课程德育切口分析 二、课程德育相关资源 三、教学目标 四、教学重难点 五、教学流程和方法			

四、材料分析题

一位小学美术老师在上完一次公开课——“生活离不开电话”之后这么说：我从接到上这一次课的任务到现在，只有两天不到的时间，学校明确提出要在课堂上渗透德育内容，我也考虑了相关方面的德育点，比如：打电话的礼仪，还有拨打119、110、120等紧急电话的方法，科学合理使用电话，废旧物品的再利用，等等。我起初的想法是能在美术教学的环节中，渗透这些德育的点，做到无痕处显德育，但是试讲时效果很不理想，大家普遍的意见就是美术课失去了原来的味道，结果我就连夜把这部分内容砍了很多。对于自己的这一节课，感觉挺失败的。

阅读上述材料：

1. 请你分析这位老师在开展课程德育过程中的难点。
2. 请结合本章的学习，给这位老师提一些建议。

推荐阅读书目

1. 杜威．民主主义与教育［M］．王承绪，译．北京：人民教育出版社，1990.

2. 施良方．课程理论：课程的基础、原理与问题［M］．北京：教育科学出版社，1996.

3. 郑航．中国近代德育课程史［M］．北京：人民教育出版社，2003.

4. 教育部基础教育司．中小学德育工作指南实施手册［M］．北京：教育科学出版社，2017.

5. 上海市教育委员会教学研究室．上海市中小学语文学科德育教学指导意见［M］．上海：华东师范大学出版社，2019.

Chapter

3

第三章 学校德育模式

第一节　学校德育模式的内涵、特征与类型

知识结构

- 模式与德育模式
- 学校德育模式的特征
  - 时代性
  - 文化性
  - 发展性
- 学校德育模式的功能
- 当代学校德育模式的类型

德育是学校的首要工作，德育育人是学校工作的首要任务，科学德育模式探索问题事关学校德育工作的成败。因之，在当代德育实践中，德育模式选择与构建问题是广大教育工作者最为关注的话题之一。选用科学德育模式，创新学校德育实践，增强德育工作的可操作性，为德育实践提供范例性指导，是学校德育工作者增进德育工作效能的实践策略之一。为此，本章将重点探讨国内外德育模式的借鉴与改进问题，以此为学校德育工作的持续优化提供理念与方法的参考。

“模式”是“德育模式”的上位概念，要探明“学校德育模式”的确切内涵，必须从分析“模式”与“德育模式”的含义来入手。

一、模式与德育模式

厘清“模式”的概念是认识德育模式的起点之一，“模式”的内涵界定是科学认识“德育模式”的观念基石。一般认为，模式是指人们对某类活动过程加以程式化处置之后而形成的一种定型化的活动形式和操作样式，是某种事物、事情的标准形式，是可以让人照着做的典型样式。简而言之，它是一类活动所共有的形式结构或操作流程。模式具有典型性、简单性、重复性、范例性和可操作性等特征，模式是人借助思维抽象或简单化知觉对外部事物、事件加以把握而获得的。因而，模式的意义在于它能为同类活动提供一种普适化的操作程式和活动结构形式。

“德育模式”概念既建立在对一般“模式”意义的理解之上，也建立在前人对“德育模式”内涵的研究基础之上，它是我们认识德育模式时难以绕过的一个环节。在德育模式研究成果中，比较典型的是美国学者哈什和我国学者程建平、孙俊才的观点。在《德育模式》一书中，哈什指出，德育模式是“在教育情境中思考关怀、判断、行动之历程的方式”①；我国有学者则认为，德育模式是某种理论或观点，一系列原则、策略方法和途径等构成的德育实施范式，是德育思想与德育实践的中介和桥梁，它是一个由

① 哈什，弥勒，费尔汀．德育模式［M］．台北：五南图书出版公司，1994：7-8.

德育过程中诸多内外因素所构成的复杂系统，德育模式一般由德育理论系统、目标系统、内容系统、评价系统和操作系统构成。① 另外，孙俊才认为，德育模式是“在德育实施过程中，道德理论与德育理论、德育内容、德育手段、德育方法、德育途径的组合方式，德育模式包括一种关于人在道德发展上的理论，以及一套促进道德发展的策略和原则，是包含理论建构和实践尝试的系统过程”②。梳理上述概念中的关键词可知，德育模式是德育工作者从事德育活动的模式，是德育方法、手段、理念、原则、策略的具体组织形态，具有内在的有机性与流程性，其根本特征是两栖性，即作为联系德育理论与德育实践的媒介或纽带功能。换而言之，任何德育模式都来自德育实践，并经过了特定德育理论模型的加工，它们是德育活动的范型，而非一些德育策略、方法的简单排列与组合。

结合上述两方面的分析可见，德育模式是从一定德育理论出发，以某类德育活动形态为原型，在对其相关德育实践的策略、思路、方法等进行整合、加工、组织的基础上形成的一种德育活动范型或操作样式。

二、学校德育模式的特征

德育模式既是一种简约化、范型化，并具有极强的可操作性、典范性的德育实践样态，又是一定德育理念的操作化、物质化形态。德育模式是综合运用各种德育方式、手段、策略，实现德育理论向德育实践转化的中介环节。在德育活动史上出现了各种各样的德育模式，每种模式都是历史、文化、时代的产物，都是德育理念发展与德育规律内控的产物，每一种德育模式都具有时代性、文化性与发展性。

（一）时代性

德育模式都是时代的产物，特定时代教育的需要使不同时代的德育模式具有其显著差异性。在我国古代，慎独作为一种独特德育模式，与当时生产力发展水平较低、人文学科主导、人际交往时空有限的特定时代相契合；在当代西方，价值澄清模式（values clarification model）盛行，这是与当代西方价值观念多样化、人类社会生活复杂化的社会时代相契合的。从这一角度看，每个时代都有与之相应的占主导地位的德育模式，每一种德育模式都是时代选择的结果，都具有历史性特点；德育模式只有紧跟时代、关注时代、引领时代才能获得较强的生命力。

（二）文化性

任何德育模式都是在一定文化背景中产生的，古今中外文化的发展和差异决定着德育模式的现实样态，只有从文化背景深处去认识德育模式，才可能在德育模式的选择与使用中恰到好处、去弊存利。例如，道德认知教育模式是在西方文化环境中产生的，其

---

① 程建平．德育模式论［J］．黑龙江社会科学，2005（5）：133-137.
② 孙俊才．论“生活德育”参照下的德育模式建构［J］．当代教育论坛，2005（12）：73.

主因之一就是西方强调认知研究，重视理性、知性文化，而我国更为关注的是以“心的感悟体悟”为中心的“心”文化，重视从内部世界认识外部世界，故道德认知教育模式在西方文化土壤中产生。与之相应，西方道德认知教育模式在西方道德教育中有较大的用武之地，而在我国，过度使用该模式极有可能导致道德教育的知识化、单面化，不利于学生的整体道德素养培育。也正是如此，弘扬中华传统优秀文化，根据中国文化的特点选择德育模式，辅助德育模式使用，才可能得到更好的德育效果。

（三）发展性

每一种德育模式都是发展中的模式，都需要在因地制宜、切合时代、转化生成中使之焕发活力、生机；否则，将之予以固化、机械使用、生搬硬套，则可能窒息德育模式的活力与生命，阻碍德育模式的效能发挥。例如，生活德育模式有利于提升德育的效能，创新德育的形态，但如果忽略了当下社会生活、学生生活、教育生活的多变性特点，不能将模式应用与学生生活世界中的新变化紧密结合起来，并对既定德育模式进行持续创造与适度改进，德育模式很可能在使用中失效，最终被淘汰。因此，德育模式的每一次创造性使用都是其发展创新的契机，缺乏发展改进意识的德育工作者很容易将德育模式推向僵化死亡的境地。

三、学校德育模式的功能

德育模式的主要功能在于它贯通了德育理论与德育实践，有助于德育理论与德育实践形成一种良性互动，进而有助于德育理论与德育实践的双重改进。对德育实践而言，德育模式能够对德育活动的组织与开展提供直接的指导和帮助，它为德育工作者提供了组织德育工作各因素的基本框架和模型。尤其对于那些刚刚步入教育行业的德育工作者来说，有了这个框架，德育活动的开展、德育活动的质量就有了基本的保证。因此，科学德育模式的使用一定有助于优化德育过程，提升德育效能，达成德育目标，改进德育工作机制，灵活选用德育模式是学校德育工作的变革之路。对于德育理论而言，它为德育理论的实践化转化提供一条通道，为德育理论功能的发挥提供一个舞台，尤其是在因地制宜、灵活创新的德育实践中，新理念、新认识不断生成，营养着德育模式的德育理论内核，催生着德育观念更新，促使学校德育思维发生深刻的变化。故此，德育模式的使用增强了德育理论与德育实践间的结合力，加速了二者间的相互转化，有利于德育理论与德育实践共生发展格局的形成。

四、当代学校德育模式的类型

学校德育工作需要多样化德育模式的支持，德育模式的创新有利于学校德育工作方式的更新与换代，尤其是在学校道德改革活跃的当代，一系列学校德育模式被创造出来，为广大德育工作者提供了丰富的备选对象与模式库存。在当代西方德育实践中，道德认知教育模式、体谅模式、关怀模式、价值澄清模式、社会行动模式和集体教育模式等尤为流行，成为现代德育模式的代表；在我国学校德育实践中，生活德育模式、欣赏型德育模式、体验德育模式、主体性德育模式、对话德育模式、生命叙事德育模式、活动德育模式、交往德育模式等异彩纷呈，为中国特色学校德育形态的形成做出了重要贡献。在此，本书将按照其关注的主要德育要素分类。研究表明，道德品性的核心构成要素是道德认知、道德情感、道德意志、道德行为、道德信念等，尽管上述德育模式指向的德育工作目标是一致的，即全面提升学生的道德品质或道德素养，但在实施中的主要切入点不同，它们选择某一道德要素或维度，由此采用“以一带多，整体推进”“单维入手，全面培养”的道德教育策略。因此，按照侧重培养的道德要素切入点来划分德育模式类型具有其内在科学性。从这一标准出发，上述德育模式可以做如下划分（表 3-1）。

表 3-1 当代学校德育模式的类型

侧重的德育要素	中　国	西　方	备　注
道德认知	主体性德育模式 对话德育模式	道德认知教育模式 价值澄清模式	不同德育模式在使用中会发生“侧重点变异”现象，分类仅具有有限参考价值。
道德情感	欣赏型德育模式 体验德育模式 生命叙事德育模式	体谅模式	
道德行为	生活德育模式 活动德育模式 交往德育模式	社会行动模式 集体教育模式	

第二节　国外经典学校德育模式

知识结构

- 道德认知教育模式
  - 理论依据
  - 基本框架
  - 实践策略
  - 简要评述
- 体谅德育模式
  - 理论依据
  - 基本框架
  - 实践策略
  - 简要评述
- 价值澄清德育模式
  - 理论依据
  - 基本框架
  - 实践策略
  - 简要评述

西方尤为重视公民道德教育，形成了一系列西方特色的德育模式。每一种德育模式都由核心理念与实践操作两部分构成，在此，本书将按照“理论依据—基本框架—实践策略—简要评价”的主线对之做以系统化介绍，尽可能为德育工作者呈现其整体形貌与大致框架。

一、道德认知教育模式

道德认知教育模式，即认知性道德发展模式（the cognitive moral development model）是美国当代著名道德教育家和心理学家柯尔伯格（Kohlberg）及瑞士心理学家皮亚杰（Piaget）等人创立的一种德育模式。该模式以发展学生道德认知为德育目标，以培养学生的道德判断能力与道德推理能力为取向，并在大量实验和反复验证的基础上形成的一种较为完备的德育模式。

（一）理论依据

认知性道德发展模式的理论依据是柯尔伯格创立的道德认知发展理论。该理论认为，人的道德发展的核心是道德思维能力，尤其是人的道德推理能力和道德判断能力的发展状况能够代表着一个人的道德发展水平，故道德思维的成熟是一个人道德成熟的标志。道德认知学派认为：人的道德发展是有阶段性的。柯尔伯格在道德两难问题实验研究的基础上提出了人的道德发展的“三水平六阶段”理论。在其中，公正代表着人的道德发展的最高阶段，道德教育的最高目标是教会学生用公正精神来处置生活中的道德冲突问题。

具体而言，认知性道德发展模式的理论基础可概括为三个方面。

其一，道德教育的目的是发展学生的道德认知。道德认知发展模式是道德认知学派理论的实践模型，该学派的研究基地是哈佛大学的“道德发展与道德教育研究中心”。道德认知学派的学者认为，道德认知能力是学生道德发展的核心。“这种理论之所以称为‘认知’的，是由于它认识到道德教育同理智教育一样是以激发学生的道德问题和道德决策进行积极的思考为基础的，它之所以称为‘发展’的，是因为它把道德教育的目标看作各个阶段的道德发展。”①

其二，道德教育的基本途径是让学生参与道德两难判断。道德认知发展模式的原始理论基础是皮亚杰的认识发生论，尤其是他于1929年发表的《儿童的道德判断》，对该德育模式的形成具有直接影响。受此影响，柯尔伯格认为，由道德困境而激发出的道德冲突以及由此而引发的道德行为选择是提高学生道德判断水平的重要条件。学生不参与社会活动，不参与道德实践，就不可能进行道德判断活动，也就不能有道德地发展。学生道德成熟的标志就表现为他能够灵活地驾驭道德判断活动，就体现为他做出道德判断和提出自己的道德原则的能力，而不是遵从他周围的成人的道德判断能力。② 促使学生道德发展的基本途径是参与道德判断，即让学生面临道德两难问题，产生道德认知冲

① 戚万学．冲突与整合：20世纪西方道德教育理论［M］．济南：山东教育出版社，1995：338.

② 瞿葆奎．教育学文集：教育与人的发展［M］．北京：人民教育出版社，1989：721.

突，继而各抒己见，接触那些比自己道德判断力更高一级的道德推理方式，不断提高学生的道德判断水平。

其三，促进学生道德发展的基本方法是“道德两难问题讨论法”和“公正团体法”。其中，道德两难问题讨论法是柯尔伯格将道德认知发展阶段理论运用于学生道德教育实践而提出的一种德育方法，其内容是：以道德两难故事为基本材料，让学生对故事中的道德问题进行讨论并回答围绕该故事提出的相关问题，以此判断学生所处的道德认知发展阶段，并引导其道德水平更进一步发展。其实质是利用道德两难故事来诱发学生的认知冲突，激起其积极的道德思维活动，以此来带动学生道德判断的发展。为了准确地衡量学生的道德判断水平，柯尔伯格还把儿童的道德发展分为了三个水平六个阶段（表3-2）。

表3-2 儿童的道德发展的“三水平六阶段”①

阶段内容				
水平与阶段		何为正确	为何正确	社会观点
第1水平——前习俗水平	第1阶段：他律道德	不违反以惩罚为后盾的各种准则，为规则而服从规则，不伤害他人的身体，不损坏他人的财产。	免受惩罚和当局至高无上的强力。	自我中心的观点。不考虑他人的利益或没有想到他人与自己的区别；不会将两种观点联系起来。行动时考虑的是物质利益，而不是他人的看法。混淆权威认识与他自己的认识。
	第2阶段：个人工具主义目的和交易	只在能给他人立即带来利益时才遵守准则；为满足自己的利益而活动，让他人也这样做。正确即公平，也就是一种平等的交换、交易和协定。	在一定范围内实现个体自身的需要，同时必须懂得：他人亦是有其自身利益的。	具体的个人主义观点。知道人人都有其所追求的利益以及利益间的冲突，因此，正确是相对的（在具体的个人主义的意义上）。
第2水平——习俗水平	第3阶段：双边的人际期望，人际关系以及人际协调	像周围人或一般人所期望的那样，按你所扮演的角色，如儿子、兄弟、朋友等生活。行善是重要的，它意味着友善的动机、对他人的关心。它也指维护双边关系，如信任、忠诚、尊重及感恩。	做一个自己及他人都认可的好人。相信推己及人的金科玉律。愿意保持符合传统的规则和权威。	与他人相联系的个人观。懂得超越于个人利益之上的双边感情、协议及期望。通过具体的推己及人的金科玉律将各种看法联系起来，设身处地为他人考虑。但还不能考虑普遍化系统观。

① 参考资料：柯尔伯格．道德教育的哲学［M］．魏贤超，译．杭州：浙江教育出版社，2000：99-101；钟启泉，黄志成．西方德育原理［M］．西安：陕西人民教育出版社，1998：199-201.

续表

阶段内容				
水平与阶段		何为正确	为何正确	社会观点
第2水平——习俗水平	第4阶段：社会系统和良心	履行你所同意的各种实际义务。除了法律与其他恒定的社会义务发生冲突这一极端情况外，都应遵守法律。	维护公共机构的整体性，“如果人人如此”，系统就可免遭破裂，或者说履行个人应尽的义务是良心准则。	将社会的看法与人际协议或动机区分开来。接受规定着各种角色及准则的社会系统的观点。依据在系统中的位置考察个人间的关系。
第3水平——后习俗水平	第5阶段：社会契约或社会功利和个人权利	认识到人们具有各种不同的价值和观点，对各团体来说，大多数价值观和规则都是相对的。这些相对的规则只是在公正的时候才应遵守，因为它们是一种社会契约。某些非相对的价值观和权利，如生命和自由，不管在什么社会、什么情况下都应该维护。	有义务遵守法律，因为一种社会契约的形成和遵守法律是为了所有人的福利和保护所有人的权利。契约性的承诺完全是对家庭、友谊、信任和工作义务而言的。注意到法律和义务是基于整体功利的理性考虑，即“为绝大多数人的最大利益”。	超前的社会观。个体关于价值标准及权利的合理认识先于社会规范与契约。通过协议、契约、客观公正、正当方法等有效途径使各种认识一体化。考虑道德和法律观念，认识到它们有可能会发生冲突，并发现使它们一体化是困难的。
	第6阶段：普遍性伦理原则	遵循自己选择的原则处事。特定的法律或社会协议通常是有效的，因为它们是以这些原则为基础的。但当法律违反这些原则时，个体就要按这些原则行动。这些原则是普遍性的公正原则：人权均等、作为有个性者的人的尊严受到重视。	作为一个理智者，相信普遍性道德原则的效用，以及对遵守这些原则的个人义务感。	在道德观中产生出社会调理。这种观点认为，任何一个理性者都应该承认道德本质或以尊重人为目的的这种事实。

（二）基本框架

在道德认知发展阶段论的基础上，柯尔伯格提出了以培养学生公正美德为内核的认知性道德教育模式。在该模式中，柯尔伯格为学校德育提供了一种崭新的模式框架，形成了一种“德育活动—道德判断推理—道德认识”的学校德育思路，以引导学生参与道德判断活动为途径，以发展学生道德推理能力为重点，以提高学生的道德认识为目的。简而言之，认知性德育模式的基本框架如下。

1. 从学生现有道德认知水平出发

学生道德教育的最终目的是实现道德发展，而道德发展的标志是学会了利用公正的道德原则来处理道德问题，应对道德冲突，最终使学生超越既有的道德认知水平，逐步走向道德的成熟。所以，在道德两难问题情境设置中，柯尔伯格试图通过学生的道德判断、道德抉择方式来测定其现有道德发展水平，判定其所处的道德发展阶段，进而推测其现有道德认知方式，为其后续道德发展设定教育的起点和目标。

2. 激起学生内在道德认知冲突

道德发展的动力来自学生内在的道德认知矛盾，即学生现有的道德发展水平与更高阶段道德发展水平之间的“剪刀差”。因此，对学生提出高一级的道德要求，引发学生的道德认知冲突，进而促进学生形成道德发展动力是柯尔伯格所创造的德育模式的要点。为了实现这一目标，柯尔伯格采取的方法是设置道德两难问题情境和创建公正团体。在这种道德情境与道德团体中让学生产生道德认知失衡，激起学生道德思维活动，促使学生形成高一级的道德推理方式，推进其道德智慧形成和增长，这是认知性道德教育模式的内核。

3. 阶段性地实施道德教育

道德教育的模式是遵循学生道德发展阶段性特点，促使其道德发展水平实现阶段式提升的。显然，道德发展的阶段性特点是学校德育的基本依据。该德育模式的根本特点是根据学生已有的道德发展水平来确定德育内容，运用具有道德冲突的交往活动、公正团体法或围绕道德两难问题的小组讨论等来给学生创造道德实践机会，让学生接触、思考高于他们现有道德发展水平的道德问题，最终实现提高学生道德认知判断水平的阶段式推进。柯尔伯格认为，在道德判断的形式方面，存在着处于不同成熟水平或阶段的道德推理方式。这些阶段性的道德推理方式构成了人们区分一个人道德发展水平的重要依据。据此，德育模式的设计必须遵循“三水平、六阶段”的规律来依次推进。

（三）实践策略

在认知性道德发展模式中，柯尔伯格创造了两种具有代表意义的德育方法——道德两难问题法和公正团体法，前者侧重于发展学生的道德推理能力，后者则侧重于培养学生的道德价值观。

1. 道德两难问题法

该法又被称为新苏格拉底法、道德两难法，其一般思路是：给学生呈现一个道德两难问题，使学生道德认知结构失衡，让学生进行道德判断和道德推理活动，促使其道德认识与道德态度发生转变。在研究中，柯尔伯格采用的一个经典道德两难问题是“海因茨偷药救妻的故事”。

海因茨偷药救妻的故事

欧洲有个妇女患了癌症，生命垂危。医生认为只有一种药能救她，就是本城一个药剂师最近发明的镭。制造这种药要花很多钱，药剂师索价要高过成本十倍。他花了200元制造镭，而这点药他竟索价2000元。病妇的丈夫海因茨到处向熟人借钱，一共才借得1000元，只够药费的一半。海因茨不得已，只好告诉药剂师，他的妻子快要死了，请求药剂师便宜一点卖给他，或者允许他赊欠。但药剂师说：“不成，我发明此药就是为了赚钱。”海因茨走投无路竟撬开商店的门，为妻子偷来了药。

在向学生出示了该问题之后，教师可以遵循以下步骤①来引导学生展开讨论：

（1）引发性提问

在开始讨论时，教师要引导学生把握道德两难问题的困境或症结，理清其中所关涉的道德因素，引导学生从不同的角度，依据不同的理据展开讨论；在讨论基础上凸显道德问题并初步展开讨论，进而追问学生做出道德判断的依据。随着追问的展开，道德问题情境会变得愈发复杂化，学生的讨论会愈发激烈，学生对道德两难问题的认识会日渐深刻。

（2）深入性提问

在经过引入性提问之后，学生基本上已明确自己面对道德冲突时的立场和理由，讨论开始走向深入。此时，教师可以采用五种提问策略来使讨论深入，将道德问题精细化，这五种提问策略是：澄清性追问、特定问题追问、问题间的追问、角色转换追问、普遍后果追问等。

（3）引发较高层次的道德推理

较高道德发展阶段的观点往往对学生道德思维发展产生很大影响，因此，在讨论中教师要通过三种方式鼓励学生进行较高阶段的道德思维活动。这三种方式是：有学生在讨论中运用了较高阶段的推理方式时，教师可以鼓励学生解释其道德推理的过程；当学生在讨论中没有涉及更高阶段的道德推理形式时，教师可以鼓励那些在其他方面已经达到更高阶段的学生发言，促使学生在新的问题层次上继续进行主动探究；当学生都无法从多方面来思考道德问题，也没有人提出一种更合适的观点时，教师可以提出一个更高阶段的道德推理形式供学生进行讨论和思考。

最后，教师还可以利用澄清的策略概括学生所采用的推理方式，促进学生道德认知冲突的发展和新道德认识的形成。

2. 公正团体法

这是1969年柯尔伯格对以色列集体农庄的一所中学进行研究性访问之后提出的一种道德教育方法，其主要目的是利用集体教育的形式来培养学生遵守道德规则的能力和习惯。柯尔伯格发现：学生过集体生活时，通过对规则的实践和讨论就可能使每个集体成员遵守社会道德规则。其一般实施理念是：建立公正的生活共同体，完善各种管理组织；营造民主的道德氛围，鼓励学生民主参与各项决策；发展学生集体意识，使学生自主管理和民主自治；提高学生的道德判断能力，使学生形成为集体负责的意识。

该德育方法的具体实施过程如下：

开展师生的民主参与活动，创造一种公正的集体氛围，促进个人的道德发展，是公正团体法实施的重点。在活动组织中，参与学生的人数不宜太多，一般控制在50人左右较好。在实施中，教师要注意构建一定的组织结构，让不同的学生在团体中担负起不同的角色和职责。譬如，在教师的主持下成立议事委员会、顾问小组、集体会议、纪律监察委员会等。在议事委员会中，可由10名左右的学生和2名左右的教师组成，主要负责决定团体内部的问题，制定会议日程；顾问小组则可以由1名顾问教师与10名左

① 哈什，弥勒，费尔汀．德育模式［M］．台湾：五南图书出版公司，1994：150-162.

右的学生构成，主要任务是就一两个事关团体发展的重要道德问题进行讨论，以把握团体的发展方向；集体会议自然由全部学生与教师构成，主要负责讨论和解决日常道德问题，制定团体规则，上诉违纪事件；纪律委员会可以由6—8名学生和2名教师组成，负责听取违纪案件和人际的非礼行为，实施奖励和惩罚，以促进人际理解。①

（四）简要评述

道德认知发展模式打破了传统“美德袋”式的道德教育模式，要求教师通过道德两难讨论和构建公正团体等方式来促进学生的道德发展，要求以道德认知和道德判断作为儿童道德发展的核心内容，这对于克服道德灌输式的德育方式，充分发挥德育对象的主体性，推动道德教育模式的科学化、理性化产生了重要影响。尽管如此，该模式的局限性也是显而易见的，主要表现为两个方面：把道德发展单纯地理解为道德认识、道德判断力的发展，而忽视道德情感、道德信念、道德行为的同步培养，无视道德发展的整体性特征，难免有以偏概全之嫌；该模式有明显的过度理性化倾向，它把公正、良心、守法等品性视为所谓“高级的”“超习俗”道德水平，难免抹杀了人性中的那些更让人敬重的非理性品性，诸如善良、同情、关怀等，并且假定只有成人才能达到这一水平，这就导致了“年龄歧视论”的发生。

二、体谅德育模式

体谅德育模式，即体谅模式（The Consideration Model）是20世纪70年代初期在欧美流行的一种德育模式，其代表者是英国学者彼得·麦克菲尔（Peter Mcphail）等人。这是一种以培养学生体谅他人的品质为核心，重视道德体验，以对具体道德情景的讨论为途径，以构建和谐的道德关系为重点的德育模式。在当时，欧美一些国家由于多元价值观并存，各种社会权威和传统价值观受到了冲击和质疑，人们陷入价值迷失的窘境。随之，大量犯罪行为滋生，青少年精神世界迷茫，对社会和他人冷漠。因之，以麦克菲尔为首的研究小组希望通过培养青少年关心、体谅他人的道德品性来引导青少年走出精神生活的困境。该模式的主要思想体现在他们所编著的系列德育课程教材《生命线》及教师参考用书《学会关心》之中。

（一）理论依据

麦克菲尔等认为，学校德育不应该片面强调道德知识、道德规范的传授，而应该把道德情感、环境育德、道德示范等德育手段加以充分利用，努力提高道德教育的实际效能。他们认为：

1. 学校德育的基本职责是满足学生与人友好相处的需要

1967年至1971年间，麦克菲尔等人做了大量调研后发现：青少年学生迫切期望在人际关系中信守坦率、互惠和关心等道德原则。在调查中，学生认为“好的事情”主

---

① 董秀娜. 科尔伯格“公正团体法”及其对我国学校道德教育的启示［J］. 前沿，2005（6）：149-151.

要集中在以下几个方面①：

在某些情况下成人允许儿童有“合理”的自由，并且鼓励儿童自主选择。

成人能够对面临困难的儿童给予帮助，但不能为儿童包办一切。

成人能倾听儿童的呼声，能从儿童的角度来理解儿童。

成人向儿童提出某些要求时，能提供良好的榜样。

成人要有幽默感，宽宏大量，不过于严肃和正规。

成人能够表现出一定的预见性，哪怕这种预见性不准确也可以。

这一调研结果表明：与他人友好相处、关爱他人、被人关爱是人类的基本需要，学校德育应该义不容辞地担负起这项职责，人类的基本需要是与他人友好相处，爱或被爱，帮助人们去满足这种需要是德育的首要职责。② 学校德育的任务不是喋喋不休地讲述道德知识、道德规范，而是通过德育活动来满足学生的需要。

2. 关心、体谅是现代人必备的道德品质，道德教育的核心是使学生学会关心人、体谅人

从某种意义上说，品德不是教师直接教来的，而是在引导学生关心人、体谅人的人际觉知中，在营造相互关心、相互体谅的课堂气氛中，在教师关心人、体谅人的表率行为中逐渐促使学生自发形成的。③ 因此，体谅是现代人道德品质的核心，是其他道德品性形成的基础。麦克菲尔也指出，道德成熟是一种有创造性的关心。④ 学校德育的目的是使受教育者具备成熟的社会判断力，学会关心人、体谅人。正如诺丁斯所言，在学校德育中，我们要让学生学会关心自己，关心身边最亲近的人，关心与自己有各种关系的人，关心与自己没有关系的人，关心动物、植物和自然环境，关心人类制造出来的物品，关心知识和学问等。

3. 教师的示范和环境的陶冶是道德教育的重要手段

麦克菲尔在调查中发现，孩子非常欢迎那些善解人意、具有幽默感、自信正直、以身作则的成人，他们希望这些成人能够为他们的成长提供帮助，帮助他们走向道德的成熟。在此基础上，麦克菲尔断定：人的道德行为和态度是富有感染力的，受教育者的道德感是在接受这种感染后形成的，因此，成人，尤其是教师的表率作用对其道德的成长具有关键意义。学生的道德感在很大程度上是通过受感染而形成的，并非教师直接传授的。在日常生活中，通过观察身边“重要人物”怎样待人接物，可以学到一些价值观；通过接触具有关心、体谅他人品质的人，可以获得有益的东西。学生从教师行为中学到的东西比从教师言语中学到的东西要多。所以，教师要在关心人、体谅人上起到道德表率的作用。教师引导学生关心他人的最好方法是自己主动关心他人。据此，麦克菲尔认为，榜样是具有感染力的，树立榜样是一种重要德育手段，营造关心人、体谅人的道德环境，是使德育富有成效的重要策略。

---

① 袁桂林. 当代西方道德教育理论［M］. 福州：福建教育出版社，2005：272-273.

② 冯增俊. 道德教育的体谅模式述评［J］. 教育研究与实验，1992（2）：9-14.

③ 黄向阳. 德育原理［M］. 上海：华东师范大学出版社，2000：39.

④ MCPHAIL，UNGOED-THOMAS，CHAPMAN. Moral Education in Secondary School［M］. Longman Group Limited，1972：216.

（二）基本框架

基于上述德育理论，麦克菲尔等人提出了德育的体谅模式，其基本框架如下。

1. 德育的主要任务是帮助学生建立相互关爱的人际关系

体谅模式指出："人类的基本需要是与人友好相处、爱或被爱，帮助人们去满足这种需要是德育的首要职责。"① 因此，学校德育的主要任务是通过营建和谐的、相互关心的道德关系来满足人类的这种需要，就是"营造相互关心、相互体谅的课堂气氛，以及教师在关心人、体谅人上起到的表率作用"②。可见，不同于那种以培养人美德为追求的传统德育模式，该模式更注重构建一种和谐的道德关系，而这种道德关系正是以学生对他人的体谅、尊重为起点的。

2. 重视道德体验在道德教育中的重要地位

体谅、关心主要不是理性道德选择的结果，而更多是道德体验、道德体悟的产物。要教会学生体谅他人，教师不能完全诉诸逻辑命令和理性法则，而应该关注道德体验的培育，这就需要教师首先具有善于体谅他人的美德。为此，麦克菲尔曾经对教育工作者提出了五点建议：从儿童的需要、兴趣、情感多方面体谅儿童；任何形式的道德教育都建立在体谅的基础上；从调整人际关系入手进行道德教育，特别注意调节成人对待儿童的行为；从每个学生的实际出发关心各个儿童；在道德教育中考虑学生的情感和动机。③ 这样，通过角色扮演和模拟表演来让学生体验道德就成为体谅模式惯用的一种方法。

3. 道德教育的重点是增强学生的人际意识，增强自我与他人之间的关联性

麦克菲尔等人认为，道德教育的目的是引导学生学会关心，学会体谅，并在关心人、体谅人中获得快乐。故此，培养学生的人际意识和道德敏感性就显得尤为重要。同时，人的道德行为和道德态度在心理上是"有感染力"的，尤其是那些催人奋进的道德楷模（包括教师），他们对他人来说尤其具有感染力。实际上，人的人际意识和这种道德感染力是相通的，只有一个具有敏锐人际意识的人才可能充分利用这种"感染力"来发展自己的道德情感和道德行为能力。正因为如此，体谅模式尤其关注对学生人际意识的培养而非道德知识的传授。

（三）实践策略

体谅德育模式的具体实施程式集中体现在麦克菲尔等人开展的《生命线》课程实践之中，可参见以下资料④。

---

① 冯增俊．道德教育的体谅模式述评［J］．教育研究与实验，1992（2）：9-14.

② 黄向阳．德育原理［M］．上海：华东师范大学出版社，2000：52.

③ 张洪高．关心德育模式与体谅德育模式之比较［J］．基础教育参考，2003（11）：22-24.

④ 张洪高．关心德育模式与体谅德育模式之比较［J］．基础教育参考，2003（11）：22-24.（内容有改动）

《生命线》课程的实践

麦克菲尔根据学生记述的"好事"和"坏事"，提炼出许多典型的人际——社会情境问题，并在此基础上编写《生命线》(*Life line*) 一书以及《学会关心》(*Learning to Care*) 的教师参考书。在《生命线》中，一方面，他注重发展学生的道德判断力，鼓励观察和理解言语信号中所表现的需要、兴趣和情感，提高学生估计和预测行为后果的能力；另一方面，更加关心如何把影响人们决定的事实、思想、技巧、经验汇集融合，达到一种整体性作用，使道德决定与最充分的知识相结合，使知识和理论发挥应有的指导力量。麦克菲尔指出，这部分教材和教学策略有如下要求：教材具有情境性；这些情境来自青少年对自己亲身经历的描述；情境的叙述简明扼要，使学生可能根据各自的切身经历补充情境的细节，从而调动学生参与的积极性；问题一般涉及做而不涉及理论性问题；列出的事情是没有固定结局的，教师和学生可以按自己的想法进行下去。

《生命线》一书分为三个部分：

第一部分："设身处地"。包括"敏感性""后果""观点"三个单元，所有情境都是围绕人们在家庭、学校或邻里中发生的各种人际问题设计的。

第二部分："证明规则"。包括"规则与个体""你期望什么?""你认为我是谁?""为了谁的利益?""我为什么该?"五个单元，情境涉及比较复杂的群体利益冲突及权威问题。

第三部分："你会怎么办?"包括"生日""禁闭""逮捕!""街景""悲剧""盖尔住院"六个单元，向学生展示以历史事实或者现实为基础的道德困境。

（四）简要评述

由上可见，体谅模式反对那种过于偏重理性和道德认知的德育模式，强调把德育活动和生活实际结合起来，强调在生活实践中引导学生学会关心，重视对学生道德体验、道德动机的培养等，这都是其他德育模式难以与之比拟的。同时，它所编制的德育课程联系实际，活动形式丰富多彩，注重实效、可操作性强等，这也是其优点之一。当然，这一模式也暴露了一些弱点，例如，理论基础不够系统，在同一理论内部存在着人本主义（强调道德动机等）与行为主义（强调社会模仿等）的冲突，部分观点具有一定片面性（其所提出的一些观点大多是立足于西方的文化背景的，故难免会有一些观点过于片面）等。这些都是有待于其他模式去克服的。

三、价值澄清德育模式

价值澄清模式的产生是和 20 世纪 60 年代在美国出现的价值澄清学派密切相关的。该学派以美国纽约大学教授路易斯·拉思斯（Louise Raths）、悉尼·西蒙（Sidney

B. Simon）等人为代表，其主要德育观体现在1966年出版的由路易斯·拉思斯、梅里尔·哈明（Merrill Harmin）和悉尼· 西蒙三人合著的《价值与教学》一书中。在该年代，美国正处在价值观趋于多元化的特殊时代。随着多样化价值观的出现，价值冲突现象与日俱增。为此，许多美国公民希望保持自己独特的价值立场和选择价值观的自由。这就直接催生了价值澄清学派。价值澄清模式是该学派在德育实践领域内的再现和延伸，它提倡尊重学生自由选择价值观的权利，是以培养学生对价值观的反省能力、选择能力为重点的德育模式。

（一）理论依据

在价值观的存在形态及形成过程中，价值澄清学派坚持以下观点：

第一，每个人都有自己的价值观，每个人都会按照自己的价值观行事，特别是按照那些经过检验和确认的价值观行事。

成人和儿童一样，他们都有自己的价值观，只不过是成人知道自己的价值观，而儿童对自己的价值观认识模糊而已。只有在遇到关涉价值选择问题的事情中，儿童才可能清醒地意识到自己的价值观。在价值观多样化的时代，教师不应该将自己的价值观强加给学生，而是要帮助他们澄清、反省自己的价值观。

第二，价值澄清过程包括四个要素：生活的中心、对现实的认可、鼓励进一步思考和培养个人能力。

教师要引导学生关注那些与他们生活密切相关的价值问题。在帮助学生进行价值澄清时，教师要不偏不倚地接受学生的价值立场，并鼓励学生深思熟虑之后按照自己的价值立场行事。

第三，价值观教育是方法的教育而非内容的教育，“如何获得价值”比“获得什么样的价值”更重要。

尽管不同个体的价值观念会因经验、生活阅历的不同而不同，但在做出价值判断和价值决策时，人们都有一些合理的方法。所以，价值观教育旨在教给学生进行价值决断、价值决策的方法，增进学生的价值判断能力，引导他们学会对不同价值观进行价值排序。掌握这些方法，学生就有可能从形形色色的价值观中选出自己所信守的价值观，并奉行到底。

（二）基本框架

作为一种德育活动范型，价值澄清模式的基本框架如下。

1. 反对形形色色的价值观灌输，要求学生根据社会现实的需要确立自己的价值观

该模式认为，道德观念或价值观不是教导出来的，而是经过自由选择、反省、行动澄清得出的，故教师不能将现成的道德观念与价值标准强加给学生，而应该培养学生独立的价值选择能力、评价能力与批判性思考能力，以提高学生自己选择道德行为，形成适合本人的价值观体系的能力。以此，道德教育的前提是尊重学生的价值选择权利，维护其选择自由。

2. 推崇相对主义的道德发展观

价值澄清模式不是提倡某种特定价值观，而是要求每个学生拥有自己独特的价值观，不为其他价值观所奴役。价值澄清理论认为：其一，人们处于复杂的、混乱的、充满价值冲突的社会中，各种价值观通过各种渠道深刻影响着人们的道德价值观念的形成发展；其二，在当代多样化的社会背景下，对待同一问题，几乎找不到一套公认的道德价值观念和道德标准。按照这样的思路，价值澄清法力图找到一种不受各种具体道德内容、道德法则、道德规范制约的，普遍适用的价值观发展形式，而非去寻求一种共同的价值观。①

3. 为教师提供了一整套具有显著的可操作性和实效性的德育范例

价值澄清模式提出了一系列具体的、明晰的、程式化的操作方式，这在《价值与教学》一书中揭示得尤为明确。该模式把价值澄清的过程分为三个阶段、七个步骤，以此确立了道德教育的基本架构。

价值澄清的过程步骤②

阶段一：选择

步骤一：自由地选择。只有在自由选择中，才能根据自己的价值观行事，被迫的选择是无法使这种价值整合到他的价值体系中的。

步骤二：从各种可能的选择中选择。提供多种可能让学生选择，有利于学生对选择的分析思考。

步骤三：对结果深思熟虑的选择。对各种选择都做出理性的因果分析、反复权衡利弊后的选择，在这些过程中，个人在意志、情感以及社会责任等方面都受到考验。

阶段二：珍视

步骤四：珍视与爱护。珍惜自己的选择，并为自己能有这种理性选择而自豪，将其看作自己内在能力的表现和自己生活的一部分。

步骤五：确认。以充分的理由再次肯定这种选择，并乐意公开与别人分享而不会因这种选择而感到羞愧。

阶段三：行动

步骤六：根据选择行动。鼓励学生把信奉的价值观付诸行动，指导行动，使行动反映出所选择的价值取向。

步骤七：反复行动。鼓励学生反复坚定地把价值观付诸行动，使之成为某种生活方式或行为模式。

（三）实践策略

在具体实施中，拉思斯等人提出了两条有效的德育策略，即澄清反应和价值单

① 易莉．西方德育“价值澄清法”之借鉴［J］．思想教育研究，2004（3）：6-8.

② 金一鸣．教育原理［M］．合肥：安徽教育出版社，1995：368.（内容有改动）

方法。

1. 澄清反应

这是进行价值澄清时采取的一种常用德育策略。其具体做法是：教师针对学生所说的话或所做的事做出反应，以此来鼓励学生进行特别的思考；教师与某个学生进行非正式的对话，或让全班学生在课堂讨论中做口头上的澄清，帮助学生明确自己所拥有的价值观。① 该策略所采取的主要形式是师生间一对一的道德对话和道德讨论。在使用该策略时，教师要注意以下几点②：

其一，教师在提问或让学生回答问题时注意多用激励性语言，鼓励学生多思考，尽可能地避免道德说教和批评，避免简单机械的肯定或否定式的回答。

其二，讨论时间不宜过长，只要能启发学生触及有关价值问题的思考即可，把更多的时间留给学生自己去思考，以便于培养学生的道德评价能力，可参考以下对话③。

学生：我相信人人生而平等。

教师：你想表达的意思是？

学生：我想我的意思是，所有人是一样出色的，不应该有人凌驾于他人之上。

教师：你的观点是否表明，在我们这所学校、这座城市，甚至这个世界上必须进行某些变革？

学生：噢，是许多变革。要不要我列举一些变革？

教师：不，我们得回到拼写课上了，但是我刚才一直在想你是否会为其中的某些变革而努力，并且实实在在地竭力使之成为现实。

2. 价值单方法

价值单方法（values sheets）是指专门针对那些不善于交谈或对有些问题难以启齿的人而采取的一种价值澄清手段。一般做法是由教师设计或编制出一套价值表，并在每个项目上列出一个讨论话题；陈述事实，给出问题和备选答案供学生选择；让学生自由选择并给出选择的理由。

具体操作过程可参考以下案例④：

违法行为

说明：写出下列问题的答案。稍后，你们将有机会与小组同学一道讨论你们的答案。如果你们决定不这样做的话，你们不必泄露自己的答案。

---

① 拉思斯．价值与教学［M］．谭松贤，译．杭州：浙江教育出版社，2003：1.

② 张典兵．价值澄清理论对我国学校德育的启示［J］．基础教育研究，2007（6）：6-8.

③ 拉思斯．价值与教学［M］．谭松贤，译．杭州：浙江教育出版社，2003：53.（内容有改动）

④ 拉思斯．价值与教学［M］．谭松贤，译．杭州：浙江教育出版社，2003：95-96.（内容有改动）

10月27日，纽约州新罗谢尔——当红灯变成绿灯，新英格兰高速公路的某一自动收费亭显示“谢谢你”时，它并非总是“言为心声”。至少当驾车旅行的人故意欺骗机器或将铝制垫圈或外国硬币塞入机器时，它就不是由衷致谢。

经过为期两周的整治通行费作弊者的运动之后，纽约州警方今天报道说，他们已逮捕了151名作弊者。市法院对初犯者每人罚款25美元，屡犯者每人罚款250美元。

据托马斯·F. 达尔比副州长报道，这些违法者包括1名牧师、1位医生、1位牙科医生、1名原子物理学家，以及几位律师和为数众多的工程师、广告商、推销员。

这些违法者所不知道的是，副州长说，这种新型的单向玻璃使他们没有发现收费亭内正密切注意着他们的州警察。

副州长继续说，他们更不知道每一位违法者的汽车牌照及塞入机器内的东西已被记录下来。

问题一：在什么情况下，你会逃避付费扬长而去？请在下面的回答中，勾出最为可能的选择。

——只有当我确信我不会被抓住时。

——如果我认为我有很好的机会不会被抓住。

——从不，不管情况怎样。

——只有当我极其需要这笔钱时，如为家人购买食品。

——写出其他任何更适合于你的选择。

问题二：在这151名被逮捕的人中，只有1名牧师、医生、牙科医生和原子物理学家。另一方面，有几位律师、工程师、广告商和推销员。你认为，这是否表明从事第一组职业的人比从事第二组职业的人更为诚实？

问题三：你认为这种行为是否严重？你认为这些人在其他更严重的方面可能会不诚实吗？请加以评论。

问题四：让我们回到问题一，在你可能选择的回答旁打钩：你会将电话亭里的人错找给你的10块钱占为已有吗？如果会的话，一般是在什么情况下？

问题五：如果会的话，你如何解释问题一的回答和问题四的回答之间的差别？

问题六：你是否清楚自己对违法行为的感想？请讨论。

（四）简要评述

显然，价值澄清模式的最大优点就是简便易行、便于操作、比较实用、易于推广、有针对性。同时，它注重发挥学生的主动性和主体性，尊重学生个体的价值观，这对于加速学生的道德成长很有帮助，对于打破价值灌输的传统德育模式是有所裨益的。但是，该模式忽视了个体价值观与主流价值观之间的辩证关系，忽视了主流价值观和人类共同的价值准则对人类发展的意义。因此，推崇这种模式很有可能将学生引上个人主义、自由主义的道德歧途，不利于学生道德的健康发展。

第三节 国内重要学校德育模式

知识结构

- 生活德育模式
  - 理论依据
  - 基本框架
  - 实践策略
  - 简要评述
- 体验式德育模式
  - 理论依据
  - 基本框架
  - 实践策略
  - 简要评述
- 欣赏型德育模式
  - 理论依据
  - 基本框架
  - 实践策略
  - 简要评述
- 叙事德育模式
  - 理论依据
  - 基本框架
  - 实践策略
  - 简要评述

在西方德育模式研究的基础上，当代国内学者对德育模式的探索日渐呈现千帆竞发的可喜局面，以道德教条灌输为主导特征的传统德育模式正在悄悄地退出历史的舞台，一批新的以发展学生道德思维、道德体验、道德审美素养、道德判断能力为核心的德育模式纷纷走进德育世界，我国中小学德育模式进入大变革时期。在这些模式中，具有代表性的有生活德育模式（鲁洁倡导）、欣赏型德育模式（檀传宝倡导）、体验德育模式（朱小蔓、刘惊铎等倡导）、叙事德育模式（李西顺倡导）、主体性德育模式、对话德育模式、交往德育模式等，中小学德育实践正在新的模式中彰显出蓬勃的发展生机和势头。本书将对具有典型性、代表性、示范性的四种德育模式予以介绍。

一、生活德育模式

生活是道德发生的根源，也是德育真实发生的地方，德育生活化成为以鲁洁为代表的老一辈德育理论家所倡导的理想德育模式。20 世纪 90 年代开始，鲁洁教授大力倡导德育生活化理论，随后参与我国小学德育教材编撰，带领一批中小学德育实践者开始了生活德育模式的探索，日渐形成了“理论—模式—工作”的完整德育实践体系，引领了中国德育工作方式的变革。

（一）理论依据

生活德育模式具有深厚的理论与实践渊源：早在民国时期，陶行知就开始主张生活教育理论，强调“给生活以教育，用生活来教育，为生活向前向上的需要而教育”①，可视为生活德育模式的先驱者；2005 年，鲁洁在《华东师范大学大学报（教育科学版）》上发表《德育课程的生活论转向——小学德育课程在观念上的变革》一文，标志着德育生活化理论走向成熟；2015 年，江苏教育学会召开，鲁洁出席并发表了《儿童道德生活的建构——小学德育课程改革与实践研究》标志着生活德育模式全面走向中小学德育实践，成为当代我国中小学德育工作的主流模式之一。生活德育模式具有科学、系统、完整的德育理论依据，大致分为三个方面。

1. 我国旧德育模式存在缺陷，迫切需要朝着生活化的方向变革

我国旧德育模式的缺陷主要体现为封闭性、灌输性、单向性。旧德育模式远离鲜活的道德生活实践，将学校德育视为道德规范的死记硬背过程，视为道德生活要求的讲解过程，忽视师生互动世界、真实生活世界、无视学生道德生活经验与实践等。这些都是导致我国德育工作效能长期较低的根源。

2. 道德、生活与生活德育之间具有内在关联

一方面，道德是调整人和人、人和社会、人与自然之间关系的重要准则，其表现具有多样性，道德观念、道德情感、道德意志、道德信念等都是其重要表现形式，道德观念、道德知识、道德规范只是人的道德生活之一隅。另一方面，生活是道德存在的根据，也是道德存在的基本形态，生活世界是一个具有意义和价值的世界，整体性、实践性、生成性是生活世界道德的主要特征，与之相应，强调“回归生活世界”的德育要求德育工作按照生活德育的模式来推进教育。进而言之，学生道德学习是生活的、实践的，学校道德教育要走进生活的方方面面。简单地将德育归结为道德相关的知识思想教育是有害的，道德教育要培养的是不断去生成新的道德世界，并不断自我超越的生成性的人。② 换个角度看，道德知识是实践的知识，是亚里士多德所言的“不完全的知识”，因为“人的道德生活和行为的发生不仅仅是认识（知识学习）的结果。道德主体必须有人的整体意识（情感、意志、信念等）和行动的投入，要有各种‘非知’的因素参与”，学校德育工作必须走向完整、丰富、立体的道德生活世界，而不能深陷道德知识学习、道德技能模仿的误区。③

3. 生活德育的最大优势是整体性、贴近性、社会性与真实性

生活德育模式要促使学校德育工作放弃“表演”思维，走进真实生活“情景”，走进道德生活世界，使学生从生活中获得真实的、丰富的、鲜活的道德体验，激发学生道德学习的兴趣，让真正有道德意义的生活事件成为学生道德学习的主要资源，让学生参与社会公共生活和实践，掌握社会经验，调节人际关系等，从中实现道德素养的全面发展。

---

① 孙俊才．论“生活德育”参照下的德育模式建构［J］．当代教育论坛，2005（12）：73.

② 鲁洁．生活·道德·道德教育［J］．教育研究，2006（10）：3-7.

③ 鲁洁．生活·道德·道德教育［J］．教育研究，2006（10）：3-7.

（二）基本框架

生活德育模式的实质是帮助学生在日常生活实践中学会按照一定的品德规范去生活①，是引导学生从四种道德学习中走向真实的人类道德生活世界，即学会品德实践、品德体验、品德感悟、品德选择等，借此丰富学生的道德经验，强化学生的道德情感，夯实学生的道德信念，培育学生的道德智慧，最终形成真实、完善的美德品质。其完整实践框架就是在师生共同参与的道德生活实践中引导学生开展品德实践，激发品德体验，催生品德感悟，导正品德选择，促使学生成为真正的道德主体、道德生活主人。在具体实践中，生活德育模式的基本框架如下。

1. 带领学生走进丰富的生活世界

在德育实践中，教师引导学生走进真实生活世界是德育工作的开端，其基本手段是创设或进入真实性的道德生活情景，借助师生交往将学生带入真实的道德生活问题之中，触及道德世界的内核——道德问题，引发学生道德思考、行动与实践。

2. 激发学生积极的道德需要

要转变学生道德观念，改变学生道德生活方式，重塑学生正向价值观念，就必须激发学生的道德需要，激发学生作为道德主体的内在需要、精神需要，促使学生深入体验道德生活中蕴含的精神与意义，使其从压制、灌输型的德育课堂、德育环境中解脱出来，学会主动去体验生活世界的意义，领悟道德选择的崇高，真正致力于道德实践。

3. 开展真实道德问题的商谈

学生一旦作为一个完整、自由、负责的道德生活主体进入道德情景，就会与其中蕴含的道德问题相遇，瞬间激活道德思维，展开道德想象与道德探索。教师作为道德学习者的同伴、引导者参与其中，与其开展道德生活对话、道德生活实践，真正的道德学习与教育活动随之发生。

4. 引导学生追求理想的道德生活

在生活德育理念探索中，鲁洁尤为强调道德理想、生活理想，强调用有意义的理想的道德生活来引领学生道德生活世界的变革，因此，引导学生在道德商谈、道德探索中超越平俗平凡的道德生活状态，是学校道德工作的至高追求。学校德育工作的核心任务就是引导学生在道德生活问题探究中捕捉丰富的道德资源、关键的道德事件、典型的道德示范，并进一步引导学生将之升华为日常道德生活追求的理想目标，实现对当下日常道德生活的引领与超越，在这个过程中将学生历练为成熟的道德主体。

5. 建立合理的道德评价机制

评价是健全道德生活世界的保障，也是教师引导学生进行道德对话、道德实践的利器，道德评价是接通师生道德生活世界的一根导管。合理的道德评价机制强调及时对学生的道德观点、选择、立场做出评价；要重视评价对正向积极道德行为、道德选择、道德主场的激励功能，以之带动学生道德观点、选择与行为的分化，鼓励学生发扬优秀的道德精神；在道德评价中渗透正向的道德价值观、先进的道德理想，彰显道德评价的导

---

① 王宏英，陈志平．生活型德育模式的研究与构建［J］．天津市教科院学报，2004（1）：59-62.

航功能。①

（三）实践策略

在实践操作中，生活德育模式也会遇到一些问题和挑战，例如，如何将之具体化为德育实践目标，如何将之与完整的学校德育实践融为一体，如何科学地规划学校德育工作体系，等等。为此，一批德育实践者在探索中提出了一系列新策略、新建议，在此予以分享。

1. 德育目标生活化

生活德育的实质是将德育工作的各个要素纳入生活化的轨道，其中首屈一指的是德育目标的生活化。在过去，由于德育目标的表述过度政治化、教条化、理论化，德育工作的开展远离学生的生活世界，脱离实践，导致德育工作效能不彰。生活德育模式主张让学生用自己的生活语言、生活形式来表达德育目标，让学生关注自己的道德生活实际，避免大而空的德育目标表达，这是切实改变德育活动形态的开端。

2. 德育内容生活化

在过去，中小学德育活动内容经常是道德规范背记、道德知识学习，而学生日常交往活动、生活经验、真实社会实践活动等被忽视，导致学生道德学习中“学用不一致”现象较为普遍，道德教育课程学习与具体道德生活之间“两张皮”，不利于学生道德素养的形成与培养。在生活德育模式实施中，教师要将与学生年龄特征相适应的生活活动、日常活动、兴趣活动等纳入德育工作内容之列，将其中蕴含的道德教育因素凸显出来，将价值观、人生观等教育内容植入进去，达到“无声胜有声”的德育效果，真正实现道德教育与生活实践的有机结合。

3. 德育过程的生活化

德育活动过程是学校德育工作的核心环节，用生活化的样式、流程、道理来组织德育活动，将德育与学生日常生活、学习生活、家庭生活、社会生活等有机结合，将德育内容、价值引导、意义启示有机融入生活，结合学生生活实践开展道德知识传授、道德体验催生、道德经验形成，使德育活动过程更加趣味化、生动化、形象化。这是生活德育的独特要求。因此，采取生活德育模式要求师生关注现实生活事件、生活问题、生活变化、生活情境，引导学生反思生活意义、分析生活问题、进行道德抉择、培养生活智慧、进行道德创造，结合生活创建隐性德育课程，让德育活动更富有生活的形式与趣味。

4. 德育评价的生活化

德育目标是德育工作的起点，德育评价是德育活动的最后一环，用德育目标来评价德育工作的效果、效能，是学校德育工作持续提升的必要环节。生活德育要求教师在评价德育工作成效时坚持两个原则：其一，用“是否有利于美好生活创造”来评价德育工作的效果，而非用德育课程成绩来评价学生德育活动效果；其二，坚持用立体、真实、丰富的生活化指标来评价德育工作成效，尤其是用学生在生活中的真实道德表现来

---

① 赵阿华．生活德育模式的理论与实践探微［J］．学术论坛，2007（2）：34-37.

评价学生道德学习与发展状况，进而贯彻“德育始于生活，经由生活，落脚于生活”的科学评价理念。诚如学者所言，学校德育工作的最终目标就是让学生“健康安全地生活、愉快积极地生活、自由而负责地生活、智慧而创意地生活”①，这正是德育工作评价的科学标准。

（四）简要评述

生活德育模式是中小学德育工作的主流模式、基础模式、重要模式，其时代价值意义尤为明显，其对我国德育工作的变革意义尤为突出。在某种意义上，很长一段时间内，生活德育模式将成为我国学校德育工作主要模式，统领着学校德育工作的大局，其先进性、科学性、时代性毋庸置疑。生活德育模式的优点集中体现在两个方面。

1. 打破了知识授受式传统德育模式的垄断，开启了我国学校德育工作的新阶段

长期以来，以专门德育课程为主体的显性德育课程独霸我国学校德育工作，其负面效应不断出现，学生对学校德育工作的“无声抵制”效应开始露头，学校德育工作严重陷于口号化、空头化、形式化的旋涡，不利于我国学生道德的真实发展，制约着学校德育工作的效能提升。在这种形势下，回归生活的德育无疑就是一股新风，给我国学校德育工作带来了生机与活力，成为广受中小学德育工作者好评的一种模式。

2. 契合了道德生活的本性，顺应了道德学习的基本规律

道德与人类生活之间具有同构性、同体性与不可分离性，与道德生活本性相应的德育理应是生活德育，是对学生全面进行道德知识、道德情感、道德意志、道德行为、道德信念教育的过程。正因为如此，人类道德学习的根本途径是“在生活中进行，服务于生活改善”的生活学习，生活德育模式的出现正是对人类道德学习本质的一种响应。在某种意义上，生活德育模式具有其内在科学性与合理性，它在我国学校中流行无疑具有必然性。

当然，生活德育模式也有其局限性，集中体现在两个方面。

1. 具有垄断所有德育活动形式的嫌疑

生活德育模式具有包罗万象的特点，似乎可以包容、取代一切其他德育模式，或者说其他德育模式都可以通过生活德育模式来实现。显然，这不利于形成“百舸争流、千帆竞发”的学校德育工作局面，也不利于特色德育活动模式的探索与创造。因此，生活德育模式只能作为学校德育工作的基础模式、一般模式，而难以成为学校德育工作的特色与亮点。

2. 具有学校德育“泛生活化”的倾向

其实，生活德育更多是一种德育思想，一种全面指导学校德育工作的教育理念，将之作为一种具体德育模式来使用，无疑有“大材小用”的嫌疑。若将学校德育工作与全部学校生活关联起来，必然犯下“泛生活化”的错误，不利于学校德育工作的专业化、专门化发展，其缺陷与劣势值得关注。

---

① 李香善．高校生活德育模式的研究与构建［J］．延边大学学报（社会科学版），2009，42（5）：156.

二、体验式德育模式

什么是体验式德育模式？它是指组织引导学生在亲身实践中获得道德体验、领悟道德意义、升华道德认识、培育道德情感、开展道德学习、实现道德发展的一种德育形态。

人类道德品性在生活中发生，在体验中形成，道德体验无疑是道德形成的基础，是学校德育工作的枢纽环节之一。个体品德形成虽然需要社会环境、舆论、规则、法律等外部力量的支持，但究竟是什么东西在人的内心持续、内发、内控地生长、壮大着品性，从而使一个人成为善人、好人、有德之人？随着对这个问题的追问，国内著名德育专家朱小蔓及其学生开始了情感体验德育模式的探索。1992 年，她尝试建立以培育情感为基础、以发展素质为导向的教育模式，并将之命名为“情感性素质教育”，带领南京琅琊路小学、无锡师范附小、江阴实验小学等开展了“小主人教育实验”“乐学教育实验”“审美教育实验”等德育实验。1994 年，她正式提出“情感性德育范式”，将之界定为高度重视情感在个体道德形成及道德教育中的特殊地位与价值，强调以情动体验为基础，以“情感—态度”系统为核心，以情感与认知相互影响、促进和发展为过程，从情感素质层面保证人的德性形成的道德教育理念、取向及其操作模式。1995 年，她正式提出“情感性道德教育”概念，对情感性德育的目标、内容、过程、机制、方法与评价等做了全面阐述，标志着情感体验德育模式在我国走向成熟。2008 年开始，她担任《思想品德课程标准（2011 年版）》修订组组长，情感体验德育理念全面付诸实践，在全国学校德育工作中的地位迅速上升。进入 21 世纪，朱小蔓在对全国中小学进行实验探索的基础上总结出了十种情感性素质教育理论模式：情境教育模式、愉快学习模式、生活基础教育模式、自主创新模式、审美育人模式、情感教育模式、交往学习模式、主体教育模式、分层协作模式、和谐生长模式，体验德育模式进入多样化发展时期。与此同时，朱小蔓的学生刘惊铎等学者也持续开展情感体验德育模式探索，以“生态体验德育”为代表的体验德育模式同样在国内享有一定声誉。当前，采用情感体验德育模式的实验学校在国内有上千所，情感体验德育模式成为国内德育模式的重要代表之一。

（一）理论依据

朱小蔓认为，情感是人的生命健全和道德成长的重要内容和机制，情感体验与情感教育是人健全发展的必需条件，体验德育模式的理念支撑是：德育工作者应该关注学生的情绪、情感状态，对那些关涉学生身体、智力、道德、审美、精神成长的情绪与情感品质予以正向的引导和培育，用学生道德情感的培育来带动学生道德品性的全面生成。具体而言，体验德育模式的理论依据有以下几个方面。

1. 情感是儿童道德发生的基础

亲子关系、师生关系、社会关系的发生都与人的原始情感、社会情感密切相关，如亲子间的依赖感、师生同伴间的依恋感、社会组织的归属感和信任感、自我认同感、对他人的尊重感和关怀感等，都是人类道德发生的生理与社会基础。随着年龄的增长，儿童对人和生活的感受日益丰富，过道德生活成为儿童的一种社会性本能需要。在这种情况下，具有职业认同感的教师更适合对儿童进行情感体验教育，指引其道德学习活动，助推道德品质的形成与发展。

2. 学校德育要建立在学生情感教育基础之上

朱小蔓认为，学校道德教育一定要成为一种抵达心灵、发育精神的教育，一定要成为诉诸情感、触动情感、启迪精神的教育，不诉诸情感、改善情感的德育活动难以成为助推学生精神发育的生命实践活动。进而言之，情感在个体道德形成及道德教育中具有重要地位和价值，人的情感素质是德性的基础构成。学生道德发展是以情动体验为基础、以“情感—态度”系统为核心、以情感与认识相互影响促进而发展的过程。与之相应的，学校道德教育工作不仅要自觉适应学生的情绪情感过程，还要主动引导提升学生的情感需求，并把与道德品格密切相关的情感，包括安全感、联系感、归属感、信任感等纳入道德教育的培养目标之中。学校德育工作的主要模式是体验道德教育范式、生命道德教育范式、关怀道德教育范式、课程道德教育范式。情感体验德育范式在实践操作上要关注三个重要指标：教育者是否具有情感；是否形成情感交往关系或“情感场”；受教育者是否有情感经验的积累和改组。

3. 体验德育需要情感型教师来实施

1994 年，朱小蔓教授发表《创建情感师范教育》，建议各级师范教育加强对师范生情感素质的培养，培养师范生的情感交往能力和技巧，培养高情感力教师，使其能胜任对学生进行情感教育的工作。相应地，师范学校应该力推四种教师发展模式，即关心型教师发展模式、创造型教师发展模式、自主型教师发展模式和反思型教师发展模式，提升教师的职业道德情感，增强德育教师利用情感教育来影响儿童价值观、人格个性形成的能力，增强教师与学生建立积极情感交往、进行情感倾向引导的专门能力。

4. 各学科都蕴含着丰富的情感教育资源

首先，学科本身中蕴含着丰富的育人育德资源。朱小蔓认为，人文学科、自然学科和综合实践课程中都蕴含着丰富的情感教育、道德教育资源。譬如，语文学科蕴含伦理、正义、同情、人际敏感、人道主义等教育因素；历史学科蕴含正义、宽容、理解等德育因素；数学学科蕴含严谨、理性、坚韧、审美等德育资源；自然学科蕴含多样性、和谐、敬畏、感恩、审美等育人资源；社区服务与社会实践蕴含热情投入、责任、义务感、感受他人等德育因子等，都是学科德育资源的丰盈库存。同时，课堂教学过程也具有丰富的德育资源。无疑，课堂教学不仅仅是师生间的知识文化交流活动，还是人与人之间的道德交往活动，课堂道德交往中教师的多元角色可能包含多种道德价值，因为“积极师生关系中蕴含德育力量”。例如，在课堂交往中教师扮演着多种角色，如榜样、伙伴、聆听者、欣赏者、提问者、引导者、关怀者、照顾者、赞助者和激励者等角色，其中蕴含着真诚、平等、尊重、公正、宽容、同情、关爱等德育要素，构建师生间的情感应答关系、关怀关心关系，正是情感体验德育的内在资源。

（二）基本框架

在长期实践中，体验德育模式形成了一系列德育实践框架，主要包括理论研究者的实践框架与实践研究者的实践框架，在此予以分述。

刘惊铎长期从事理论研究与体验教育实践研究，他提出了体验德育的一种重要实践模式——生态体验德育模式。该模式的一般思路是：让体验者置身于三重生态关系及生态情境之中，在圆融互摄的状态下全息感受、理解和领悟三重生态关系及其结构与功能的生态生灭之道，让道德体验者经历内心感动，诱生成生态智慧、生态意识和生态能力，达成德育体验的目标。

德育体验过程一般包括三个阶段：第一，营造道德生态体验场，引导体验者和导引者生命全息沉浸；第二，撬动俗常关系，在情景中促使师生走向人境和谐，心境愉悦，开展开放式对话，促使道德学习者动情运思、群集共生；第三，引导反思性表达，让学生在其中汇聚提升，实现智慧滋养。

在实践中，一批中小学在体验德育理念指引下创造性地提出了自身的四环节生态体验德育实践框架，其中上海广灵路小学的模式具有一定的典型性与代表性，其实践流程由四环节构成（图3-1）。

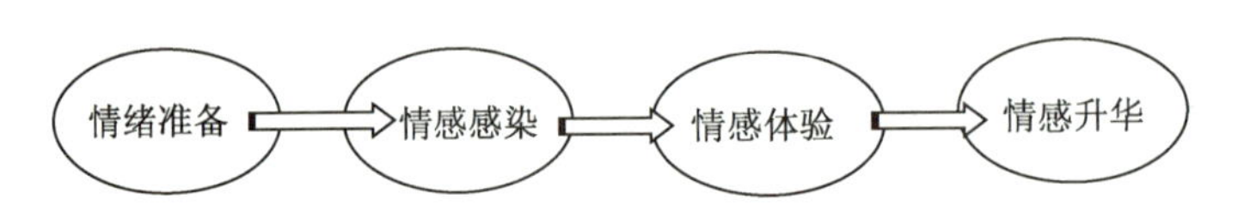

图3-1 四环体验德育模式流程图

1. 情绪准备环节

在本环节，教师通过借助一定的教学手段、教学方法，因地制宜创设具体生动的德育情境，激发儿童的道德学习兴趣和动机，促使其产生一定的心理需要与道德学习需要，为德育活动的后续展开创造良好的情境与心理氛围。

2. 情感感染环节

在本环节，教师要在道德认知活动的辅助下，充分发挥其情感因素的积极能动作用，用教师的情感去影响、感染、诱发学生的积极情绪，并促使学生将已有的情绪提升到道德情感的水平。

3. 情感体验环节

在本环节，教师要持续借力情感感染作用与学生道德主体性活动，引发学生道德情感上的共鸣，催生其心灵、精神、行为上的反应。

4. 情感升华环节

在本环节，德育的任务是引导学生在道德行为实践的作用下继续升华道德情感体验，并在此基础上产生新的情感需要，引导学生进入下一个道德学习循环。

（三）实践策略

在德育实践中，要增强学校德育模式的实践效能，教师可以从许多方面努力，创造性地践行体验德育模式。

1. 多样态开展德育体验活动

无论是在课堂教学、社团活动，还是在主题活动、班队活动中，教师都可以引入德育体验，开展形形色色的体验活动，例如，进行师生、亲子换位体验，感受震撼生命活动瞬间，亲历惩罚情绪过程，让学生深度体验重要生活场景，开办学校生态体验场（馆），打造生态体验课堂，开办亲子体验园等。这些都是有效的德育体验活动实施形式。

2. 综合利用多种道德体验方法

在实践中，有多样化的德育体验手段可以使用，如环境熏陶体验法、情景模拟体验法、主题活动体验法、艺术启迪体验法、岗位角色体验法、评价激励体验法、游戏体验法、动手操作体验法、社会实践体验法等。譬如，使用学校环境熏染体验法时，学校可以通过校园文化建设营造一种健康、高雅、文明、积极的学校文化氛围，对学生进行审美教育、激励教育、感染教育，达到“让每一面墙壁说话，让每一块空地育人”的德育工作目标。

案例点击

很多小学生对父母的辛勤劳动不理解，甚至是不尊重父母的劳动成果，浪费粮食、不爱惜文具等。所以为了让学生对父母为家庭的付出有正确的认识，可以以家庭为单位展开“今日我当家”角色互换的活动。即让学生对家庭一天的柴米油盐、家务劳动等进行合理安排，让学生通过自己的劳动维持家庭一天的运转。这样能使学生热爱劳动、珍惜劳动成果，对于提升学生动手能力、管理能力等综合素质都有良好的促进作用。①

3. 重视道德体验过程的层次性

在道德体验中，学生体验会经历一个层次性升华、梯次性深入的过程，大致包括四个层次：“间接体验—直接体验—反思体验—体验内化”，其中“间接体验”主要指其他角色体验，“直接体验”是指自己的经验、亲身经历，“反思体验”是指道德主体对自己心理感受、情感体验、行为变化、活动过程等的自觉关照与审视，“体验内化”是指道德主体对自己的直接道德体验进行升华、深化、内化的过程，意味着深层、高级道德体验的形成。② 因此，按照道德体验的层次性逐步提升学生道德品质与体验能力是体验德育模式的内在要求。

（四）简要评述

体验德育模式是一种集中瞄准学生道德情感提升并借助道德情感体验来提升学生道德素养品质的实践模式，它具有内在性、深刻性、自然性的优势，是能够撼动心灵、触动精神、升华灵魂的一种有效德育模式，对于克服道德知识传授式德育模式的缺陷而言

---

① 邵绮仪．体验式德育模式研究与实践：以桂城街道文翰第四小学为例［J］．文化创新比较研究，2020（13）：123-124.

② 肖建新．中小学体验式德育模式初探［J］．当代教育论坛，2005（22）：69-70.

意义明显。情感是最容易通达心灵的一种人类心理活动形态，体验是最能够打动灵魂的一种人类实践形态。从这一角度看，体验德育模式对学生道德思维模式的改变是深刻的，具有一般德育模式所难以达到的高度。但换个角度来看，情感毕竟具有漂浮性、涌现性，具有许多德育工作者所难以干预控制的因素，如何将自觉的价值引导与自然的情感体验融为一体，无疑是体验德育模式的内在难题。因此，体验德育模式必须探寻人类道德情感与理性道德认知间的最佳接合点与过渡带，找到将价值教育情感化的科学路径，最终实现德育工作实践方式的最优化与科学化。

三、欣赏型德育模式

强迫性的道德教育是难以进入心灵深处的，是难以打动灵魂、撬动精神的。如何实现价值引导与自主建构间的有机统一，打造一种“润物无声”的德育形态，这是檀传宝教授思考的一个德育实践问题。多年来，檀传宝教授在欣赏型德育理论的指引下，在杭州、北京等中小学开展了一系列德育模式实践探索，形成了一种基于“艺术化思维”的德育新模式，这就是欣赏型德育模式。

（一）理论依据

檀传宝教授指出，学校德育的实质是在德育工作者的价值引导与道德主体的自主建构的交互作用中促使正向道德在学生身心上的形成，而“欣赏”正是达成这一目标，解决好道德“绝对主义”与“相对主义”之间矛盾的最佳途径。进而言之，欣赏型德育的基本理论依据有四个。

1. 欣赏型德育是克服传统灌输德育弊端的一把利器

檀传宝教授指出，现代德育必须坚持自觉践行价值引导的理念，但又不能回到强制灌输的老路上去，必须强调学生主体在道德建构中的主体性，倡导自由、自主、自律的道德教育精神。“自由”的德育力图解放学习者的思想，使之能够更加自主、愉悦地进行价值选择、批判和人格建设，是真正道德形成的内在要求。为此，借鉴美学精神与方法，用道德与德育之美去引导、催发学生的道德成长，是现代学校德育的第三条道路。①

2. 欣赏型德育重视德育内容与形式的审美化改造

其基本思路是：将道德教育的内容与形式有机整合成一幅美丽的画，一曲动听的歌，借此实现德育过程的审美化、自主化，让道德学习者在与这幅画、这首歌的相遇中自由地接纳这幅画、这首歌及其所反映的价值观念，进而促使学生道德自然生长，克服强制性、灌输型德育的内在弊端。

3. 德育的可欣赏性是欣赏型德育模式的内核

檀传宝教授认为，“欣赏”具有三重属性——对象主体上的生动性、过程上的非强制性与人际关系上的交往性，德育欣赏也具有这三重属性。德育过程作为“一幅美丽的

---

① 檀传宝．欣赏型德育模式建构研究［J］．中国德育，2008（11）：83-84.

画”“一曲动听的歌”是一则隐喻，而非特指具体的德育活动本身，其实质在于承认科学合理的道德教育活动本身具有可欣赏性，美好的德育活动既尊重了德育主体的自我存在，也遵循了德育过程的“自由”精神、道德自主建构精神，有助于学校道德教育“展现道德‘自由’的境界”。①

4. 艺术手段运用是学校德育的枢纽链环

欣赏型德育离不开艺术手段在德育中的应用，这一运用主要包括两个方面：一是在德育过程中将美育元素、艺术审美作为教育工具发挥作用；二是将美育作为一种德育的至高境界与内在支撑来重视。艺术手段运用的实质是德育过程的审美化、美育活动的德育化。美育与德育的共同目的是促使道德学习者发生积极的道德品质变化。

（二）基本框架

欣赏型德育要解决的关键问题是教学目标设计、教学内容处理与教学活动组织等，这些教学环节是彰显欣赏精神的重要环节，欣赏型德育的实践框架其实解决的正是这三个关键问题。在德育实践基础上，檀传宝教授归纳了欣赏型德育的大致框架。②

1. 欣赏角度的选择与建立

科学合理的欣赏角度是彰显学校德育艺术的关键，好的欣赏角度必须同时具有双重性特点：一是审美性，二是德育性。解决好欣赏角度问题，德育欣赏过程就很容易实现。换个角度看，德育规则可以以纯粹理性或命令的形式呈现给我们的学生，也可以以一种特别的角度呈现给学生，达到合规律性与合目的性的统一。欣赏角度选择、发现、建立的实质就是要找到这一特别的审美视角。在德育教学或者活动中其实存在两个形态的“欣赏”角度选择问题：一是提示，二是创设。欣赏型德育要求对德育活动的内容与形式做以技术化处理，使德育活动更好地兼顾科学性和艺术性。

2. 展现道德智慧与积极人生的美丽

欣赏型德育实施的第二步是呈现德育智慧，向学生展示积极美好的人生，为了实现这一目标，教师需要积极创设道德审美情景，创新德育内容呈现形式，从两方面努力改进德育活动：一是使德育内容更加审美化，即在道德教育内容的呈现形式上充分发挥创造性，使之形象化、生动化；二是探索多种艺术化德育形式，延续、强化和巩固学生的审美体验，促使道德审美的结果影响学生道德思维、道德图式、道德素质，品德结构，改进行为模式。

3. 于欣赏中践行审美化的人生法则

欣赏型德育的最后一个环节是开展道德立美教育，最终催生道德学习者的道德行动，进而使其自觉践行道德法则，做一个具有道德审美意识与良好道德习惯的人。在实践操作中，教师可以从两方面采取措施：一是让学生在审美化的心境中进行道德角色扮演或道德实践，教师既可以引导学生进行审美化的“角色扮演”，又可以开展真实的审

---

① 檀传宝．欣赏型德育模式的核心理念［J］．中国德育，2006（5）：47-51，57.

② 檀传宝．让道德学习在欣赏中完成：试论欣赏型德育模式的具体建构［J］．北京师范大学学报（人文社会科学版），2002（2）：107-112.

美化道德实践训练；二是让学生在行动过程中对自身活动进行道德反思与审美观照，引导学生升华道德精神，品鉴道德人格之美，最终达到道德立美教育的目的。

（三）实践策略

要科学开展欣赏型德育，教师可以多角度施力、多方位创造，将道德审美欣赏转变成为立德树德的重要手段。总而言之，德育要素审美化、师生关系重建、德育过程审美化是最为重要的德育实践策略。

1. 德育要素审美化

德育过程涉及多种要素，如德育情景、德育内容、德育作品、德育活动等，每个德育要素都可能成为道德立美教育的重要凭借。首先是“呈示形式美”的创造，在德育实践中教师可以寻找合适的美的呈示形式，向道德学习者呈现其作为“规律性”存在的德育内容的合目的性，让科学美、人格美、道德智慧美等得以发掘。其次是德育活动形式美，教师可以借用艺术手段等“借美”的方式将德育过程加以审美化改造，引导学生在德育活动形式美的创造与欣赏中实现真正“自由”的道德生长。再次是德育作品美的创造与欣赏，德育活动可以借助对师生双方共同创造的教育对象——道德模范学生、集体的欣赏、赞赏来开展德育活动，从而使学生获得生动的道德教化。最后是师表美的欣赏与创造，教师可以向学生多角度展示自己的人格之美、精神之美、形象之美，让学生从教师的“师表美”——“表美”与“道美”的融合体中获得审美教育与道德教育。

2. 师生关系的重建

审美需要师生关系的重建，它要求确立“教师是参谋或伙伴”的新型师生关系，摈弃单向灌输、居高临下的师生关系。这种“参谋或伙伴”关系具有两个显著特征：一是双向或多向的关系，二是平等交往的关系。只有这样，师生才便于共同面对道德智慧风景开展欣赏和交流，催生良善的道德素养。在这一过程中，教师不是纯粹的游客，而是道德风景的设计者和导游人。

3. 培养学生在“欣赏”中的价值选择能力和创造力

在德育实践中，欣赏绝非一种随意的道德美浏览活动，而蕴含着积极价值观建构任务与内容，为此，培养学生价值选择力与创造力是欣赏中的重要内容与目的。这就要求教师在欣赏型德育中做好两件事：一是设置审美化的道德教育情境，并鼓励和引导学生对其中蕴含的道德智慧进行重点欣赏；二是引导学生对自己的欣赏活动提出一套科学的评价体系，防止道德欣赏沦落为随意的道德浏览。

（四）简要评述

欣赏型德育模式是一种基于高级审美活动的现代德育形态，它具有一定的浪漫性与理想性，对于当代中小学德育实践而言无疑具有较强的引领价值。道德能够促进主体自由精神的产生。让学生在自由欣赏中接受积极价值观引导，无疑是最佳的一种道德催生方法，有利于充分尊重学生作为道德主体的自主性、能动性、创造性，有利于在学生身上培育出高尚、真实的品德结构，指明了现代学校德育改进的理想与方向。但换一个角度来看，本模式有两个方面需要进一步改进与完善。其一，“欣赏”作为一种高级审美心理形态，它对审美主体提出了较高的经验、认知与精神超脱的要求。普通中小学生要符合这一审美主体素质要求显然比较困难，尤其是在中小学德育情景中，教师很容易用自己的道德欣赏代替学生的道德欣赏。其二，道德的发展既是一种体验活动、审美鉴别活动，更是一种道德认知活动，如果没有道德知识教育的辅助，欣赏型德育同样难以产生深刻的育德效果。因此，将“道德之真”的教育与“道德之美”的教育有机结合起来，是欣赏型德育模式后续改进完善的重要方面。

四、叙事德育模式

叙事德育模式，是指教师通过叙述具有道德意义的故事或生活事件，润心无声地影响和促进学生进行道德自主建构，教师和学生均在此过程中获得幸福成长的一种学校德育模式。叙事德育模式的核心价值追求是培育幸福师生。

当前，在我国的德育实践领域已经有许多德育叙事的方法探索，但较为零散，而且缺乏深入的理论思考。鉴于此，李西顺教授在叙事本体论的基础上，从学理层面系统梳理并完整建构了叙事德育模式，已在苏州、北京、上海等多地积极推广，取得了很好的育人效果。

叙事德育模式主要解决什么问题呢?

其一，德育实效低下的老大难问题。故事天然具有吸引力及对美德的召唤力，叙事德育模式巧妙借助故事天然具备的“知情意行”的统合属性，实现道德认知、道德情感、道德意志、道德行动四大要素的多通道同时加工，引导学生进行道德自主建构①，从而将外在的价值引导与内在的价值自主建构这两个相互对立的方面，在叙事过程中自然而然、水到渠成地统一并完成。

其二，德育过程中人的成长问题。具体思路是：第一，教师通过叙事，寻找平凡的精彩，使叙事成为教师的行动研究方式、自我成长方式、教书育人方式，让教师在叙事中反思，在叙事中育人，在叙事中研究，在叙事中成长。第二，学生借助叙事进行高效学习，在叙事中感悟，在叙事中沟通，在叙事中成长，在叙事中学会生活，使叙事成为学生的一种学习方式、生活方式。第三，让叙事成为师生沟通的途径、情感交流的方式、互动成长的动力。师生双方在叙事中沟通，在叙事中实现价值共育和共同成长。

需要说明的是，解决学校德育实效低下问题仅是叙事德育模式的工具属性，在叙事中帮助师生自我实现并幸福成长才是其目的属性。因此，叙事德育模式是工具价值与目的价值、方法论价值与本体论价值的统一。

（一）理论依据

1. 叙事本体论：叙事德育模式的哲学基础

基本观点包括：第一，人类自身是一种叙事性存在，叙事是人类最基本的存在方式

---

① 李西顺. 叙事德育模式建构：一个重要的时代命题［J］. 教育发展研究，2017（4）：81-84.

及表达方式。[①] 故事是人类的文化载体，储藏着人类自身的生命意义密码。叙事具有人类自身存在方式层面的本体论价值。第二，在人类文化的发展历程中，存在两类不同的文化思维方式：命题思维及叙事思维。命题思维存在于逻辑论证中，目的在于让人信服抽象的、不依赖于背景的科学真理。与之不同，叙事思维则呈现出具体丰富的人物及人际背景、伦理境遇，是一种目的在于使其显得真实的理解方式。[②] 第三，叙事是天然的两面一体的硬币型结构：一面是本体论，一面是方法论。叙事既可以帮助师生触及自身最深邃的人生意义，润泽幸福心灵，又可被师生理解为“讲故事”这样一种德育方法或工具加以使用，以解决现实中的德育问题。因此，在叙事德育模式中，本体论与方法论、工具论与目的论是两位一体的关系。

2. 美德伦理学：叙事德育模式的伦理学基础

基本观点包括：第一，以行动者为中心，而非以行动或行动规则为中心；第二，更多追问“我应当成为什么样的人”而非仅关注“我应当采取什么样的行动”；第三，更关注“是什么”（being）而非仅关注“做什么”（doing）；第四，更多采用美德论的概念而非义务论或后果论的概念；第五，反对将伦理学归结为某些行为规则或原理[③]；第六，强调特定道德文化共同体的真实具体的伦理境遇；第七，强调历史叙事而非宏大叙事，强调事件的发生语境或语脉；第八，强调“德福一致”，即道德与幸福之间的一致性；第九，强调“自我—他人”之间的伦理对称性。

3. 叙事心理学：叙事德育模式的心理学基础

基本观点包括：第一，人类行为及人类经验天然带有故事性的特征。第二，叙事自我是叙事心理学的核心概念。叙事自我是一种叙事经验的连续性，叙事自我的一致性是由文化建构的、依赖特定历史文化的、并不表现为实体的存在。当前的行为只有与过去、将来联系起来进行概观时才获得意义。叙事建构出具有同一性的人生模型。第三，叙事结构内在的“感知—体验—明理—导行”特征，与学生的道德习得规律高度契合。讲述一个故事就是发出一次道德邀请，叙事心理学强调叙事之于美德的“召唤”力量。无论是重叙美德的经典故事，还是再现学生身边的美德故事，都是一种动态的，旨在显现故事力量、捕获学生心灵以达到德育目的的过程。[④]

（二）基本框架[⑤]

1. 由核心理念及与之相配套的实践形式构成的耦合结构

核心理念是师生幸福，配套的实践形式包括策略、程序和实践原则等。操作要件由五大部分组成：澄清“前视域”、确定恰切的抛锚点、搭建叙事支架、建构叙事认同、建构基于人生幸福的道德自觉。其中，搭建叙事支架又由五部分组成：精选叙事内容、

---

① 李西顺．叙事德育模式：理念及操作［M］．南京：江苏凤凰教育出版社，2019：3.

② VITZ. Theory of stories in moral development：New psychological reason for an old education method［J］. American Psychology，1991（45）：709-720.

③ HURSTHOUSE. On virtue ethics［M］. New York：Oxford University Press，1999：25.

④ 石中英．“狼来了”道德故事原型的价值逻辑及其重构［J］. 教育研究，2009（9）：17-25.

⑤ 李西顺．叙事德育模式：理念及操作［M］．南京：江苏凤凰教育出版社，2019：104-123.

设置驱动机制、引导叙事浸润、唤起叙事移情、培育叙事关怀。各操作要件之间衔接的基本原理是：以叙述为手段，走进心灵；以故事为载体，感动心灵；以共情为核心，感化心灵；以明理为向导，引导心灵。叙述德育模式操作的“感触—感动—感悟”原理，与学生的“感知—体验—明理—导行”道德习得规律吻合，从而促使叙事德育模式发挥五大功能：引趣——触动心灵情结；共情——引发共情体验；启智——巧妙启迪心智；明理——引导感悟明理；导行——促进行为养成。①

2. 内容分层结构：叙事包含哪些美德？

叙事包含两大类美德价值：一是对现世价值之勤勉，可谓“修齐治平”；二是对神圣价值之敬畏，可谓“明道穷理”。在道德叙事最终承载的价值结构，即“所指叙事”②维度，可以概括为：修身（自制、正直、勤勉、节俭、谦逊、谨慎、坚韧等）、济世（仁慈、公正、责任、诚信、感恩、慷慨、宽容等）、信仰（敬畏、希望等）等三大类。另外，在道德故事的遴选（能指叙事）维度，可把“修身、济世、信仰”分别对应于“自我之事”“他人之事”，从而形成六大内容维度。

3. 方法组合结构：怎样叙述这些美德？③

其一，如何叙出事之“知”：道德认知的叙事澄明术。主要路径包括：① 叙事内容的裁剪——核心情节的修饰与润色、非核心情节的裁剪、重新编码；② 不同叙事媒介和叙事样式的组合运用；③ 叙述视角的转换与改变；④ 价值澄清法的介入。其二，如何叙出事之“情”：道德情感的催化剂。主要路径包括：① 利用“五觉”叙出身临其境；② 综合调动多种叙述媒体渲染叙事氛围；③ 引导倾听者学习“感觉联想”。其三，如何叙出事之“行”：道德行动的图式库。主要路径包括：① 内居式叙事——沉浸于故事内部的道德行为图式之中；② 外突式叙事——调整自身原有的道德行动图式；③ 同化与顺应——形成更高境界的道德行动图式。

4. 师生关系共生结构：谁来叙谁的美德？

教师应该做到三个方面：第一，从单向叙事迈向共享叙事。叙事德育模式反对教师对学生的单向叙事，倡导师生双方的共享叙事。在此过程中，叙述及倾听的诸方都可以通过对同一则故事的共享，把诸方的心灵世界在意向层面联通为一个共通、共有、共享、共育的价值及意义世界。第二，从单薄叙事迈向丰厚叙事。丰厚叙事的特征包括：① 贴近真实、多元、复杂的生活体验；② 开放性的故事，打开多种可能，避免封闭性；③ 处于关系之内的故事，能够被聆听、被看见，有回应、有好奇、有理解、有珍惜、有情感、有关怀；④ 避免标签化；⑤ 充满正面、积极向上的叙事基调和情感色彩。④第三，从外在叙事迈向内在叙事。是否与自身的生活故事实现内在深层联结是区分外在叙事与内在叙事的标准。内在叙事是基于“情节—价值—心灵”之间的螺旋式循环实现的。

---

① 李季．叙事德育：走进学生心灵的智慧［J］．小学德育，2009（6）：6-8.

② 李西顺．德育叙事之内涵实质及分类研究［J］．教育研究，2017（8）：60.

③ 李西顺．德育叙事究竟应该怎样“叙”［J］．湖南师范大学教育科学学报，2017（5）：75-80.

④ 李西顺．叙事德育模式：理念及操作［M］．南京：江苏凤凰教育出版社，2019：268.

（三）实践策略

1. 整体德育课程体系的叙事化设计

基于叙事化的顶层设计思路，系统规划所有的德育课程板块。例如，把大的德育主题细化为更具体细致的道德意识或能力要求。分项之后，列出学校德育工作的操作性纲目，统领学校的整体德育工作。在此基础之上，根据每个月的重大节日及德育需要，划分月度教育主题，形成月度德育方案。基于方案，寻找并挖掘与主题相关的德育故事。可利用多种多样的叙事形式，例如，每周在国旗下讲话时启动“故事大课堂”，对常规的国旗下讲话进行叙事化改造，开启一周的周主题教育等。①

2. 教学模式的叙事化建构

首先，对课堂教学模式进行叙事化改造。分两种类型：一是直接德育课，如道法课、班会课等的教学模式叙事化改造。以叙事型主题班会等形式，通过故事的感召力及吸引力，实现优雅柔和却沁人心脾的心灵德育。二是其他学科如语文、数学等的教学模式叙事化改造。其次，开发“知”“情”“意”“行”多通道加工的课堂教学模式。具体做法是以故事化的思路对课堂情景、教学氛围、提问方式、学生活动组织方式等诸环节因素进行“知”“情”“意”“行”多通道同时加工。引导师生共同分享自己经历的故事，在回顾、反思、感动、行动中让“自我德育”入脑入心，并以故事作品、影视作品、绘本作品等叙事载体为手段，让学科德育真实可触，使学科德育的效果在“知”“情”“意”“行”多通道并用的过程中达到最优化。再次，故事性教学模式的开发运用。具体路径包括：① 讲述故事，创设情境，提高兴趣，形成良好的学习动力结构；② 穿插故事，化抽象为形象，突破思维难点，使学习者形成良好的认知结构；③ 引入故事剧，感知生活，进行情感的熏陶，形成良好的情感结构；④ 体验生活，寻找故事，创造故事，化“知”为“行”，形成良好的行为结构。② 最后，外化技术、解构技术、重塑对话技术、支撑性对话技术、界定仪式技术等五大德育叙事技术的综合运用，既可提高课堂的教学效率，增强其内在吸引力，又可以提升课堂育人的实效及魅力。

3. 校园文化的叙事化润泽③

首先，用故事元素把校园内诸要素统整起来，使校园内的一草一木皆为故事的讲述者及倾听者，并在统一的故事主题的统领下协同配合，协调发力，发挥整体的德育价值。其次，在校园的时空拓展方面下功夫。具体而言：① 在单向线性的时间序列中适时插入一些具备故事情境、深入心灵意蕴的价值关怀，从而改变师生单调线性的时间体验，于平凡之中创生出不平凡的德育效果；② 将家庭德育、社区德育、网络德育的优势带进学校德育之中。家庭德育是一种故事性、关怀性的教育方式，强调价值关怀及潜移默化；而社区教育是介于家庭关怀与社会磨砺之间的一种教育形式。在操作层面，以幸福理念为底色，以“讲故事、听故事、演故事、创故事”为路径，把家庭德育、社区德育、网络德育自然融入学校德育过程之中。最后，采用“故事妈妈进课堂”等多

---

① 王维审．我的“叙事德育”实践之路［J］．师道，2016（12）：17-19.
② 骆小成．故事性教学探析：以初中思品课为例［J］．上海教育科研，2016（6）：70-73.
③ 李西顺．叙事德育模式建构：一个重要的时代命题［J］．教育发展研究，2017（4）：81-84

种途径，基于生命叙事理念，依托自我价值、人际价值、环境价值、生命价值等多个故事课程板块，帮助建立内在生命信念与价值体系，用信念引导品格，用品格建构能力。

4. 师生关系的叙事化生成

首先，采用“师生共享同一则故事”的德育实践策略。一是教师与学生地位平等，作为“首席”，发挥真实的道德榜样的示范引领作用，并据之建构起师生之间真实的“伦理经验共同体”，实现“价值共建”。二是师生在同一则故事中成长。教师据之实现行动反思及专业成长，学生据之实现学业成长及价值体悟。师生通过分享同一则故事，共同参与、共同体悟，实现价值共育及共同成长。其次，通过师生共同参与的真实入心的叙事活动，如师生菜园、校园戏剧、故事演讲等，搭建师生之间的心灵桥梁，化解师生矛盾，促进彼此之间的心灵沟通及价值理解。允许教师在课堂上（尤其是德育课堂上）“掏心窝子”，讲述自己真实的生活故事或对美好生活的价值感悟，同时允许学生在课堂上讲述自己的故事，倾诉自己真实的心声，表达自己对幸福的期许。

（四）简要评述

叙事德育模式既力图解决德育实效低下问题，又高度关注德育过程中人的成长问题，是通过叙事探寻生命意义并实现师生幸福生活的德育形态。强调三类关系的平衡，即道德教育与幸福生活之间的一致性、自我与他人之间的伦理对称性、教师与学生之间的价值共育性。叙事德育模式以师生幸福为核心理念，与相配套的实践形式（策略、程序和实践原则等）实现深度契合，理论逻辑架构体系完整。通过叙事内容的分层结构、叙事方法的组合结构、叙事型师生关系的共生结构，将叙什么、怎样叙、谁来叙统合起来。继而通过叙事化设计及叙事化的价值润泽，最终在四大层面操作落地，即整体课程体系的叙事化设计、教学模式（包括直接德育教学及各学科教学）的叙事化建构、校园文化的叙事化润泽、师生关系的叙事化生成。其中，德育叙事的五大技术——外化技术、解构技术、重塑对话技术、支撑性对话技术、界定仪式技术，具有很好的创新价值。

然而，叙事德育模式仍然面临一些问题和不足。例如，尽管叙事本身具有本体论价值，但在实际的德育工作中，叙事首先是一种德育方法或工具，这就容易导致叙事德育模式被局限于工具论层面，其本体论意涵容易被遮蔽。如此，就会限制叙事德育模式核心价值的彰显。尽管已经做了许多努力，但是，如何使叙事的工具属性与目的属性之间的融通与转换更为简便易行，仍是叙事德育模式需要着重解决的问题。

纵观上述德育模式，我们不难看出：当代学校德育模式正呈现出一系列重要发展势头，一是关注主体——学生，二是突出个人体验，三是理解成为德育的基础，四是引入交往理论，五是注重道德能力的培养。① 在新形势下，学校德育模式要想推陈出新、再占鳌头，就应该重视三方面的持续改进：加强对国外德育模式的本土化改造，坚持洋为中用的原则，反对一切简单的“拿来主义”，防止在借鉴西方德育模式中迷失方向；加

---

① 丁东宇．试析国内德育模式构建中的理论倾向［J］．黑龙江社会科学，2002（2）：9-12.

强理论工作者和实践工作者的协同与合作，努力创造出有生命力、有市场，能够为广大德育工作者认同、接受的德育模式；推动德育模式的多样化和综合化发展，让上述德育模式在交叉、杂交、互动、关联的基础上形成一些复合型、高效能的德育模式，克服单一型德育模式的缺陷。

思考题

一、名词解释

1. 德育模式
2. 道德认知
3. 体谅德育模式
4. 生活德育

二、简答题

1. 学校德育模式的特征有哪些？
2. 学校德育模式的功能有哪些？
3. 什么是价值澄清德育模式？
4. 什么是欣赏型德育模式？
5. 叙事德育模式的实践策略有哪些？

三、论述题

1. 学校德育模式的影响。
2. 体谅德育模式的内涵及其启示
3. 简要论述生活德育模式的意义与影响。

四、材料分析题

请根据材料，分析该教师用了什么德育模式，产生了什么样的影响。

学生午餐后，听见几位学生在向班主任老师汇报："小 a 今天语文课上又不认真了，他写字的速度实在太慢，课堂作业没来得及完成。"但是班主任老师并没有当面批评这位男生，而是微笑着走上前拍了拍他的肩膀，俯身在他耳边轻轻地说了一句话，只见该同学慢慢地点了点头，师生之间的默契可见一斑。小 a 同学是一个几乎令所有老师都摇头的孩子，就连家长都曾经产生了放弃的念头，但班主任和主要任课教师却时刻关注着他，每天都在为他创造机会，采取以鼓励为主的方式默默地关爱着他，班级同学也自愿成立帮困小组，陪伴他一起进步。

推荐阅读书目

1. 李伯黍．道德发展与德育模式［M］．上海：华东师范大学出版社，1999.

2. 檀传宝．学校道德教育原理［M］．北京：教育科学出版社，2000.

3. 陈桂生．学校教育原理［M］．长沙：湖南教育出版社，2000.

4. 哈什弥勒，费尔汀．德育模式［M］．台北：五南图书出版股份有限公司，1993.

Chapter

4

第四章 德育评价

第一节　德育评价概述

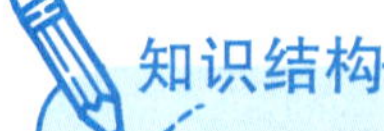
知识结构

- 德育评价的内涵
- 德育评价的功能
  - 育人功能
  - 评定功能
  - 诊断功能
  - 反馈功能
  - 导向功能
- 德育评价的内容
  - 学校德育工作评价
  - 学生品德评价

德育评价是德育过程最重要的环节，是德育的重要组成部分。它要求评价者根据一定的德育目的及评价标准，对德育过程及结果进行评价、估量。作为影响德育有效性的重要变量，德育评价发挥着重要的育人、评定、诊断、反馈等作用。德育评价蕴含着巨大的教育能量，是学校德育改革和发展的关键点。但由于学生品德形成的复杂性和德育影响的多元性，德育评价又是德育理论与实践中的难点。

一、德育评价的内涵

德育评价是评价者依据一定的德育目标及评价标准，运用科学的方法和正确的途径，多方面收集事实材料，对德育工作及其效果做出价值判断的过程。德育评价主要包括学校德育工作评价和学生品德评价两个方面。学校德育工作评价是对德育过程的评价，而学生品德评价则是对德育结果的评价，二者共同构成了一个完整的学校德育评价体系。①

知识拓展

2020年《深化新时代教育评价改革总体方案》规定，完善德育评价。根据学生不同阶段身心特点，科学设计各级各类教育德育目标要求，引导学生养成良好的思想道德、心理素质和行为习惯，传承红色基因，增强“四个自信”，立志听党话、跟党走，立志扎根人民、奉献国家。通过信息化等手段，探索学生、家长、教师以及社区等参与评价的有效方式，客观记录学生品行日常表现和突出表现，特别是践行社会主义核心价值观情况，将其作为学生综合素质评价的重要内容。

① 朱小蔓．中小学德育专题［M］．南京：南京师范大学出版社，2002：225-226.

德育评价的这一界定，凸显了德育评价的五方面具体内涵。第一，德育评价的本质是一种价值判断，而不仅仅是对德育状况的描述。第二，德育评价具有系统性，是一种系统收集德育资料的过程，注重对德育资料的解释、分析。第三，德育评价既依赖于现代评价技术，又具有德育的人文性特征，在科学性与正确性之间寻找一种平衡。第四，德育评价必须依据一定的德育目标及评价标准，即党和国家的德育政策法规、教育目的和德育目标以及学生身心发展规律。第五，德育评价主体和对象具有多元性。德育评价的主体不仅包括国家机构、教育行政部门、教育督导和教育科研等专业机构人员，还包括教育实践层面的教师、学生、家长及社区等德育活动的参与者。而德育评价的对象不仅仅是学生，还包括教师、家长及社区成员等其他德育活动参与者。其中，教师是德育评价中的核心要素：他们是评价的引导者，用其专业技能引导学生、家长以及社区成员这三个评价主体；同时他们也是评价的综合者，用其专业技能对学生德育各项评价进行综合，从而得出更客观准确的德育评价。同时，教师能够通过德育评价反思德育工作，从而让德育更有效。

二、德育评价的功能

小思考

通过陶行知先生“四块糖”的故事，结合自身经历，谈谈德育评价的功能。

陶行知先生任育才学校的校长时，有一天，他看到一名男生打同学便上前制止，并责令他到校长室接受批评。陶行知回到办公室，看见男生已在等候。于是他掏出一块糖递给男孩说：“这是奖励你的，因为你比我先到了。”接着，又摸出第二块糖给他，说：“这也是奖励你的，我不让你打同学，你立即住手，说明很尊重我。”男生将信将疑地接过糖果。陶行知说：“据了解，你打同学是因为那个同学欺负女生，说明你有正义感，再奖励一块糖。”他又掏出第三块糖给男生。这时，男生哭了，说：“校长，我错了，同学再不对，我也不能采取这种方式。”见此，陶行知又拿出第四块糖说：“你已认错，再奖你一块，我们的谈话也该结束了。”

德育评价是德育过程中不可或缺的重要环节，是调整德育目标、改进德育方法、优化德育过程、提高德育效率的重要依据。在教育实践中，德育评价不仅有助于教育者了解德育活动现状及其效果，更有利于进一步改进和加强德育工作，有利于学习者在教育者引导下自我反思、自我调节。其具体功能可以概括为以下五个方面。

（一）育人功能

育人功能是德育评价的基本功能，其他功能均以育人功能为基础，服务于“立德树人”这一核心育人目标。德育评价能够促进学校德育工作和学生品德的发展，是极其重要的德育方式。德育评价可以督促学生强化已学习的道德知识、道德情感、道德行为等，提高品德的发展。对学校以及教师而言，德育评价可以帮助他们发现德育实施过程中存在的问题，不断改善德育实践工作，从而更好地完成以德育人的目标。①

（二）评定功能

德育评价通过各种方式收集德育信息，对照有关标准，对德育活动及其结果进行评价，可以确定德育活动及其结果水平的高低。德育评价的标准，一是来自社会的客观标准或德育目标；二是存在于评价对象之中的相对标准或者被评价对象个体的历时性变化。德育评定功能的发挥在实际中表现为：第一，描述作用，即对德育活动及其结果的描述，说明某个时段内德育活动的状态；第二，教育作用，通过德育评价使学习者相对客观、公正地认识自己，教育自己；第三，导向功能作用，德育评价具有清晰的价值导向性，能够使教育者有意识地依据标准去调整自己的工作重心，也能够使学习者依据评价标准及结果，及时纠正或强化自己的品行。②

（三）诊断功能

通过德育评价，评价者可以对学校德育活动及学生的品德状况做出一定程度的诊断、分析。德育评价诊断功能的有效发挥，可以起到三方面的作用。一是咨询作用，即根据评价结果，了解有关德育活动及其效果，分析成败的原因，获得改进德育的必要信息。二是决策参谋作用，即为德育方案、计划的制订和具体措施的选择提供基本依据。三是警示、预告作用，即提示教育者需要密切关注什么、学习者下一步的选择应当侧重什么。

（四）反馈功能

无论是何种形式的德育评价，其结果一旦被告知德育主体，引起德育主体的关注，便是评价信息反馈回路的接通。评定、诊断功能的发挥，都有赖于反馈回路的接通，否则便很难体现德育评价之于德育过程的重要意义。在德育实践中，除了用于选拔的评价以外，并非所有的德育评价结果都要直接反馈给教育主体。何种评价结果以何种方式反馈给何种主体（教育行政部门、学校领导、教师、学生或家长等），必须充分考虑德育活动的性质、内容，考虑学习者个体或群体的品德发展水平和特点。在反馈之后需密切关注教育主体的反应，及时引导他们正确认识、反思评价结果，从而使德育评价的反馈功能得到真正发挥。

（五）导向功能

如果德育评价的结果反馈到位，无论教育主体是否自觉，评价结果都可以通过其价值判断而引导、强化某些做法、某些行为。良好的德育评价体系及其实施过程会产生积极正面的引导效果。如一些成功教育方案、策略的推广，引导学生的品德朝着社会所期望的方向发展，指导学生采取正确的行为方式和价值取向。反之，不公平或者价值取向

① 刘慧，李敏．小学生品德发展与道德教育［M］．北京：高等教育出版社，2015：78.

② 郑航．学校德育概论［M］．北京：高等教育出版社，2007：223.

不正确的德育评价，则可能致使整个德育实践遭遇困境。比如片面追求评价结果，“唯数字不唯实际”等，会严重阻碍德育目标的实现。学习者还会在不良德育评价的引导下产生“功利主义”“精致利己主义”等道德价值取向。①

小思考

对于专家提倡停止评“三好学生”主张，你怎么看？

2008年，中国教育学会会长顾明远先生呼吁停止评选“三好学生”，因为这样会“过早给孩子贴上好学生与坏学生的标签”。顾明远先生说，中小学校处于基础教育阶段，每个学生都是未成年人，评选“三好学生”实际是把学生分成三六九等，这样会给学生造成一定心理压力，同时在感情上伤害未被评上“三好学生”的孩子，不利于学生健康成长。有的孩子大器晚成，如果过早地给他们“你不如别人”的暗示，会影响孩子成长。

有不少教师对顾明远先生的呼吁表示支持，认为毕竟能获得“三好学生”的只是少数。不过，也有部分教育界人士对顾明远先生的呼吁存疑。这些教育界人士认为，评选“三好学生”是为了激励先进，让学生们有一个赶超的目标。而取消评选，压力或许没有了，但动力也荡然无存，其弊端是显而易见的。

三、德育评价的内容

德育评价内容就是对德育评价对象的具体评价。当前由于研究者的研究视角各不相同，对于德育评价内容众说纷纭。从德育评价的内涵出发，从德育评价的内涵及学校管理的角度，本书将德育评价的内容划分为两个层面②：学校德育工作评价与学生品德评价。这两个层面有着各自不同的评价对象和内容，而这种不同决定了其评价主体与评价方式的不同。③

（一）学校德育工作评价

学校德育工作评价，具体包括学校德育整体工作评价和德育实施过程评价两个方面。学校德育整体工作评价，评价内容包括：学校德育实施方案、学校德育管理过程、师资队伍、校园建设、教育教学资源与设备、校风校纪、校外联系情况、德育基地建设等。其评价主体主要是教育行政主管部门或相关的决策、咨询部门，也可以是学校自身。学校德育实施过程评价，具体包括：德育课程设置与教学、课外活动组织、规章制度的建立与执行、学生管理常规的落实、班风班纪、班级舆论、教师德育职责的履行、师德修养、德育环境等。班级是学校德育实施及评价的对象，其评价主体主要是学校主管领导和部门，也可以是上级有关主管部门，还可以是学校全体教师和学生（或学生代表）。

---

① 周凤林．学校德育顶层设计论［M］．上海：华东师范大学出版社，2017：128.
② 朱小蔓．中小学德育专题［M］．南京：南京师范大学出版社，2002：225-226.
③ 刘静．第四代评估理论视角下的中小学德育评价［J］．中国德育，2015（11）：19-23.

（二）学生品德评价

学生品德评价主要内容包括学生品德发展状况，品德结构要素之“知”“情”“意”“行”发展水平等。评价主体主要是教师和学生，还包括家长和其他教育工作者。学生品德评价除了他人评价之外，还包括学生在教师指导下的自我评价。

以上区分仅仅是按照不同的评价对象而对德育评价内容作出的简单归类。在德育评价实践中，评价内容远非如此简单。它需要根据评价目的、评价范围和评价者自身的素质等来选择。可以说，一切与学校德育有关的因素，教育环境中一切能够直接或间接影响学生品德发展的因素及各自构成的具体层次、具体层面，学生的态度、情感、价值观和品行诸方面的一切表现，都可以作为德育评价的内容。①

第二节　学校德育工作评价

知识结构

- 德育工作评价概述
- 德育实施方案评价
- 德育实施过程评价
- 德育课程教学评价
- 德育活动评价
- 德育工作者素质评价

一、德育工作评价概述

学校德育工作评价，是指政府教育主管部门或学校管理层依据一定的评价标准，对学校整体德育工作或德育实施过程状况进行督导、检查或评估，对其工作过程及工作绩效做出判断的过程。从德育评价的分类来看，学校德育工作评价侧重于德育过程评价，以区别于学生品德评定——学生品德评定侧重于结果评定。

德育工作评价贯穿于整个德育过程之中。为了使德育工作落到实处，学校需要通过评价其整体决策和工作方案来衡量其可行性；在组织、实施过程中，为了使组织工作具有针对性，使活动落到实处，取得实效，学校必须对每个侧面的实施问题或情况进行诊断，尽可能避免走弯路；在具体操作过程中，学校必须对构成德育工作的各个要素进行评价，对他们的活动状态及产生的影响进行评价，以便为实施过程的调节、控制、协调提供信息依据，有针对性地改进德育工作。此外，为了最终实现教育目标，学校还必须对每次相对完整的活动进行效果评价。这样一方面可为最终结果的评价提供信息；另一方面也可对业已完成的各项工作进行评判。和学生品德形成与发展状态这一最终教育结果相比，对德育工作的评价更重视可行性评价、诊断性评价和形成性评价。

据此，我们可以把学校德育工作评价的任务归纳为以下几个方面。① 对德育工作

---

① 《班主任工作与德育》编写组．班主任工作与德育［M］．广州：世界图书出版广东有限公司，2010：120.

决策和实施方案做出可行与否的判断；② 对德育工作过程的各个要素及整体构成做出价值判断；③ 对德育工作的各个环节、各个阶段及各类工作人员的工作绩效做出评判；④ 为德育工作实施的主体及各部分提供修正、调节、提高的信息，有利于工作机制正常、有效地运行；⑤ 为学生品德评价在教育环境的分析上提供重要的评价依据。

二、德育实施方案评价

德育实施方案或计划是在学校德育的整体规划下以德育课程标准为指导的工作设想和实施计划，其中包括在整个学校环境中实施德育的人力、物力、财力、时间、空间、信息的运用与组合。方案或计划是否可行，需要学校组织有关力量（专家、教师以及有一定经验的教育工作者等）进行评价。可行与否，包含两层基本意思。一是方案或计划如果付诸实践，能否达到德育工作的目的，收到工作效果？二是方案或计划是否周全考虑组织管理的各个方面，是否脱离学校实际情况？对于不可行的方案，评价还应提出调整、修改建议。学校实施方案评价的基本步骤有四个。

第一，组织评价力量。聘请专家或专家组予以评价，或者组织由受聘专家、学校有关领导和主管部门领导、教师代表（含班主任代表）等组成的评价小组。评价小组成员必须具有充分的代表性，必须有丰富的教育教学工作经验和一定的德育工作经验，必须有一定的理论水平和教研能力。一般来说，组织评价力量是学校管理者的主要职责。但如果涉及地区性的整体管理与规划，评价力量的组织则应当由有关行政主管部门牵头进行。

第二，确定方案评价的目标及检测要素。方案评价是出于何种考虑，是何种层面的评价？方案是否体现德育工作目标？这些问题的答案反映了方案的效度。方案是否可行，是否具备实施条件，即是否符合学校内外教育环境？这些问题的答案反映了方案的信度。当然，实际上二者往往是合为一体的，目的在于检测方案的可行性及其可行程度。针对方案评价的两个层面，检测要素便大致集中在方案的指导思想、构架、指标体系以及方案中的人力、物力、财力、时间、空间、信息的安排与配置诸方面。对于方案体现出来的各种配置资源，一定要结合学校整体工作方案或计划来进行考虑。

第三，收集有关信息并加以对照分析。针对各项检测要素，充分收集学校的有关信息，包括德育课程计划、课程标准、课程结构以及学习整体规划和工作计划、学校各项资源的现状及配置、使用状况，还包括同级同类学校的类似方案或计划以及其他相应的教育文件等。信息收集后，便需对整个方案或计划进行对照和分析。

第四，对论证方案的可行性进行科学评判。在分析基础上，对德育方案的可行性进行综合论证，做出可行性评判。还可以在两个以上预先准备好的方案之中做出选择，也可以对被评判的方案提出修订、完善的建议，还可以初步勾勒出一个在分析、论证基础上确立的新方案。

三、德育实施过程评价

德育工作是学校教育教学的灵魂，德育渗透在学校工作的各个方面。德育实施过程的评价不仅包括学校德育管理、德育队伍、德育课程、德育方法、德育环境等的整体评价，还包括对德育实施过程中各要素的评价。德育实施过程诸要素，是指构成德育实施过程整体的诸要素及各自的具体内容。要素评价视评价目标和评价对象范围而定，可以是某一目标或内容方面的，也可以是某几个目标或内容方面的。

（一）德育课程教学评价

德育课程教学评价主要结合学生品德发展需要、水平和特点，对德育课程的实施及其效果进行评价，包括对教学工作的评价和对学生道德学习状况的日常评价。德育课程教学工作的评价主要包括教学设计评价和教学进程评价两个方面。评价主体可以是校外专家或同行、本校同事、学生、学生家长，也可以是任课教师自己。不同评价主体的侧重点可能会有所不同，但核心应当集中在学生的道德学习上。

1. 教学设计评价

教学设计评价是一种“前置性教学评价”活动，涉及德育课程的整体设计评价、单元教学设计评价和课时教学设计评价。在教育实践中，课时教学设计评价最为常见。主要用于学区内或校内的教学设计评比和交流。教学设计评价旨在对教师的教学理念及其体现程度、方式进行评价。评价内容包括：教师对学生的了解、对教学目标和内容的领悟与把握、具体的设计思路、教学资源的挖掘和利用、教学策略的选择和运用、教学媒体的使用等方面。

从教学设计者的角度看，教学设计评价的形式主要包括口头表达（说课）、书面表达和信息化表达（运用各种多媒体手段进行呈现和展示）等几种形式。其中，书面表达方式的内容尤为丰富。它由三个基本部分组成：教学前置分析（对教学对象、教学目标、教学内容的分析，以及与之相对应的教学策略、教学媒体选择等）、教学进程设想（如何展开教学的问题，包括教学内容的分解与安排、教学程序、教学组织方式等）和教学流程图。与知识领域的教学设计评价不同，对于德育课程的教学设计评价应当更加突出情感激发、态度形成和行为指导等方面。

2. 教学进程评价

教学进程评价直接表现为听课、观课，旨在深化教学改革、提高教学效果以及促进教学专业发展。教学进程评价的具体内容及实施环节包括：确定评价目的、设计评价标准、准备评价材料、听课或课程观察、讨论与交流、形成评价意见、总结与反省。其中教学进程评价标准一般包括教学目标、教学态度、教材处理、教学过程、教学能力、教学效果等方面。

（二）德育活动评价

德育活动是中小学实施德育的最重要的途径。为此大量中小学做出各种努力，开展和推行丰富多彩的德育主题活动。但是，很多德育活动往往会流于形式，主要原因就在于对于活动评价这一环节的关注。活动实践常常以学生写活动感想、教师写活动评语等形式草草地结束，未能进一步发挥德育活动评价的作用。德育活动重视的是学生在活动过程中的各种收获与体验、多种能力与品质的提升，评价作为德育活动过程的有机构成部分，不是孤立存在的，应贯穿于活动的全过程。①

案例点击

在上海某高中，每年三月校政教处都要组织高二年级赴南京开展爱国主义教育社会实践活动。此项活动的目的是使学生通过亲历、亲感、亲为的社会实践活动增强民族精神。然而活动后，学生谈论的多是旅途中发生的奇闻逸事，对于活动中参观学习的感受却鲜有提及。虽然此次活动的内容、流程设计都精心到位，但是活动成效为何如此差？

1. 活动前

德育活动前，师生应共同商讨德育活动评价的内容、方式和标准。德育活动评价的内容主要涉及五个方面。一是学生的自主参与意识。了解学生对此次德育活动是否有兴趣，是否愿意以认真、主动的态度去参与。二是学生的情感态度。依据学生在主题活动中的表现及活动后对德育活动主题再认识的深刻程度，例如，依据学生在活动中产生的新观点、新思路及新发现，评价学生在此次活动中是否有了自我的发展和进步。三是学生的实践能力，例如，学生是否具有一定的组织策划能力、运用多种方法收集和处理信息的能力，是否拥有较好的语言、文字表达能力以及分析解决问题的能力等。四是学生的合作交往能力。对学生在参与小组活动时的合作态度和行为进行评价。五是学生的成果展示。是否以完整的形式展示活动的成果。

2. 活动时

在德育活动开展时，教师要指导学生收集、积累和保存好活动过程中动态的、真实的、完整的纪录，建立自己的“活动成长档案”。教师要根据每份资料及时给予学生指导性评价。学校德育活动的过程性评价主要集中于资料性文件的评价。资料文件是学生在活动中的真实轨迹，主要包括以下几类。共同商讨的评价标准、收集的活动背景资料、行动计划、活动记录表、调查报告、小组互评表、自我活动总结、活动成果展示等。

3. 活动后

活动结束后，教师要积极引导学生进行自我反思和自我评价。引导学生反思自己的活动过程，投入对问题的讨论，在成果的分享及思考中主动审视自己在活动过程中的得失，发现和认清自我，不断完善自己的行为。学校在学习反思性评价中主要通过丰富多样的成果展示和活动的拓展延伸，引导学生进行自我反思，其具体流程一般是：利用展

① 周燕．细化德育活动评价，促进德育活动实效［J］．上海教育，2015（4）：104-105.

览教室引导学生进行自我展示；开展成果交流活动，引导学生进行丰富的过程性体验；开展讨论会，引导学生将活动进行扩展；随机展示，满足学生对评价的需要。

（三）德育工作者素质评价

德育工作者，广义上包括了学校所有教师；从专业角度来说，主要指德育课程教师、班主任以及团队指导教师。现代德育的复杂性和学习者的新特点，对德育工作者素质提出了更高的要求。“立德”方能“树人”，建立一支高素质的现代德育工作队伍，是德育取得成效的决定因素。德育工作者的素质主要应从道德素质、专业素质和教育素养三方面去衡量。① 德育工作者的道德素质具体体现为个人道德修养和教师职业道德。专业素质主要指开展德育工作的能力，例如，对学生做思想转化工作的能力、组织学生开展德育活动的能力、德育课程教学能力等。德育工作者素质的评价必须依据具体的评价对象、评价目标与内容，设计与之相适应的评价指标体系。德育工作者素质评价出发点和落脚点是促进学生品德发展，实现了“立德树人”的目的，而非应付各种“考核”“考察”。

第三节　学生品德评价

知识结构

- 品德评价的指标
  - 指标确立的依据
  - 品德评价的具体指标
- 品德评价的方法
  - 操行评语法
  - 评定量表法
  - 自我陈述法
  - 情景评价法
  - 行为观察法
  - 成长档案袋法
- 品德评价的原则
  - 以学生发展为本
  - 以质性过程评价为主
  - 回归评价的真实感
  - 营造道德化评价环境

学生品德评价是德育评价的主要内容之一，是对德育结果的考察。本节主要围绕如何开展学生品德评价展开，具体论述学生品德评价指标、评价方法以及评价中应该遵守的基本原则。

一、品德评价的指标

指标是评价的基本因素，是体现学生品德各个侧面的基本内容。品德评价需要提出

① 檀传宝．德育原理［M］．3 版．北京：北京师范大学出版社，2017：116-118.

多元化的指标，构建合理的指标体系来反映学生品德的全貌。评价指标是开展学生品德评价的基础和前提。

（一）指标确立的依据

学生品德评价的指标确立主要有两个依据：一是品德的心理结构；二是德育目的与内容。

1. 品德的心理结构

关于品德，心理学的研究主要有结构元素论、结构系统论以及建构水平论。这三种不同的论述，对品德评价的具体内容提出不同的要求。①

（1）品德结构元素论

从心理学的视角来看，品德结构是将品德要素以一定的方式有机联结在一起，形成特定功能的集合体。② 关于品德结构要素，学者们提出不同的学说。依据品德的结构要素，国内学者把学生品德评价指标体系确定为三类结构：第一类根据品德是心理内容、心理形式和心理能力三者的有机结合，设置道德品质、政治思想、个性心理和能力模块；第二类根据品德是“知”“情”“意”“行”的有机结合，设置道德认知、道德情感、道德意志和道德行为模块；第三类根据品德的社会化特点，设置道德规范模块、社会规范模块、国家利益模块和政治观点模块。③

（2）品德结构系统论

不同于结构元素论从平面的视角对品德结构的构成元素做静态分析，品德结构系统论从整体的系统观出发分析品德内在本质。这种论述认为品德结构作为个体社会行为内在调节机制，是个体在一定的社会情境中做出价值选择与规范行为（符合社会要求的行为）的内在条件。品德评价就是用来评价这种内部机制调节性能高低的。这种调节系统由动机系统与行为系统构成。动机系统指个体对社会规范的遵从需要，包括个体对社会规范必要性的认识与相应的情感体验，决定着个体社会行为的价值取向。行为系统指个体对社会规范的执行情况，即与需要相符合的行为方式，包括社会规范的程序性知识、条件性知识与相应的操作性经验的获得。外在的行为表现与内在动机状态，构成完整意义的品德。因而，品德评价应当将个体的行为表现与动机状况结合起来进行综合评定。由于人的道德行为是受意识控制的，动机系统在调节系统中处于核心地位，对品德发展起着决定性作用。因此，从品德结构系统观出发，品德评价的具体内容应当包括三个方面：社会规范必要性认识；与社会规范相联系的情感体验；社会规范执行情况。

同时，依据当前品德建构心理水平的相关研究，最典型的道德心理结构有三个层次：依从性道德、认同性道德与信奉性道德。所谓依从性道德是指行为主体对别人或团体提出的某种行为的必要性缺乏认识，甚至有抵触情绪，但出于安全的需要，仍然遵照执行的一种遵从现象。这种遵从现象包括从众与服从，是品德建构的开始。所谓认同性

---

① 朱小蔓．中小学德育专题［M］．南京：南京师范大学出版社，2002：233-235.
② 刘慧，李敏．小学生品德发展与道德教育［M］．北京：高等教育出版社，2015：8.
③ 周凤林．学校德育顶层设计论［M］．上海：华东师范大学出版社，2017：139.

道德是指思想和行为对规范的趋同，包括偶像认同和价值认同。认同的动机不是对权威或情景的直接、间接压力的屈从，而是对规范本身的认识与情感体验。认同是社会规范内化的关键，是自觉遵从态度确立的开端。信奉性道德，是指个体随着对规范认识的概括化与系统化，以及对规范体验的逐步积累与深化，最终形成一种价值信念作为个体规范行为的驱动力。信奉是对社会规范的最高水平接受，是认识与情感的结晶，是稳定而自觉的规范行为产生的内因。此时作为社会行为的内在调节机制的品德结构已经建构，标志着外在于主体的规范要求已转化为主体内在的行为需要。

这三个层次的品德建构所对应的行为方式都符合规范要求，但在行为的稳定性、持久性与自觉性上有差别，这是由动机水平的差异引起的。依从性道德缺乏内在动机，人们迫于外部压力而做出遵从行为。认同性道德是以初步的规范认同为基础而做出的自觉行为，但这种内在需要的建立是不充分、不稳定的。信奉性道德是以个体内在的道德信念为依据建立的自觉行为体系。以这种动态建构观为指导，可以根据不同阶段学生品德发展水平，建立相应评价指标体系，从而更准确地反映学生品德状况。

2. 德育的目的与内容

（1）德育目标

品德评价是以一定的德育目标为准则，对学生的德行状况做出价值判断的过程。因此，德育目标是制定品德评价指标的重要内容。当前我国中小学德育工作的总目标是使学生爱党、爱国、爱人民，增强国家意识和社会责任意识，教育学生理解、认同和拥护国家政治制度，了解中华优秀传统文化和革命文化、社会主义先进文化，增强中国特色社会主义道路自信、理论自信、制度自信、文化自信，引导学生准确理解和把握社会主义核心价值观的深刻内涵和实践要求，养成良好政治素质、道德品质、法治意识和行为习惯，形成积极健康的人格和良好品质，促进学生核心素养提升和全面发展，为学生一生成长奠定坚实的思想基础。

这一总体目标是通过中小学各阶段的分目标来具体实现的。小学阶段德育重点培养学生爱国主义道德情感、良好的道德品质与文明的行为习惯；初中阶段侧重培养学生爱国主义精神、规则意识、法治观念，培养公民意识，使学生形成健全的人格；高中阶段重点培养学生热爱祖国、拥护中国特色社会主义制度的政治态度和行为习惯，增强公民意识、社会责任感和民主法治观念，使学生初步形成正确的世界观、人生观和价值观。①

（2）德育内容

品德评价指标的确定还必须依据国家对德育内容的具体规定。我国政府对中小学德育的内容有统一的规定，主要包括理想信念教育、社会主义核心价值观教育、中华优秀传统文化教育、生态文明教育、心理健康教育。

---

① 中华人民共和国教育部．中小学德育工作指南[EB/OL].(2017-08-17)[2022-03-28].http://www.gov.cn/gongbao/content/2018/content_5254319.htm.

（二）品德评价的具体指标

品德是社会规范内化过程中构建起来的遵从性经验结构，体现个体对规范的遵从需要。社会规范的内化是逐步完成的，其遵从动机分为不同层次，即依从性、认同性与信奉性，并在行为的自觉性、稳定性、持久性上体现不同的特点。因而，品德评价具体指标体系的建立，首先应依据品德结构的系统论，以动机系统与行为系统为两项主要内容。其次，依据品德结构元素论，将动机与行为两大系统再分解为“知”“情”“意”等心理要素。这样就构成以下品德评价的指标体系。

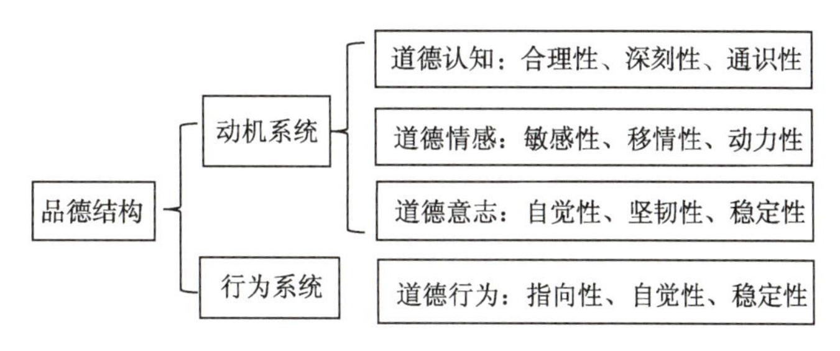

图 4-1　学生品德评价心理指标体系

道德认知是指对道德规范、行为准则及其社会意义的认识。它涉及道德概念及道德观的形成，道德信念的产生，道德评价和道德判断能力的发展。道德认知的评价以合理性、深刻性、通识性为指标。道德情感是伴随道德认知出现的一种内心体验，它表明了个体对客观事物的态度倾向。道德认知和道德情感相结合，构成道德动机，推动个体产生道德行为的内部动力。道德情感评价，以敏感性、移情性、动力性为指标。道德意志是个体克服困难，自觉调控行为履行道德规范，以实现一定的道德目的的活动，动机斗争是道德意志过程的核心。道德意志评价，以自觉性、坚韧性、自控性为指标。道德行为是在一定的道德情景下，个体受到意识支配产生的各种有关道德的行为与习惯。道德行为是实现道德动机的手段，也是评价一个人德性的重要指标。道德行为评价以指向性、自觉性、稳定性为指标。

以上心理指标，再结合我国不同阶段德育目标与德育内容，可形成相应的学生品德内容指标。例如，2013 年《教育部关于推进中小学教育质量综合评价改革的意见》提出，中小学学生品德的评价可以通过行为习惯、公民素养、人格品质、理想信念等关键性指标进行评价，促进学生逐步形成正确的世界观、人生观、价值观。2014 年《教育部关于加强和改进普通高中学生综合素质评价的意见》提出，高中阶段思想品德课程考查学生在爱党爱国、理想信念、诚实守信、仁爱友善、责任义务、遵纪守法等方面的表现。重点关注学生参与党团活动、有关社团活动、公益劳动、志愿服务等的次数、持续时间，例如，为孤寡老人、留守儿童、残疾人等弱势群体提供无偿帮助，到福利院、医院、社会救助机构等公共场所、社会组织进行无偿服务，为赛会保障、环境保护等活动做志愿者等。

二、品德评价的方法

品德作为个体内在稳定的心理特征，是在一定的社会情境中通过行为方式表现出来的，这种外显性使得品德这种内隐的心理品质具备了可评价的客观基础。但是由于社会情境的多样性和人内心世界的复杂性，个体品德的外在行为表现也是灵活多变的。因此，为了更加准确地评价个体的品德状况，必须采取多视角、多维度、多方式整合的评价策略。为了方便品德评价在学校教育实践中广泛开展，这里主要介绍几种常用的学生品德评价方法。

（一）操行评语法

操行评语是中小学最常用的一种学生评价方法。操行评语每学期写一次，根据德育目的与内容、中小学生行为规范要求，经过学生自评、小组和教师（包括班主任和各科教师）评定学生的品德、学习、生活、人际交往等方面表现，最后由班主任书写评语。记入学生成绩册，通知本人和家长，并作为评选优秀学生的依据之一。

操行评语的写作可以根据班主任对学生的全面把握，有的放矢。写作的具体内容可以涉及学生发展的方方面面，也可以有所侧重。在写作过程中，需要做到事实的陈述尽可能真实、客观，无论优点或缺点，都不能夸大其词；多以鼓励、行为指导为主，尤其是对于突出问题或今后的努力方向，应当提出可供参照的解决方案；评语的形式应该避免千篇一律，可以尝试创新的诗意化、脸谱化、趣味性的“小清新”评语，让学生在阅读过程中产生更多的积极情感反应。①

（二）评定量表法

评定量表法又叫等级评定量表法，是指在对个人或团体的行为做出系统观察的基础上，对学生品德进行等级评定的方式，是当前学生品德评价的常用方法之一。评定量表一般包含两个部分：一是评价指标，即被评价的品质；二是评价标准，即回答选择模式。一般量表会要求给出等级或分数。

常用的评定量表有两种：第一种是比较等级评定量表，即根据团队成员之间的比较而做出的等级评定；第二种是标准等级评定量表，即先定出一个等级的评定标准，然后对照标准确定被评定者的等级，案例如下。

广州某小学学生综合素质评价表中思想素质项目中对“关心国家大事”子项目的评价给出了四个评定等级：

A. 关心国家大事，常认真阅读书报。

① 赵侠．教师撰写操行评语要“精准发力”［J］．中国德育，2020（15）：7-8.

B. 关心国家大事，常阅读书报。

C. 了解一些国家大事，偶尔阅读书报。

D. 不关心国家大事，不阅读书报。

（三）自我陈述法

自我陈述法是施测者要求受测者根据有关量表，按照自己的实际情况做出回答，报告自己的态度、感受、行为反应倾向，然后由施测者加以评价的方法。应用于自我陈述法中的量表包括标准化的个性（人格）测量表和普遍评价者自编问卷量表。标准化的个性量表法主要用于个性、人格评价研究中。我国已经引进并修改了许多国外的相关量表，如埃森克人格量表、卡特尔 16 种人格因素量表、明尼苏达多项人格量表等。此外，也有学者尝试编写了一些专门用于品德测评的量表或方案。①

标准化的人格评价量表必须是专业人员长期研究的产物。在品德评价实际中，人们往往运用自编问卷研究考查学生的品德状况。但由于缺乏测量理论的指导，问卷的编制和实测带有较大的主观性、盲目性，不能保证一定程度的效度和信度。有些测试仅借一两个设问及其回答状况，便断定某个时期青少年在某方面的表现之优劣，轻率地做出价值判断。自编品德评价问卷的设计必须依据一定的品德理论，采取科学的问卷编制方式，并对问卷的信度和效度做具体的测评。

（四）情景评价法

情景评价法就是把学生置于特定的情景之中以观察其行为反应、评价其品德发展的一种方法。这种特定的情景多为日常生活中的一些特殊情景，也可以稍做设计，使其包含一些难以预测的特殊情景。品德情景评价法包括品德情景模拟测验与品德现场情景测验。②

第一种品德情景模拟测验，是通过语言描述、图像展示、实物呈现等形式，对品德产生的生活情景进行模拟，例如陈述案例中大孩子欺负小孩子，小孩子偷书包报复的情景，引发学生品德心理活动及行为倾向的表露，然后进行评价。③

案例点击

在一所学校里，有一个大孩子。有一天，他打了一个小孩子。那个小孩子无法还手，因为他的力气还不够大，打不过。在某天休息的时候，小孩子就偷偷地把大孩子的书包扔到了垃圾桶里去。

---

① 焦丽颖，史慧玥，许燕，等．中国人善良人格量表的编制及信效度检验［J］．心理学探新，2020，40（6）：538-544.

② 黄光扬．教育测量与评价［M］．上海：华东师范大学出版社，2012：282-283.

③ 李英源．傣汉 7—13 岁儿童公正观念发展与教育研究：基于云南省 M 镇与北京市 H 镇学生的跨文化比较［C］．全球化背景下的多元文化教育国际研讨会，2012.

你认为这件事该怎么办？如果有人用拳头打你，你会怎么办？你会还手吗？

第二种是品德现场情境测评，即在真实的生活情境之中，通过控制和操作，激发学生内心的道德冲突，从而测评学生的品德行为表现。①

案例点击

阳春三月，班主任与同学一起讨论到桃花山赏花的计划，大家都很兴奋，讨论正热烈时，学校广播响起："同学们，明天学校将组成一个方阵上街参加交通安全义务宣传，经学校决定，每班抽10名同学参加，凡自愿参加的同学请到班主任处报名。"

这时班主任说："郊游计划不能改变，因为下星期天桃花就凋谢了，但学校要求也要执行。怎么办呢？请大家都出主意，然后把你的意见写下来。老师将根据你们自己的意见决定谁去参加交通安全法律宣传。"

（五）行为观察法

行为观察法是教育者通过感官或仪器设备，有目的、有计划地观察学生的道德行为表现，并由此分析和评价学生品德心理发展特征和规律的一种方法。由于儿童的品德心理活动具有突出的外显性，因此，观察其外部行为是品德发展研究和品德评价活动最基本、最常用、最普遍的方法。

行为观察法分为自然观察法和实验观察法。自然观察法是不增加任何控制条件，观察自然情境中学生的行为表现，进而进行分析、评价的一种方法。例如，在日常情境中，通过观察学生是否向教师问好来评价其是否有礼貌。实验室观察法是指教育者通过实验控制设置某种情境，观察学生在特定情境中的行为表现，进而进行分析、评价的一种方法。例如，通过单向玻璃或隐蔽摄像头等观察儿童的道德行为表现。观察法的优点是可以在学生道德行为发生时在现场进行观察、记录，能够收集行为发生、发展过程的详细资料，具有很强的生态效度。但观察法很大程度上受观察者本人能力水平和心理因素的影响，很多行为的发生很难预知，也很难解读受观察者的真实动机。

（六）成长档案袋法

成长档案袋法是指根据教育教学目标，有意识地将学生的相关作品及其他有关证据收集起来，通过合理的分析和解释，反映学生在学习过程中的优势和不足、努力和进步的方法。② 成长档案袋是一种能够全面反映学生学习情况的评价工具。其主要意义首先在于使学生通过自己的全程参与，评价自己的进步和努力程度。学生有权决定成长档案袋中所存放的资料的内容。特别是在作品展示或过程记录时，由学生自己负责判断提交

---

① 陈旭，曾欣然．品德情境测评的改革创新与科学应用［J］．南京师大学报（社会科学版），1996（3）：56-59.

② 教育部基础教育司，教育部师范教育司．新课程与学生评价改革［M］．北京：高等教育出版社，2004：39.

作品或资料的质量和价值，从而拥有了判断自己学习质量和进步、努力情况的机会。成长档案袋为教师最大限度地提供了有关学生学习和发展的非正式信息，有助于教师从多个角度渐进地、综合地形成对学生较为完整的印象，弥补考试等评价手段的不足。

目前我国中小学成长档案袋的推进主要以两种方式开展：一种是分科式，一种是全科式。[①] 前一种更多在所谓的“主科”，如语文课、数学课中试行；后一种更多以班主任工作为轴心或是以德育工作为轴心来进行一人一套的档案评价工作。学生德育成长档案主要记录学生成长过程中思想品德发展所取得的每一点进步。内容包括学生在日常学习和生活中的优秀事迹、学生参加的各种社会公益活动、团队活动、获得的各种奖励、各种优秀劳动成果（获奖作品、在报刊发表的诗文、学习中的优秀作业）等代表学生经过努力取得思想品德发展进步的资料。德育成长档案袋可以有若干分袋。随着信息化技术的在校园内推广，越来越多的地区和学校建立了相应的学生综合素质评价信息管理系统，利用电子成长档案袋记录学生德智体美劳等方面的信息。[②]

三、品德评价的原则

完善的评价指标、优良的评价方法，这是进行学生品德评价的必要条件。但是，学生品德评价是一个具体操作的过程，能否最终实现育人的本质功能，关键在于评估具体过程，即评价主体如何进行具体的操作，以及他们在评价中遵守的基本原则。在当前多元评价主体策略下，教师、家长以及学生本人在品德评价过程中必须遵守以下原则，以保障品德评价育人功效的真正发挥。

（一）以学生发展为本

品德评价作为道德教育的重要组成部分，其出发点和立足点必然是引导学生对德性生活充满向往和憧憬，促使其成为具有健康的、独立人格的道德主体，而非对学生进行筛选、甄别和比较。在评价过程中，评价主体更多关注学生的潜能，着眼于问题的发现和解决，着眼于未来学习改进和提高，而非把关注点集中于学生的过去或即时的状况、表现。朱小蔓老师提出品德评价的发展功能是通过“移情—激励性”评价机制实现的，以同伴激励法和自我反省法来体现。要使品德评价具有激励功能，品德评价要以评价学生的优点为主。这不仅能激发被评价者的自尊感，更重要的是使评价者学会欣赏、接纳他人，养成宽容、豁达的心态。同时，面对学生品德发展中的不足和缺陷，最重要的是引导学生学会反省性自我评价。[③] 自我评价可以唤醒学生品德发展的内驱力，让学生学会关照自我、反省自我、完善自我。这种优秀的品质也会延续到学生以后的学习和工作中，让学生受益终身。道德教育的任务在于引导人对生活进行“反思”。反思使人得以

---

① 刘慧．小学德育实践［M］．北京：高等教育出版社，2012：28-29.

② 杜印，陈明利．中小学生电子成长档案的构建与探索［J］．成才，2000（4）：31-34.

③ 朱小蔓．中小学德育专题［M］．南京：南京师范大学出版社，2002：233-235.

超越当下的生活，以此生发出建构更好生活的愿望和指向。①

（二）以质性过程评价为主

品德不可精确量化，也不能仅凭外在的行为结果来进行判断，因此，评价者必须改变量化式的、注重结果的评价方式。一方面，量化评价着眼于学生在练习或考试中所获得的、以分数来体现的“学习成绩”，容易导致“唯分数论”，以学科成绩概化学生的思想、品德；另一方面，量化评价会导致利用道德分数等外在诱惑来支配、压制学生的情况。这必然导致品德评价沦为一种管理的方式，失去道德教育的意义。② 同时，依据学生既定的选择或表现进行品德评价，突出的是结果本身，会忽视道德学习的过程、思维过程及行为动机。因此，学生品德评价在注重结果评价的同时，必须关注道德学习或道德行为本身，注重考查学生在其中各个环节的各种表现，注意不同阶段、不同场景下的动态一致性。

（三）回归评价的真实感

虽然目前有多种品德评价的方式和方法，但关注点主要停留在知识与行为层面，测查的都是外显的或者知识性的内容，未必是学生品德特质的真实反映。特别是在当前仍然存在较大升学压力的前提下，把以针对知识与行为的品德评价与毕业升学相关联，不仅无法实现提升品德教育质量，提升学生德育水平的目标，还有可能会产生大量不利于学生品德发展的问题。因此，在开展德育评价工作时，首先要厘清学生品德发展的各个方面。根据各方面的特征设计相应的评价方式，才能实现对学生品德发展的全面客观评价。而且，我们必须认识到品德的核心是动机，没有对行为动机的探测，评价就失去了灵魂。没有让被评价者进入一种自然状态，评价就不可能反映真实情况。③

（四）营造道德化评价环境

学生品德评价不仅依赖于先进的评价技术与评价理念，更依赖于良好的评价环境。当前学校中学生品德评价的环境氛围存在诸多问题，例如，对品德评价的重视程度不够，品德浮于表面、流于形式；品德评价的功利化、虚假化情况居多；品德评价的结果缺乏反馈、社会对学生品德评价结果关注不够；等等。学生品德的评价不仅是学校的事、教师的事，更是整个社会的事。我们必须积极为学生品德的发展和评价营造良好的评价环境，让品德的评价回归道德本身。加重评价指标体系中的道德要素的比例；综合运用多种评价方式了解学生品德发展的真实状况，促进其道德主体的形成；重视学生品德评价的结果，及时向家长、社会反馈学生的品德状况，引导全员关注学生的品德问题，开展真正的全员育人。

---

① NODDINGS. Educating moral people [M]. New York: Teachers College Press, 2002: 118.

② 尹伟. 道德量化评价对小学生道德发展影响的调查分析 [J]. 当代教育科学，2018 (8): 58-61, 71.

③ 朱小蔓. 中小学德育专题 [M]. 南京：南京师范大学出版社，2002: 250.

思 考 题

一、名词解释

1. 德育评价
2. 学校德育工作评价
3. 行为观察法

二、简答题

1. 品德评价的方法有哪些?
2. 品德评价的原则是什么?
3. 德育实施过程评价的步骤?

三、论述题

1. 请结合个体成长经历，谈谈你对当前学校德育评价存在问题的看法。

2. 你认为学生品德评价的最佳方法是什么? 在评价过程中，教师应该遵循什么原则?

3. 选择一所学校，全面了解该校德育评价体系。

四、材料分析题

请根据材料，用德育评价的知识解答问题。

李思甜是一位四年级的学生，她性格内向，平时不愿意跟同学们打交道。在人面前不苟言笑，上课也不主动举手发言。面对激烈的竞争，她觉得自己这儿不行，那儿也不如别人，竞争力和耐挫力都不强。她常常没有自信，学习困难，一提考试就没精神。如何帮助她增强自信心，走出这个阴影呢?

推荐阅读书目

1. 朱小蔓. 中小学德育专题 [M]. 南京：南京师范大学出版社，2002.

2. 刘慧. 小学德育实践 [M]. 北京：高等教育出版社，2012.

3. 中华人民共和国教育部. 中小学德育工作指南[EB/OL].(2017-08-17)[2022-03-01].http://www.moe.gov.cn/srcsite/A06/s3325/201709/t20170904_313128.html.

4. 周凤林. 学校德育顶层设计论 [M]. 上海：华东师范大学出版社，2017.

Chapter

5

第五章 教师德育力及其培育

第一节　教师德育力的内涵与意义

知识结构

- 教师德育力的内涵
  - 教师德育力的概念界定
  - 教师德育力与教师专业伦理素养
- 教师德育力的意义
  - 促进学生品德的发展
  - 有助于教师获得职业幸福感
  - 为德育澄清正名，增强德育的吸引力

我国的德育实践长期存在实效性低的尴尬，而且存在一些重形式不重内容、“三观跟着成绩走”等偏离德育本质的问题。德育实效性低的重要原因是德育专业化程度不够以及教师德育力的缺乏。培育教师的德育力，是改善德育实践、保障德育实效的必要途径。

一、教师德育力的内涵

（一）教师德育力的概念界定

德育专业化要求教师应当具备能够促进学生品德成长的影响力。学界常以德育素养、德育力、德育胜任力等概念来解释这种影响力。德育素养这个概念关注的是教师从事德育的素养。德育胜任力这个概念比较强调教师能否胜任德育工作，较偏重对教师提出的要求。德育力则比较强调教师对学生产生的影响——影响能否产生，影响的程度如何。德育力离不开对学生需求的关注，教师德育力的强弱也有待学生评价。因此，教师德育力相对于德育素养、德育胜任力而言，更能够在表达中凸显学生的立场与诉求。教师德育力是教师具备的能够帮助学生自觉、自愿地与教师在互动过程中实现道德成长的影响力。教师德育力是教师引导学生内在德性养成的影响力，督促学生遵循外在道德规范的执行力，引领学生欲求美善生活的感染力，促使学生做出道德行动的号召力。① 教师德育力指的不仅仅是教师的道德教育能力，更是由教师的知识、能力、情感态度、价值观等多种因素构成的整体能力。

① 吴元发．教师德育力从何而来［J］．中国教育学刊，2020（6）：18-22.

教师德育力的关键在于学生感受到的来自教师的、有助于自身道德成长的影响力，更注重从“学”的角度来探讨教师对于学生品德发展的作用力。如果从“教”的角度来看，教师的伦理道德知识与教师的道德教育能力、教师的道德修养等一样重要。但是，从“学”的角度来看，教师的伦理道德知识的重要性有所下降，而教师自身的道德修养的重要性则明显提升。

（二）教师德育力与教师专业伦理素养

教师德育力相对教师专业伦理素养而言是个范围较为具体、明确的概念。教师专业伦理素养是指教师在专业实践中形成的、能够满足教育教学活动中复杂道德需求的能力和品质，它包括了专业的伦理精神、全面系统的伦理知识，以及体现在教学实践中的伦理能力，是对传统“师德”范畴的拓展与价值超越。① 教师专业伦理素养针对所有的教育教学过程，而教师德育力则特指在德育过程中的影响力。由于德育包括直接德育和间接德育，那么实际上在所有的教育教学过程中都存在德育，从这个意义上来看，教师德育力与教师专业伦理素养可以作同义词理解。

二、教师德育力的意义

教师德育力之所以值得理论界和实践界关注，是因为它有助于德育问题的解决，也能够促进教师自身的专业发展。教师具备德育力对于学生、教师以及德育工作都能够产生重要的意义。

（一）促进学生品德的发展

教师德育力是立德树人工作的核心支撑，教师德育力的发展有助于德育实效性的提升。具有德育力的教师开展德育工作会取得事半功倍的效果。这是因为那样的教师不仅能保证有目的、有组织地开展德育活动，而且能够使学生潜移默化地受到品德发展方面的积极影响。这种影响又会对教师的显性德育产生增益的效果。换个角度来看，德育力欠缺的教师在隐性德育方面可能给予学生的是消极影响。学生对于教师隐性德育的消极感受又会妨碍他们对于教师实施的显性德育的接受与认同。

教师德育力是指引导学生走向道德教育终极目标的效力，这种力量需要让学生领悟自身内在的道德法则，从而达到自由意志的自律，最终使学生成为有德性的人。② 教育

---

① 穆建亚，余宏亮．教师专业伦理素养：要义、释惑与纾困［J］．湖南师范大学教育科学学报，2020（6）：77-83.

② 焦岩．教师德育力：内涵、影响及养成［J］．教育理论与实践，2021（8）：31-34.

实践中有多种多样或经典或创新的德育制度和德育活动，它们看起来都是德育的“必修课”。具备德育力的教师能够更理性地判断不同德育制度、德育活动的价值，从而将时间、精力花在有助于学生道德发展的德育制度的落实和德育活动的开展上。这样的教师能够更好地帮助学生内化伦理道德规范，从而使其实现道德上的自律。

（二）有助于教师获得职业幸福感

相对于其他学科的教学工作来说，德育对于很多老师来说都是巨大的挑战。一些教师感慨：“学科教学我可以说是得心应手，但是德育真是让我感到焦虑。”这与德育需要应对学生各种个性化的问题、满足学生各具特色的成长需求有关。如果教师不具备德育力，那么他可能会整日忙于“救火”甚至“压服”学生，教师会在这种焦灼的状态中感到迷茫、无奈甚至精疲力尽。如果教师并不具备德育力，只是单一地借助外在权威的方式，根据一些实践中的惯习去进行德育，那么这种缺乏感染力、号召力的德育很容易造成师生之间的对立关系，教师自己也会感到身心疲惫。具备德育力的教师，能够在应接不暇的“学生成长问题”中拨开迷雾，精准地辨别问题的实质，找准解决问题的切入点，且善于调动多种资源来发挥教育合力。可以说，拥有德育力的教师令人如沐春风，不仅能使学生在愉悦的师生互动过程中获得道德的成长，而且能使教师自己也获得成就感和幸福感。具备德育力的教师能够真正实践雅斯贝尔斯心目中良好的教育——“双方（我与你）的对话和敞亮”①。

（三）为德育澄清正名，增强德育的吸引力

教师具备德育力是德育专业化的重要条件，也是德育专业化的典型特征。教师缺乏德育力，德育专业化程度不高，不仅会导致德育实效难以得到保障，而且会滋生反道德的“道德教育”问题。在一些学校中，德育处在比“说起来重要，做起来次要，忙起来不要”还尴尬的境地，一些跑偏了的德育实践使得德育被误解、被排斥。学生、家长以及社会人士的排斥情绪使得德育很难入脑、入心，也就谈不上让学生自觉地去践行德育的要求。教师德育力的提升能够帮助德育澄清正名——德育的目的是帮助学生发现和追求自我，成为更好的自己，而不是提高升学率，为学校赢得声誉，不是对学生进行规训、灌输，让他们服从外在的权威，不是让他们的棱角被打磨，让他们的个性被压抑。德育被澄清正名好比宝珠被抹去了污垢，它自然会闪烁着流动的光彩，吸引力大大提升。

知识拓展

反道德的“道德教育”

学校道德教育应该是师生双方心灵的对话和契合，而不应该是教师一方对于学生的灌输和规训。教育实践中的一些制度规范、教师行动打着德育的旗号，但

① 雅斯贝尔斯．什么是教育［M］．邹进，译．北京：生活·读书·新知三联书店，1991：2.

实质却是反道德的。一些教师以“为学生好”的名义进行的所谓德育，实则是在压抑着学生的道德主体性。一些教师对学校生活的“非道德领域”进行着善恶评价与道德教育。在教育实践中，有一些管理者和教师的做法甚至侵犯了学生的合法权益，譬如“初中生遭‘民主投票’退学”“小学老师在表现不好的学生脸上盖章以示批评”“调皮、学习不好的学生被要求佩戴绿领巾”等。这是“烙印性羞耻”（disintergrative shaming）行为，是德育实践中非常典型的不道德做法。

“烙印性羞耻通过制造出一个被抛弃的群体来分裂共同体，很多努力是致力于为异常贴上标签，只投注很少的注意力于去标签化（de-labeling）。而去标签化意味着宽容与重新整合，可以确保标明偏差的标签只是针对特定行为而不是针对特定的人，这种行动是基于这样的假设：不受赞成的行为只是暂时的，它是由本质上好的人做出来。”① 在德育中，应当对于犯错的个体用“整合性羞耻”（reintergrative shaming）而不是“烙印性羞耻”的思路来进行教育。“整合性羞耻意味着表达共同体的不赞成，这可能从温和的指责到降格仪式，接着是将其重新接纳入守法公民共同体的姿态。这些姿态各不相同，它可能是一个简单表达宽容和爱的微笑，也可能是收回将犯罪者作为不正常人的判定的正规仪式。”②

第二节 教师德育力的形成要素

知识结构

- 坚定的理想信念
  - 对社会主义核心价值观的认同
  - 对道德相对主义的批判
  - 对功利主义教育的反思
- 健全的道德理性
- 敏锐的道德敏感性
  - 恰当理解道德情境
  - 准确预测道德行为
  - 及时把握德育契机
- 长期的道德习惯

① BRAITHWAITE. Crime, shame and reintegration [M]. London: Cambridge University Press, 1989: 55.

② BRAITHWAITE. Crime, shame and reintegration [M]. London: Cambridge University Press, 1989: 55.

○ 良好的德育素养
- 处理好教师的道德引导与学生的道德自主建构的关系
- 能够针对“大德育”的具体方面有效施教
- 辩证看待、灵活使用德育方法
- 善于与家庭、社区协同共育

思想品德教育工作者影响德育对象的力量，不仅取决于他们本人对一定的思想道德观念体系的把握程度，而且取决于他们自己的思想道德水平。① “以德服人者，中心悦而诚服也。”② 可以说，教师的道德修养本身就是一种德育的影响力量，它和教师的德育素养一起构成了教师德育力的两大支撑。教师是否具有德育力在于其是否能够帮助学生树立理想信念、提升道德认知、激发道德情感、锤炼道德意志、优化道德行为，因此教师的德育力可以从教师自身的理想信念、道德理性、道德敏感性、道德习惯以及综合性的德育素养这几个方面来进行分析。

一、坚定的理想信念

在社会转型期，消解崇高、戏谑经典、追捧低俗在一些群体中成为时尚，理想信念弱化的问题亟须得到重视。理想信念是一个人思想和行动的“总开关”、动力源泉和精神支柱。③ 理想信念是人精神上的“钙”，理想信念的缺乏犹如患上了“软骨病”，结果便是人难以成为顶天立地、坦坦荡荡的人。教育部印发的《中小学教师职业道德规范》将理想信念方面的倡议放在了靠前的位置，教师应当具备理想信念的重要性可见一斑。联系当前的社会发展大背景，教师应当具备的理想信念主要表现在以下三个方面。

（一）对社会主义核心价值观的认同

党的十八大提出要培育和践行“社会主义核心价值观”，即在国家层面，倡导富强、民主、文明、和谐；在社会层面，倡导自由、平等、公正、法治；在公民层面，倡导爱国、敬业、诚信、友善。在国家层面，我们应追求国家富强，人民群众各项社会权利的公平实现，时代精神的弘扬，人与自然、社会、他人之间的全面和谐。在社会层面，我们应追求劳动者在经济、政治和思想各个方面的自由、平等和解放，倡导权利平等、机会平等、结果平等，最大限度地满足人民群众的根本利益的实现，并将法治作为

---

① 李学农．德育力的探析［J］．教育理论与实践，2006（9）：54-57.

② 焦循．孟子正义［M］．沈文倬，点校．2版．北京：中华书局，1987：221.

③ 尚洪波，王刚．新时代推动理想信念教育常态化、制度化的三重逻辑［J］．南京师大学报（社会科学版），2020（4）：102-110.

治国理政的基本方式和民主政治的价值追求。个人层面的价值准则“爱国、敬业、诚信、友善”的理解则可以从公民道德、传统美德、民族精神、时代精神等多个角度展开。①

社会主义核心价值观是当代中国精神的集中体现，彰显着中国特色社会主义的根本价值诉求。教师应当信奉社会主义核心价值观，将其作为指导自己工作和生活的理想信念。

知识拓展

中小学教师职业道德规范

（2008 年修订）

一、爱国守法。热爱祖国，热爱人民，拥护中国共产党领导，拥护社会主义。全面贯彻国家教育方针，自觉遵守教育法律法规，依法履行教师职责权利。不得有违背党和国家方针政策的言行。

二、爱岗敬业。忠诚于人民教育事业，志存高远，勤恳敬业，甘为人梯，乐于奉献。对工作高度负责，认真备课上课，认真批改作业，认真辅导学生。不得敷衍塞责。

三、关爱学生。关心爱护全体学生，尊重学生人格，平等公正对待学生。对学生严慈相济，做学生良师益友。保护学生安全，关心学生健康，维护学生权益。不讽刺、挖苦、歧视学生，不体罚或变相体罚学生。

四、教书育人。遵循教育规律，实施素质教育。循循善诱，诲人不倦，因材施教。培养学生良好品行，激发学生创新精神，促进学生全面发展。不以分数作为评价学生的唯一标准。

五、为人师表。坚守高尚情操，知荣明耻，严于律己，以身作则。衣着得体，语言规范，举止文明。关心集体，团结协作，尊重同事，尊重家长。作风正派，廉洁奉公。自觉抵制有偿家教，不利用职务之便牟取私利。

六、终身学习。崇尚科学精神，树立终身学习理念，拓宽知识视野，更新知识结构。潜心钻研业务，勇于探索创新，不断提高专业素养和教育教学水平。

（二）对道德相对主义的批判

在当下社会多元价值观念碰撞的大背景下，道德相对主义在部分人群中颇有市场。作为“人类灵魂的工程师”和“燃灯者”，教师拥有坚定的理想信念尤为必要。“信奉相对主义——青年人中存在的有关世界的普遍深入的看法——已经‘消灭了教育的真正

① 刘芳．社会主义核心价值观研究述评［J］．北京行政学院学报，2015（2）：108-115.

动机'：寻求生命的真谛和如何过一种体面的道德生活。"① 教师只有具备坚定的理想信念，才能够避免道德相对主义对于德育的冲击，才不会在德育过程中犹疑不决以至于错失教育良机，才能够在多元价值观念碰撞的喧嚣声中沉着地坦然施教。

教师坚定的理想信念不仅能够避免道德相对主义对于德育动机的消解，而且能够使得教师的道德行动更富有感染力。道德信念是理想信念的重要组成部分。坚定的道德信念的存在能够激发道德动机，指导道德行为。"道德认知、道德情感到道德行为的一个关键环节是道德信念的建立。"② 道德信念的存在能够让我们不用事事都花费时间、精力进行道德判断、道德推理，能够让我们把宝贵的时间、精力用于真正需要思考的事情上。在关涉原则性的事情发生时，也不会存在因为犹疑以至于错失捍卫自己与他人权益的时机的情况。教师在坚定的道德信念指引下的行动，会因其沉着、专注而产生感染力。

知识拓展

道德相对主义

道德相对主义者认为个人有个人的道德，社会也有社会的道德。不同的人有不同的道德，不同文化背景下的人群、民族和社会有不同的道德。对于个人来说，道德是一种口味，各有所好；对社会来说，道德是一种习俗，各不相同。道德是相对的，是相对于不同的人而言的，或者是相对于不同的社会和群体而言的。无所谓绝对的对和错，无所谓绝对的善和恶，无所谓绝对的道德和不道德。就像不必强求人人有一样的口味那样，也不必强求人人有一样的道德。强求道德上的一致性，反而不道德。因此，没有必要进行道德教育。③

（三）对功利主义教育的反思

在当前的教育实践中，功利主义可谓渗透到了教育场域的角角落落。功利主义教育的膨胀扭曲了教育的培养目标，使人过于关注个人利益，忽略了作为公民所需的素质的培养，这无疑弱化、矮化、窄化了人的身份定位。钱理群教授指出，我们的教育正在培养"精致的利己主义者"。"精致的利己主义者"心中没有理想理念，不考虑自己对于国家、社会的责任，只考虑个人的利益。教师若要培养有理想信念的学生，首先自己要有坚定的理想信念，不汲汲于功名。而且教师要在教育过程中有意识地对功利主义教育进行反思，避免自己的教育行动有意无意地促使学生过分关注个人利益。

① 纳什．德性的探询：关于品德教育的道德对话［M］．李菲，译，北京：教育科学出版社，2007：22.
② 檀传宝．德育原理［M］．北京：北京师范大学出版社，2007：177.
③ 黄向阳．德育原理［M］．上海：华东师范大学出版社，2000：42-43.

案例点击

湖南省株洲市某重点中学的一名教师尹某，在教育学生时竟然宣称“读书是为了挣大钱娶美女”。尹老师在他的教研论文《入学教育课》中写道：“那么我又问，‘你读书干什么？考大学干什么？总之你为了什么？’也许你会说，‘为了实现共产主义，为了社会主义建设。’而我要明确地告诉你：‘读书考大学，是为了自己，不是别人。读书增强了自己的本领，提高了自己的资本，将来能找到一个好的工作，挣下大把的钱，从而拥有美好的个人生活，比如生活愉快，人生充实，前途美好，事业辉煌，甚至找一个漂亮的老婆，生一个聪明的儿子。’所以，我强调读书应该是为了自己！”尹老师的言论引发一片哗然。在事情被媒体曝光之后，尹老师被所在学校解聘。

案例分析：教育应当帮助学生实现个人价值与社会价值的统一。尹某作为一名人民教师，竟然多次在学生面前强调应该只关注自己的利益而不考虑对社会的责任，违背了教师的职业道德要求。这不仅是尹某德育素养不高的表现，更是尹某个人缺乏理想信念的表现。

总而言之，树立坚定的理想信念能够帮助教师获得对于学生的感召力。思想政治教育属于德育的必要组成部分，教师在进行思想政治教育的过程中，如果只有严肃的认知教育，而没有情感渲染，那么思想政治教育很容易变成干巴巴的说教，教育效果也会不太理想。教师对学生产生道德影响力的首要因素是教师自身的人格魅力、精神境界。理想信念是一个人坚信不疑、身体力行的理想追求和信念支撑。如果教师没有理想信念，精神世界贫瘠，学生也会察觉到，进而拒绝接受和参与教师实施的德育。在教育实践中，不乏学生因为教师德育过程中的言不由衷而质疑、排斥德育的情况。

二、健全的道德理性

德育的目标是帮助学生成长为独立的、不依赖于他人的道德主体，这就必然需要道德理性的培养。“道德理性是指道德主体分析道德情境，进行道德推理，确立自己的行为准则的理性能力。”① 我们运用道德理性探究道德现象或对象发生发展和运动变化的原因，并为我们对该现象或对象所作的道德评价和相应的行为实践提供道德理由。② 有道德理性才不会盲目被动地服从权威，而是基于自主意志进行道德实践。何况在很多道德情境中，并没有权威指导人们的道德实践。只有具备道德理性，人才能在实践中把握

① 杨宗元．论道德理性的基本内涵［J］．中国人民大学学报，2007（1）：96.

② 马永翔．作为 moral reasonability 的道德理性及其优先性［J］．北京：北京师范大学学报（社会科学版），2009（4）：113-122.

恰当的道德立场。“道德立场是人们从事道德实践、进行道德评价的前提。”①

要想培养学生的道德理性，教师自己首先要有道德理性。教育实践中出现的反道德的“道德教育”所反映的问题是教师自身缺乏健全的道德理性，在德育过程中跟着感觉走，以至于学生难以把握教师德育工作的逻辑，更无从判断教师信奉的理想信念，也不知道应该学习什么。

案例点击

某高中的班主任陈老师鼓励学生举报同学违反校纪的行为。在A同学偷偷带手机到学校后，寝室里有几位室友在周记里向陈老师举报了她。陈老师不仅批评、惩罚了A同学，而且当着A同学的面惩罚了有很大的包庇嫌疑的室友B。B同学和A同学邻床，陈老师判定她应当知道A同学偷带手机的事，但是她却没有举报A同学。A同学当时很害怕，不知道怎么办，只是怔怔地站在那里。陈老师又因为A同学在朋友因为自己而被惩罚时“无动于衷”而冲A同学发火，并且让A同学以后不要再喊自己“老师”。

案例分析：教师惩罚B同学是因为B同学很可能“包庇”了A同学，但又因为A同学没有在B同学被惩罚时为B同学求情而动怒。在教师的行动逻辑中，一会儿是朋友情谊要让位于学校的管理和教师的权威，一会儿是哪怕挑战教师权威也要维护朋友情谊。学生很难把握教师的行动准则和道德理由，只感到混乱、茫然和恐惧。在这个事件中，教师鼓励学生举报同学也是道德理性欠缺的表现。借由学生告发同伴来进行管理，虽然看起来有利于管理，但是不利于学生德性的培养。A同学以后可能不敢再违反校规，但同时，她对于同学、朋友的情谊，对于老师的信任和尊重，都遭受了剧烈的冲击。

现代性的痼疾“平庸之恶”在教师群体中也容易发生。教师具备健全的道德理性，能够准确分析道德情境，进行道德推理，确立自己的行为准则，从而更坚定、更科学地从促进学生道德成长的角度来进行实践。这能够有效地避免“平庸之恶”问题在教育实践中的发生。

知识拓展

“平庸之恶”的故事　艾希曼审判②

艾希曼是纳粹军官，曾负责将犹太人运送到集中营。二战后，艾希曼被送上了军事法庭接受审判。阿伦特在报道和分析审判时提出了“平庸的恶”的理论。“艾希曼既不阴险奸刁，也不凶横而且也不是像理查德三世那样决心‘摆出一种

① 马永翔．作为 moral reasonability 的道德理性及其优先性［J］．北京：北京师范大学学报（社会科学版），2009（4）：113-122.

② 阿伦特．耶路撒冷的艾希曼：伦理的现代困境［M］．孙传钊，译．长春：吉林人民出版社，2003：54.

恶人的相道来’。恐怕除了对自己的晋升非常热心外，没有其他任何的动机。这种热心的程度也绝不是犯罪。如果用通俗的话来表达的话，他完全不明白自己所做的事是什么样的事情。……他并不愚蠢，却完全没有思想——这绝不等同于愚蠢，却又是他成为那个时代最大犯罪者之一因素。这就是平庸。”

“从根本上说，他所体现的邪恶平庸指的是无思想，甚至无动机地按罪恶统治的法规办事，并因而心安理得地逃避自己行为的一切道德责任。”①

三、敏锐的道德敏感性

伦理道德帮助人协调好与他人、与社会的关系，帮助人更好地适应社会生活情境。人是丰富的、敏感的、复杂的，社会生活情境也灵活多变、错综复杂。伦理道德价值的充分发挥离不开个体的道德敏感性。道德敏感性“是道德行为发生之前逻辑上的心理初始成分，是对情境的道德领悟与解释，典型地反映了道德认知和道德情感的相互作用。”② 教师道德敏感性“不仅包括对教育情境中道德元素的察觉与正确解释，以及自身应对情境的可能行为的道德判断，还包括对非道德情境的可能德育机会的觉察；它不仅可能预测及时的教师道德行为，也可能预测延时的教师道德行为。”③

（一）恰当理解道德情境

青少年学生处在身心飞速发展、变化的阶段，与青少年学生关涉的道德情境并不容易被准确分析。而且，成人与青少年存在价值观的代沟，以教师为代表的成人容易受到社会文化中一些习俗或偏好的影响，在理解与青少年学生关涉的道德情境时带有成见。教师开展德育的首要任务便是恰当理解道德情境，准确判断哪些是能够进行价值评判和需要教师引导的，哪些是无需进行价值评判或者只需“静待成长”的。

案例点击

一名高中女生对于做生意挣钱很感兴趣，她有一次逃课去进货。班主任发现这件事之后，心里非常着急，便找来这名女生谈话。班主任为了避免她再逃课去进货，便对她说：“你怎么这么俗！”班主任随后还说了很多劝导的话。然而，那名女生却对班主任苦口婆心的教导非常反感，甚至讨厌那位班主任。

案例分析：在学生逃课进货这件事情中，它实际上包含了两大要素，即逃课、喜欢做生意挣钱。学生逃课是没有尽到学生的义务，确实需要教师的恰当引导。但是，喜欢

① 徐贲．平庸的邪恶［J］．读书，2002（8）：91．

② 郑信军，岑国桢．道德敏感性：概念理解与辨析［J］．心理学探新，2009（1）：10．

③ 张添翼．教师道德敏感性：概念、框架、问题与改善［J］．教育发展研究，2015（18）：147．

做生意挣钱是没有错的，是一个人正当的权利，除非她使用了不正当的方式去做生意。教师在教育引导的过程中应当针对逃课的问题而不是学生喜欢做生意挣钱来进行引导。教师不恰当地对学生喜欢做生意挣钱进行了消极的评价，导致学生在排斥心理之下不仅拒绝接受教师的引导，而且变得怨恨教师。

（二）准确预测道德行为

德育实践中有一些沿袭已久的做法，譬如激将，联系学生家庭情况向学生施加道德压力等，然而它们对于不同的学生来说如“甲之蜜糖，乙之砒霜”。德育工作的复杂性决定着教师应当具备道德敏感性。“专业实践中，教师往往无法预知何种决策是正确的、对学生发展来说是最好的，也很难清晰界定何种选择是合乎道德的。因此，作为专业者的教师必须走出个人所熟悉的、确定性的‘舒适地带’，超越既有的个人教育理论体系，充分利用各种线索、资源来多角度地理解当下的实践情境，预见各种可能的选择及其道德影响。”①

“动之以情”的滑铁卢

“阿龙考进我们这个班时名次挺靠前的，但后面慢慢成绩就一般了，总在中下游晃荡，所以班主任特别喜欢针对他。班主任每次教育他时总要在讲台上大声说：‘你不好好读书就去接你妈的班，去给秤杆钻眼。’然后全班就哄笑。赶上他温柔一点，也会说：‘××龙，你还在这玩，你就不想想你的妈妈吗？她供你读书有多么不容易，一把秤要做多久你知道吗？就卖那么一点点钱……’每到这时，阿龙就把头埋进两只胳膊里。有一次因为什么事，班主任又说这个梗。阿龙有点恼火，回嘴道：‘你要骂我就骂我，要打我就打我，别每次都说我妈。’我们当时很诧异，因为那年月对我们这群孩子来说，敢于跟班主任大声顶嘴是件特别可怕的事情。班主任也发很大火，说：‘你不想读就给我滚。’阿龙说：‘滚就滚。’他一边擦眼泪一边抓起书包就跑了。”阿龙从此辍学，最后在大街上守着用气枪打气球的小摊子赚取微薄的生活费用。（资料来源：《一个老师如何轻易毁掉学生的一生?》）

案例分析：一些教师习惯于公开诉说学生家长的辛劳向学生施加道德上的压力，但是施加压力的话语容易带有“学生家长的工作不体面”“学生多么不懂感恩”等潜台词，那往往会让学生感受到被羞辱。学生的学习状态不尽如人意，有多方面的原因，有可能是没有掌握好的学习方法，也有可能是欠缺良好的学习环境，也有可能是一些师生之间的误会导致他对学习有排斥心理……“学习状态不好意味着不体谅父母”，这之间

① 王夫艳．教师道德敏感性培育路径的新构想：来自西方描述视角的启示［J］．外国教育研究，2016（2）：73.

的逻辑实际上经不起推敲。然而，一些教师却基于那样的逻辑向学生施加道德压力，试图改善学生的学习状态，这大概率会让学生的学习状态变得越来越糟糕。

（三）及时把握德育契机

具备道德敏感性的教师会及时地把握德育契机，因为他能敏感地捕捉到学生的道德情绪和感受，并能及时地予以回应与引导。在道德冷漠问题频繁发生的大背景下，如燃灯者般不仅要点亮智慧而且要传递温暖的教师更应当葆有道德敏感性。“同情心、承诺、关怀、尊重等是教师道德情绪表达的重要形式。这些情绪表达反映了教师的道德敏感性能力，尤其是阅读和表达情绪的技巧，从而有助于教师以专业的和道德的方式行动。”①

四、长期的道德习惯

《荀子·修身》提到“以善先人者谓之教”，意思是用善良的言行为他人做示范，就是教育。“德高为师，身正为范”是师范教育的重要理念。教师应当有善良的言行，应当“德高”“身正”。中华人民共和国教育部印发的《中小学教师职业道德规范》提出教师应当为人师表，要坚守高尚情操，知荣明耻，严于律己，以身作则。衣着得体，语言规范，举止文明。关心集体，团结协作，尊重同事，尊重家长。作风正派，廉洁奉公。自觉抵制有偿家教，不利用职务之便牟取私利。教育部印发的《小学教师专业标准（试行）》和《中学教师专业标准（试行）》对于教师个人修养与行为也提出了具体的要求。《美国优秀教师行为守则》提出了26条对教师的要求，很多内容实际上涉及的是教师应长期保持的良好习惯，那些良好习惯对学生有着道德上的积极影响。

孔子曰：“始吾于人也，听其言而信其行；今吾于人也，听其言而观其行。”学生对于教师实际也是一样，学生会观察教师、审视教师，进而评判教师是否言行一致。能够长期表现出良好的道德习惯，与言传的德育相一致，教师才能获得学生发自内心的信任和尊重，他的教育影响力才能够真正发挥出来。习惯成自然，自然才有魅力。如果没有长期的、自然的道德习惯，教师的人格魅力便失去了展现的载体，也就谈不上影响学生。

知识拓展

中华人民共和国教育部印发的《小学教师专业标准（试行）》和《中学教师专业标准（试行）》对于教师个人修养与行为的要求如下：

1. 富有爱心、责任心、耐心和细心。
2. 乐观向上、热情开朗、有亲和力。
3. 善于自我调节情绪，保持平和心态。
4. 勤于学习，不断进取。
5. 衣着整洁得体，语言规范健康，举止文明礼貌。

---

① 王夫艳．教师道德敏感性培育路径的新构想：来自西方描述视角的启示［J］．外国教育研究，2016（2）：75.

知识拓展

美国优秀教师行为守则

1. 记住学生姓名。

2. 注意参考以往学校对学生的评语，但不得带有偏见。

3. 锻炼处理问题的能力，充满信心；热爱学生，真诚相待；富有幽默感，力争公道。

4. 认真备课，别让教学计划束缚你的手脚。

5. 合理安排课程教学，讲课时力求思路清晰、明了，突出教学重点。强调学生理解教学意图，布置作业切勿想当然，且应该抄在黑板上。

6. 熟悉讲课内容，切勿要求学生掌握你所传授的全部内容，并善于研究如何根据学生需要和水平进行课堂教学。

7. 教室内应有良好的教学气氛，教师应衣着整洁，上课前应在门口迎候学生，当学生大声喧哗、嬉闹时应制止。

8. 课前应充分准备，以防不测。

9. 严格遵守规章制度，让学生知道学校规章，张贴在课室内，并解释说明。

10. 要言而有信，步调一致，不能对同一错误行为采取今天从严、明天从宽的态度。

11. 不得使用不能实施的威胁性语言。

12. 不得因少数学生不遵守纪律而责备全班学生。

13. 不要发火，在忍耐不住时可让学生离开教室，待到心平气和时再让他们进来上课。教师应掌握一些基本原则，不能在家长面前说的话也决不能在学生面前讲。

14. 在大庭广众之下让学生丢脸并不是成功的教育形式。

15. 有规律地为班上做些好事。协助布置课堂，充分利用公告栏来传达信息。注意听取不同学生反映的问题，但同时也应有自己的主见，不随大流。

16. 要求学生尊敬老师，对学生也要以礼相待。

17. 不要与学生过分亲热，但态度要友好，记住自己的目的是表达尊重，不要过分随便。

18. 不要使学习成为学生的精神负担。

19. 大胆使用电话，这是对付调皮学生和奖励优秀学生的有效手段。欢迎学生家长与老师保持联系。

20. 在处理学生问题时如有偏差，应敢于承认错误，你将得到的是尊敬，而不是其他。

21. 避免与学生公开争论，应个别交换意见。

22. 要与学生广泛接触，互相交谈。

23. 避免过问或了解学生们生活的每个细节。

24. 要保持精神饱满，意识到自己的言谈举止都会影响学生的行为。

25. 多动脑筋，少用武力。

26. 在处理学生问题时，要注意与行政部门保持联系，当你智穷力竭时，会得到他们的帮助。

五、良好的德育素养

德育素养的概念有广义和狭义之分。广义的德育素养与德育力是一个层面的概念，它包括教师的道德修养与教师实施德育的知识、能力、情感态度价值观。狭义的德育素养则将教师自身的道德修养排除出去，专指教师实施德育的素养。这里分析的德育素养取狭义层面的内涵。

（一）处理好教师的道德引导与学生的道德自主建构的关系

教师良好的德育素养首要在于能够把握好教师的道德引导与学生的道德自主建构之间的关系。学生的道德成长实际上也是他发现自我、追寻自我的一个过程，没有谁能够代替一个人去发现自我、追寻自我，教师也不例外。教师要避免道德高位者的教化姿态。“我们的教化者身份习惯的是‘灵魂工程师’的角色，我们总是乐于以道德者的形象、以道德高位者的教化姿态来教导他人（学生、部下、群众……）如何做人。我们很少反思作为教化者的自我身份依据与缺失，我们凭什么来教导他人，我们同样很少去反思我们所给出的‘如何做人’的答案的合理性。”① 教师应“给予儿童更多的自由自主的道德空间，让他们有尝试错误的可能性，鼓励他们的创造，让他们以独立、尊严的个体形象生活在自我与成人的世界之中，这对于启迪他们的自律人生或许是至关重要的”②。

若要处理好教师的道德引导和学生的道德自主建构的关系，教师切勿僭越，要给学生留有自主、自由的价值探索的空间。一些学校在“思想变坏从头发开始”的观念的支配下对于学生发型、服饰等提出了严格的要求，不信任学生能处理好对异性的好感而因噎废食，对男生、女生的社交进行严格限制，诸如此类便是典型的僭越。这不仅无助于促进学生真正意义上的道德成长，而且可能会导致师生之间的对立，进而妨碍德育工作的开展。

① 刘铁芳．生命与教化：现代性道德教化问题审理［M］．长沙：湖南大学出版社，2004：258.

② 刘铁芳．生命与教化：现代性道德教化问题审理［M］．长沙：湖南大学出版社，2004：256.

案例点击

某初中学校特别看重对于学生的严格管理，学校对于学生在校的每一分钟时间都进行了安排。学校有着严苛的校规校纪，例如，不允许学生到校外就餐，不允许学生在等待早操时交谈，不允许学生熄灯后聊天，等等。该校甚至对于学生由教室行走到食堂的路线都进行了规定，若有学生没有按照规定的路线行走，便会被执勤的教师喊到旁边的站台上反思5分钟。因为学校的校规校纪规定了太多不能做的事情，所以不少学生在学校生活有种战战兢兢、如履薄冰的感觉。该校的图书馆藏书很丰富，但是大多数学生不知道自己什么时候有权进入图书馆看书，也不敢随意进入图书馆，生怕一不小心触犯了校规。

案例分析：该校的强力德育实则偏离了德育的本质，德育建立在管理者并不科学的学生观——“学生是被动的，需要我们保护好、安排好的”的基础上，而忽视了学生是有独立意志、有判断能力、有鲜活情感的个体。该校高压、高控的德育或许能在短时间内提高升学率，但无助于学生品德的成长。

（二）能够针对“大德育”的具体方面有效施教

“德育是个筐，什么都能往里装。”教育实践中的德育实则是能够包括思想教育、政治教育、道德教育、心理健康教育、性健康教育等多方面内容的“大德育”。“小德育”便是道德教育。教师德育素养的一个基本点是能够区分“大德育”和“小德育”，能够根据“大德育”工作的具体内容判断一件事情究竟是道德教育、思想政治教育还是心理健康教育。在德育工作中，切忌不区分具体工作内容而简单地将问题定性为思想问题或道德问题。

案例点击

有学生跑到办公室找刘老师：“蓉蓉来例假了，把卫生巾放在抽屉里，谁知被小虎看到了。他拿着卫生巾满教室跑，一边跑还一边喊：‘蓉蓉用卫生巾了！蓉蓉用卫生巾了！’这下全班同学都知道了，蓉蓉羞得哭了。老师，怎么办啊？”刘老师把握住了这个教育契机，从猜谜语（“什么东西早上四条腿走路，中午两条腿走路，晚上三条腿走路？”）到讲人的生理变化，在淡化孩子们的好奇心之后，刘老师拿出自己使用的卫生巾，引申到孩子们的妈妈也使用卫生巾，进而引申到母亲伟大，要照顾好母亲，照顾好女同学。这样进一步联系到责任感，深化了教育主题。

案例分析：刘老师正确处理这件事的关键在于明确了问题的实质不是思想问题或品

德问题。孩子到了这个年龄，会对异性的所有事情都感兴趣，小虎只是以不恰当的方式表达了他的好奇而已。现实中，我们一些老师一旦看到学生做出一点不合常理的行为就武断地认为是思想问题、品格问题，于是大动干戈，非逼得学生低头认错。其实，许多发生在青少年身上的所谓“问题”是特定身心发展阶段的正常表现，而不是思想问题、品德问题，我们应当恰当地判断并做出正确的教育引导。①

（三）辩证看待、灵活使用德育方法

教师常用的德育方法有很多，譬如奖励法、惩罚法、榜样示范法、后果法等。常用的德育方法有其存在的价值，但在实践中也可能出现一些误区或者暴露一些弊端。教师应当能够辩证看待常用的德育方法，并在行动中有意识地避免其消极影响的产生。教师在德育工作中要恰当使用奖励和惩罚这种外在激励的办法，将工作重点放在呵护儿童进行道德行为的内在动机上。对于榜样示范法，教师要注意不要执迷于发掘完美的榜样，要客观陈述榜样做得好的地方，避免在榜样示范的过程中不经意地贬低学习者。否则，要么会使榜样“高不可攀”，要么会使榜样示范的过程让学习者感觉到屈辱，从而拒绝向榜样学习。后果法有自然后果法和逻辑后果法之分，主旨在于让儿童在承受行为的后果的过程中学会承担责任、改正错误。然而，后果法也有一定的局限性，若儿童缺乏归属感，后果法的实施会让儿童进一步确认自己是“不被爱的”，因为大人在自己需要帮助时“袖手旁观”，让自己负起责任、承担后果。那么感觉不到自己是被爱的儿童会更容易做出越轨的行为。

案例点击

王老师为了激发学生的学习热情，培养学生良好的学习习惯，开始使用以小贴画奖励学生的办法。王老师发现这个办法很管用，但也发现有学生因为得不到奖品而失望和抱怨。王老师为了帮助学生理解学习不是为了得到小贴画、一支笔、一块糖……不能为了物质奖励而学习，便在课堂上请学生讨论三个问题：第一，老师为什么要发贴画？第二，我们是否有更好的方式对同学进行表扬和鼓励？第三，同学在课上认真学习、积极发言就仅仅是为了得到老师的表扬和贴画吗？

孩子们对这些话题很感兴趣，有人说：“学习是我们自己的事，我们不能总想着物质刺激。”又有人说：“我们不能每节课都想着老师发什么贴画，这样会走神的。”“老师发些贴画会使我们有更高的学习热情，但是老师一节课不可能发给所有的同学，请没有得到的同学耐心等待。”“我们还可以用掌声给同学鼓励和表扬。”……听着孩子们的诉说，老师很欣慰。其实孩子明白，学习是自己

① 张万祥．今天怎样做德育：点评 88 个情景故事［M］．北京：教育科学出版社，2014：73-75．内容有改动。

分内的事，教师不必事事表扬。①

案例分析：适当的外在奖励有助于激发学生的动机，但是教师过于依赖外在奖励的话，则会有比较大的副作用——学生过于关注奖励而忽视良好行为本身的意义，这对于学生内在动机的激发与维持则是无益的。

（四）善于与家庭、社区协同共育

教师与家庭、社区协作共育的能力是教师德育素养的重要组成部分。儿童的道德成长在很大程度上受到家庭、社会的影响。“学校德育对象对家庭在经济上和情感上的依赖，决定着家庭环境是学校德育的基础环境。”② “家庭环境的高频、隐蔽、亲切诸特征，奠定了其对儿童和青少年德育影响的深刻性。”③ 也正因如此，如果家庭德育与学校德育不能同频共振，就会出现“5+2<0”的问题。

儿童在成长过程中会遇到不同的品德成长问题，遭遇不同的道德情境，他们所需要的德育引导具有个性化的要求。教师仅靠自身的力量难以满足不同学生的个性化成长需求，教师应当善于调动家长、社会人士的积极性，实现“家—校—社区”协同共育。教育部印发的《中小学德育工作指南》指出：“要积极争取家庭、社会共同参与和支持学校德育工作，引导家长注重家庭、注重家教、注重家风，营造积极向上的良好社会氛围。”

第三节　教师德育力的培育途径

知识结构

- 通过思想学习点燃理想信念
- 通过反思形成道德理性
- 在对话中增强道德敏感性
- 在自律中养成道德习惯
- 在学习、实践中提升德育素养

一、通过思想学习点燃理想信念

坚定的理想信念需要教师持续不断地进行思想学习。教师的理想信念容易受到日常的略显烦琐的工作的消磨，也容易遭受社会多元价值的冲击。在这样的背景之下，教师需要适当地从烦琐的工作中抽身，以保证持续不断地进行思想学习。教师不仅要阅读以

① 窦桂梅．清华附小的德育细节［M］．上海：华东师范大学出版社，2013：44-46．(内容有改动)

② 檀传宝．德育原理［M］．北京：北京师范大学出版社，2007：289．

③ 檀传宝．德育原理［M］．北京：北京师范大学出版社，2007：290．

蔡元培、陶行知、陈鹤琴等为代表的有家国情怀的教育家的作品，也要阅读以马斯洛为代表的人本主义心理学家的作品、以弗洛姆为代表的人本主义伦理学家的作品、以诺丁斯为代表的关怀伦理学家的作品等。在阅读的过程中，教师能够更深刻地领会教育对于人的成长、对于国家建设、对于社会发展的意义，能够重新审视自己的工作。学校除了应当鼓励教师进行思想学习之外，还应当为教师组织读书讨论会创造条件。在读书讨论会中，教师互通有无、分享交流。争鸣和思辨的过程更有助于点燃理想信念的火种。

二、通过反思形成道德理性

教师道德理性的形成离不开道德实践、道德评价过程中的不断反思。“人们良好地从事道德实践、进行道德评价实际上也就意味着他的作为 moral reasonability 的道德理性的良好运用，而这个良好运用的过程同时也就是培养的过程，它们是统一的。”① 良好地从事道德实践、进行道德评价，显然会时时伴随着行动者的思考，否则相应的道德实践、道德评价便称不上“良好”。

教师应当通过在德育过程前、德育过程中、德育过程后的反思来提升自己的道德理性。美国学者瓦利（Valli）提出了技术性反思、行动中及行动后反思、缜密性反思、人格性反思和批判性反思等五种教师反思模式。对于德育来说，教师的人格性反思尤为重要。“人格性反思的提倡者们认为，以个人化的方式进行反思的教师会有意识地将他们的个人生活与职业生活联系起来。他们会考虑自己想成为什么类型的人和作为教师应该如何帮助学生实现他们的生活目标。……他们对学生的关心不局限于学生的学业成绩，而是对学生生活的所有方面都充满兴趣。学生的个人追求，学生所关心的事情及学生对未来的憧憬和梦想都在他们的关注范围之内。在人格性反思中，教师是以一个关怀者（Caretaker）而非信息或知识的施与者的身份或面目出现。”② 教师的心声、个人的成长和专业发展相关事项是构成人格性反思的主要反思内容。③

教师可以撰写反思日记或者教育叙事文本来进行反思。反思日记看似人人会写，但写反思日记的过程未必有助于教师的道德理性的发展。有的反思日记仅限于描述事实，缺乏对德育情境的解释；有的反思日记是撰写者揣摩领导心思写出的领导喜欢看的内容；有的反思日记则是当事人为自己的不足进行辩解的陈词。能够促进教师道德理性发展的反思应具有问题意识，并在把握问题的基础上进行理性的归因与策略探讨，否则反思无的放矢且容易流于形式。而且，教师在撰写反思日记或者教育叙事文本的过程中，应当着重反思自己行动背后的动因、自己的行动对学生造成的实际影响、学生对于自己的行动的感受等。

---

① 马永翔．作为 moral reasonability 的道德理性及其优先性［J］．北京师范大学学报（社会科学版），2009（4）：121.

② 张贵新，饶从满．反思型教师教育的模式述评［J］．东北师大学报（哲学社会科学版），2002（1）：105.

③ 王春光，张贵新．反思的价值取向与反思型教师的培养［J］．比较教育研究，2006（5）：82-87.

知识拓展

默会知识

一个人所拥有的全部知识，构成了一个巨大的、具有松散联系的且不那么条理清晰的系统。在一个特定的时刻，一个人只能对这个知识系统的某些局部加以反思的观照，并用语言来加以表达，没有人能够在同一时刻言说整个的知识系统。① 而在一个特定时刻，支配着人的行动但行动者对其缺乏自觉意识且未能将其用语言表达出来的知识便是默会知识。如果说显性知识是海面上露出的冰山，默会知识则是冰山沉在水底的部分。

每位教师的道德行动与德育实践背后都有一些日用而不知的默会知识。这些默会知识有的能够与关于伦理道德的显性知识相辅相成，有的则消解了显性知识的积极作用，让教师囿于旧的伦理习俗而浑然不觉。发现自己所具有的默会知识，试图与自身的默会知识对话，这便是一个很好的撰写反思日记的切入点。教师只有通过有意识地反思，才可能避免默会知识的消极影响，以及在有意识的实践过程中让显性知识的影响成为习惯，从而让自己能够进行清晰的道德推理，使自己的德育行动建立在合理的道德行为准则基础之上。

三、在对话中增强道德敏感性

丰富的道德想象有助于个体道德敏感性的提升。丰富的道德想象使个体更容易意识到情境中潜在的行为或反应可能给当事人带来的损益，从而也就使得个体有可能把隐含道德问题的情境确认为道德问题。② 道德想象不可能凭空产生，它建立在教师与他人互动的道德经验之上。无论是德育过程中的即时对话还是事后关于德育事件的对话，都有助于丰富教师的道德想象，提升教师的道德敏感性。

“对话是双方共同追求理解、同情和欣赏的过程。对话可以是轻松的，也可以是严肃的；可以富于逻辑性，也可以充满想象力；可以偏重结果，也可以着重过程。但是对话永远应该是一个真正的探寻，人们一起探寻一个在开始时不存在的答案。”③ 在对话的过程中充分了解他人的想法、意愿、偏好和情感，能够避免教育者将自己的善良意图强加于人。教师与学生的对话能够帮助教师获得更丰富的移情体验，教师能够在与学生互动的情境中更富有道德敏感性。“道德敏感性的早期发展与移情有着非常密切的关系。有关儿童道德发展的许多研究都认为，移情体验在道德理解的发展中是重要的。最重要的是，在涉及以伤害为主要特征的道德问题时，移情是道德敏感性的重要成分。而且，

① 郁振华．从表达问题看默会知识［J］．哲学研究，2003（5）：51-57.

② 郑信军，岑国桢．道德敏感性：概念理解与辨析［J］．心理学探新，2009（1）：10.

③ 诺丁斯．学会关心：教育的另一种模式［M］．于天龙，译．2版．北京：教育科学出版社，2014：42.

移情还能作为一种道德动机的来源促成人们对道德问题的关注、察觉乃至道德行动。”①

案例点击

某班在班级网站上开设了班级论坛，专门让学生讨论班级的重大活动，集思广益。班主任在网上向学生征集班训、班规。学生在班级论坛上畅所欲言，最后选定“做人有信　做事有恒”八个字作为班训。班主任还通过网上评价的形式，让学生评价班主任和班干部的工作情况，以此作为参考，优化班级管理。平常遇到班级的重大活动或者重大任务时，班主任都会利用班会课征求学生的意见。当班会课时间有限，在班会课上讨论不出最后的结果时，班主任就会鼓励学生课后继续在网站的班级论坛上发表意见。有时可以看到以前在班会上一言不发的学生在论坛上留言和提建议。②

案例分析：教师与学生应当充分利用课堂内外的时间、空间进行对话，还可以借助网络论坛的方式进行对话。不同的对话形式适合不同性格的学生，教师应当尽量让每一位学生选择自己感到舒服的对话形式。除了与德育的另一主体学生进行对话之外，教师还应当与同事进行对话。与同侪分享个人的道德偏好可有效提升教师的道德敏感性。③其他教师可能会遇到相似的德育情境，他们应对的方式受到了他们的道德偏好的影响。教师互相交流自己应对德育情境的方式，坦诚地探讨他们的道德动机、道德偏好，以及学生的反应，这有助于教师道德敏感性的提升。

四、在自律中养成道德习惯

教师良好道德习惯的养成离不开长期的自律，也就是自我约束、自我控制。自我控制属于自我意识的重要组成部分，可以说教师的自我控制能力是教师的自尊心、自信心、自主能力的外在体现。自律能够帮助我们发现更好的自我，良好道德习惯的获得只是这个过程自然产生的结果。

自律源自教师对于道德准则发自内心的信奉。这样，教师在实践中不会感到被约束、被限制，而会感到践行自己道德准则的充实感和成就感。马斯洛认为：“自律性的倾向，就其自身而言，引导我们趋向自我满足，拥有战胜世界的力量，并遵从其自身法则，在我们内心日益完整地发展为独特的自我，而这源于其自身内在的动力，心灵生长的原始法则，而非外界环境因素的造就。”④

---

① 郑信军，岑国桢．道德敏感性：概念理解与辨析［J］．心理学探新，2009（1）：10.

② 教育部基础教育司．中小学德育工作指南实施手册［M］．北京：教育科学出版社，2017：87.

③ 王夫艳．教师道德敏感性培育路径的新构想：来自西方描述视角的启示［J］．外国教育研究，2016（2）：79.

④ 马斯洛．人性能达到的境界［M］．曹晓慧，等译．北京：世界图书出版公司北京公司，2014：150.

五、在学习、实践中提升德育素养

德育和其他的学科教学一样需要教师的教育智慧。教育智慧需要教师具有丰富的且能够不断反思、扩充的实践性知识。教师的实践性知识是教师真正信奉的，并在其教育教学实践中实际使用和（或）表现出来的对教育教学的认识。① 教师的实践性知识包括六个方面：教师的教育信念、教师的自我知识、教师的人际知识、教师的情境知识、教师的策略性知识、教师的批判反思知识。② 这些知识既来自教师自己个人经验的积累、领悟（直接经验），同行之间的交流、合作（间接经验），也来自对‘理论性知识’的理解、运用和扩展。③ 实践性知识不仅需要教师通过培训进修与阅读专业书籍的途径来更好地理解、运用，而且需要教师不断进行实践与反思。

思 考 题

一、名词解释

1. 教师德育力
2. 道德理性
3. 道德敏感性

二、简答题

1. 教师德育力的构成要素有哪些?
2. 教师德育力的意义表现在哪些方面?
3. 教师的理想信念主要表现在哪些方面?
4. 教师为什么应当具有道德理性?

三、论述题

1. 联系实践分析教师应当具备哪些基本的德育素养。
2. 联系实践分析教师如何提升自己的德育力。

四、材料分析题

1. 阅读材料，谈一谈该校部分班主任的这种分类办法存在什么样的问题？这反映了班主任哪方面德育素养的欠缺？

某小学部分班主任对学生家庭情况进行调查，将学生分为 11 类。分类包括“权势垄断部门子女”“领导子女”“企业老板子女”“家长有犯罪前科的学生”“家庭离异单

---

① 陈向明．实践性知识：教师专业发展的知识基础［J］．北京大学教育评论，2003（1）：104-112.
② 陈向明．实践性知识：教师专业发展的知识基础［J］．北京大学教育评论，2003（1）：104-112.
③ 陈向明．实践性知识：教师专业发展的知识基础［J］．北京大学教育评论，2003（1）：104-112.

亲学生”等。经媒体曝光后，学校工作人员回应，已停止调查学生家庭情况。

2. 阅读一名高中班主任的自述，并回答后面的问题。

有段时间班里经常丢东西，其他学生就告诉我是某某女生偷的，我还有些不相信。因为她的爸爸是派出所的领导，家庭经济条件不错。有一次，这名女生偷了同学的《现代汉语词典》，我问她，她却不承认，而且还在字典上写了自己的名字。最后没办法，我就和那位女生说：“既然你拿《现代汉语词典》，那表示你很喜欢学语文。我是语文老师，既然你喜欢学语文，又非常喜欢《现代汉语词典》，这样吧，我给你买一本《现代汉语词典》，算是我送给你的礼物，你把那一本还给同学。”我原本以为这件事处理得很好。结果，这名女生毕业后就在当地工作，却从不和我联系。我从其他同学那听说，她最恨的人就是我。后来我分析，可能是由于当时的隐私保护工作没做好，使得很多人都知道那件事：某某偷了一本《现代汉语词典》，她的语文老师买了一本送给她，她才把字典退回去了。对于这件事情，以前我还认为自己处理得很好，后来才发现自己做得很失败。

问题：(1) 你如何评价这位老师的做法？

(2) 老师应该如何应对这样的问题？

推荐阅读书目

1. 蔡元培. 中国人的修养［M］. 北京：人民文学出版社，2018.

2. 马斯洛. 人性能达到的境界［M］. 曹晓慧，等译. 北京：世界图书出版公司，2014.

3. 诺丁斯. 幸福与教育［M］. 龙宝新，译. 北京：教育科学出版社，2009.

4. 弗洛姆. 自我的追寻［M］. 孙石，译. 上海：上海译文出版社，2013.

5. 尼尔森，洛特，格伦. 教室里的正面管教［M］. 梁帅，译. 北京：北京联合出版公司，2014.

6. 高德胜. 道德教育的 30 个细节［M］. 北京：中国人民大学出版社，2018.

7. 窦桂梅. 清华附小的德育细节［M］. 上海：华东师范大学出版社，2013.

8. 李希贵. 面向个体的教育［M］. 北京：教育科学出版社，2014.

Chapter

6

第六章 班级与班级管理概述

第一节　班级与班级管理的内涵与功能

知识结构

- ○“班”与班级的由来
  - “班”的由来
  - 班级的由来
- ○班级的内涵及功能
  - 班级的内涵
  - 班级的功能
- ○班级管理：内涵、特点、功能
  - 管理的内涵
  - 学校及班级的组织特性
  - 班级管理内涵、特点、功能

一、“班”与班级的由来

（一）“班”的由来

“班”字的本义是用刀将一块玉石从中切开。《说文解字》说：“班，分瑞玉。”意思是说“班”原本的含义就是“玉”中间插把“刀”，表示将美玉从中切开。“瑞玉”是古代诸侯或藩国朝见天子时手中所拿的玉制信物。《尚书》中有：“觐四岳群牧，班瑞于群后。”意思是舜继尧之位后，让四方诸侯九州长官来觐见，把瑞玉分发给他们。这里的“班瑞”就是“分瑞玉”。

从古至今“班”的字形变化不大，但含义却引申出不少。在现代汉语中，“班”的本义已经不见，取而代之的多是由“分开”这个意思引申出来的意义项。最常见的义项就是为了工作或学习的目的而编成的组织。军队里的“班”，是将一个排的士兵分开组织成的基层小单位；旧时把唱戏的剧团叫作“戏班”；工厂里的“班”是将一天分成若干个工作时段，如，“早班”“夜班”“中班”等；还有从人群中按不同的性质分出来的某些学习组织，像“讲习班”“进修班”“培训班”等。在学校，“班”就是将一个年级的学生分开而组成的组织，如一班、二班等；或由某些具有特殊爱好的学生组成的组织，如体育班、文艺班等。

由此可见，现代人经常说的这个“班”字，其含义所指多是为了工作或学习的目的而组成的一个单位名词。

（二）班级的由来

班级作为一种组织形式是随着班级教学的产生而形成的。人们通常认为，按照年龄阶段区分的“班级”，始创于15世纪至16世纪的西欧。当时，西欧国家创办的古典中学进行了班级组织的尝试。而率先使用“班级”一词的，是文艺复兴时期的著名教育家埃拉斯莫斯。他在1519年的一份书简中描述了伦敦包罗大教堂学校的情形：在一间圆形的教室里学生分成几个部分，分别安排在阶梯式座位上。

到了 17 世纪，捷克教育家夸美纽斯（Comenius）在他的《大教学论》中主张，母语学校的一切儿童规定在校度过六年，应当分成六班，如有可能，每班有一个教室，以免妨碍其他班次。夸美纽斯在总结当时已有班级教育实践经验的基础上，从理论的角度阐述了班级授课制度，初步形成了班级授课制的系统化理论。到了 18 世纪、19 世纪，班级授课制已经逐渐成熟并在欧洲被学校广泛采用。19 世纪初，德国教育家赫尔巴特等人进一步完善了班级授课制，提出了具体的教学步骤和组织安排，使得班级这一教学组织形式逐渐发展成为学校教育的基本组织形式，也使得班级成为学校最基本的教育教学单位，并在以后的几百年教育发展中显示出强大的生命力。

在我国，最早实行班级授课制的学校是 1862 年开办的“京师同文馆”。“京师同文馆”首次采用编班分级授课，开创了我国班级教学的先河。到了 1904 年，清政府颁布了《奏定学堂章程》（癸卯学制），规定取消私塾，设立学堂，此后班级授课制才在全国推行开来。

在我国现行的学校管理体制中，班级是学校的基本单位，也是学校行政管理的最基层组织。一个班级通常由一位或几位学科教师与一群学生共同组成，整个学校教育功能的发挥主要是在班级活动中实现的。

二、班级的内涵及功能

（一）班级的内涵

班级是学校为实现一定的教育目的，将年龄相同、文化程度大体相同的学生按一定的人数规模建立起来的教育组织。一般而言，在学校中，班级是由一群目标一致、组织机构健全、成员相对稳定，并共同接受一定的规章制度约束的分级别的学生所组成的教育教学基本单位。班级作为学校基本的教育教学单位有自己的特点：成员具有相似性；组织具有规范性；活动具有目的性与计划性；班级正式组织具有有序性；教师具有一定的权威性；等等。

对班级内涵的把握可以关注以下几点。

1. 班级是个组织

从社会实体的角度看，组织是一个在统一的管理下，具有共同目标，为达成这些目标，成员相互合作、相互联系和依赖的群体。从社会过程的角度看，组织是为了达到某一特定的共同目标，通过成员的分工合作，有计划地协调各种行为的活动。学校及学校中的班级无疑也是一种组织，是为实现特定的教育目标，根据一定的管理原则而构建起来的体系与机构；作为一种活动组织，它又通过其特有的行为方式，保证传授知识，培养新人这一过程高效进行。

2. 班级是个集体

在班级授课制的组织形式下，班级最初只是学生的集合体，即“学生群体”。后来因为有负责这个班的班主任的配备，有班主任的引领与建构，班级才由学生群体成长为班级集体，从而成为学校的单元组织。由此可见，集体是群体的一种，是群体发展的高级阶段，也是群体发展的最高层次。在集体中，成员之间彼此建立稳定、友好的合作关系。

3. 班级是学生成长的教育场所

学生的成长是一个不断社会化的过程，他们最初经历社会化的场所是家庭，但当学生从家庭步入学校、进入班级，他们就走入了另一个重要的社会化场所。在班级中，学生不仅要进行生理与认知上的发展与变化，更要进行心理与社会适应方面的挑战与整合。个体生命所需要的学习过程、情感依恋、内在动力都要在班级中展开并发展，从而不可避免地使班级成为个体生命健康成长与成熟的重要载体。在班级形成过程中，班级中的各个独特的生命体发生相互作用，逐步把以个性为基点的个体生命欲望整合成为班集体的奋斗目标，这就出现了学生和班级生命质量的升华，并形成了不断向前的“生命流”，推动班级走向成熟。

4. 班主任的“班级”观

班主任对“班级”有怎样的认识与理解，决定着班主任对班级管理的不同作为。

通常，班主任会认识到班级是学校的基本单位，是学校开展教育教学活动的组织载体。但是，班主任还要认识到，学校中的班级不仅仅是一种管理性组织，它也是一种“教育性”组织，是学生成长与发展的场所；更为重要的，班级也是学生的“生活共同体”，是学生生活的“家园”，是学生身心修养的“营地”。某位教师一旦进入某个班级，成为这个班级的班主任，学生就要在这个班主任的影响下度过一个学习与生活阶段，并在这个班主任带领下实现自己多方面的发展。因此，班主任班级理念的科学与否、管理方法的恰当与否、管理境界的高下等，直接关系到班级群体与个体的健康成长与发展。

（二）班级的功能

1. 促进学生社会化，培养学生对社会生活的适应能力

教育社会学认为，班级是一个微型社会。也就是说，班级作为一定的组织结构，履行学校的社会职能。班级具有共同愿景、发展目标、组织结构、角色分配、人际互动等，都是社会关系的缩影和投射，深刻地影响着学生的社会化发展。

首先，班集体为学生参与社会性的实践活动创造条件和机会。班级是学生最主要的学习、交往和其他各种活动的环境，班级组织机构和人际关系是社会组织及社会关系的反映，班级情境中的活动和师生关系、同学关系的处理，实际是为学生参与社会生活和处理社会关系提供了学习和实践的平台及机会。其次，班集体为学生扮演社会角色及发展相应能力奠定基础。班集体各种活动的开展，为学生提供了多种实践的机会，在活动中学生往往被归入不同的群体，分别扮演不同的角色，承担不同的任务，受到不同的期待，得到不同的体验，这些对学生社会性的发展都产生积极的影响。实践中经常可以发现，长期担任班干部的学生在班级生活中普遍具有较强的成就感，担任班干部的经历对提高他们的组织能力、协调能力具有很大的影响，也为他们今后的社会实践和生活奠定了一定的基础。

2. 发展学生的个性，培养学生的特殊才能

班集体的学习、交往及活动的经历和体验是学生个性发展的重要资源。一方面，班

集体能够提供学生个性发展的有利条件；同时，也为学生特殊才能的发展提供有利条件。在班级活动中经常受到重视、关注、肯定和欣赏的学生，往往有积极的体验，形成积极进取的个性；反之，则可能会形成消极的个性。因此，关注班级每一位学生的成长，为他们提供展现才能、发挥作用的机会和条件，让每一位学生都在班集体中找到自己发挥作用的舞台，使他们的个性在班级的各种活动过程中得到更好的发展，是成功班主任的共同经验，也是班主任重要的职责。

3. 保障学生身心健康发展

班集体可以说是教育化的微型社会。班级健全的规章制度、和谐的人际关系以及各种有利的环境和条件，都为学生身心的健康发展提供了重要的保障。同时，班级教育管理者的责任感、专业素养，以及对班级学生的关注，都能够及时预测、发现和干预危害学生身心发展的不良因素，为学生提供有利的成长环境和条件，保证学生身心的健康发展。①

小思考

“班级”一词的演变历程，使我们看到，在传统的教育学理论体系中，教学班和班级组织等概念既是被肢解的，又是相互混淆的。传统教学论视班级为课堂教学的组织形式，与教学班同义；传统德育论则将班级组织与学生个体视为管理的对象，把培养班级组织与集体主义教育简单地画等号；把班级组织简单纳入教育管理的范畴。这种概念上的不清楚，导致教育实践出现两种倾向：一是把班级组织等同于教学班，使班级授课制的主体、活动和组织相互混淆；二是在实际的教育、教学工作中，班级授课制的“教师中心、课堂中心、书本中心”的传统模式，使学生集体淹没于“班”“课”“书”之中，丧失了主体性地位。

三、班级管理：内涵、特点、功能

（一）管理的内涵

班级管理是组织管理的一种形态，教育者有必要对管理的内涵及班级作为组织的内涵进行了解，以利于提高班级管理的效率。

1. 从字源来看“管理”

“管”原意为细长而中空之物，其四周被包围，中央可通达；使之闭塞为堵；使之通行为疏。管，就表示有堵有疏、疏堵结合。所以，管既包含疏通、引导、促进、打开之意，又包含限制、规避、约束、闭合之意。理，本义为顺玉之纹而剖析，代表事物的道理、发展的规律，包含合理、顺理的意思。管理犹如治水，疏堵结合、顺应规律。简而言之，管理就是合理地疏与堵的理念与行为。

① 王桂艳．德育与班级管理［M］．北京：北京师范大学出版社，2015：104.

2. 管理学意义上的“管理”

管理，是指依据一定的目标进行资源合理配置的活动或者行为。广义的管理是指科学地安排组织的各种活动，使其有序进行；其对应的英文是 Administration，或 Regulation。狭义的管理是指为保证一个单位组织运行而实施的一系列计划、组织、协调、控制和决策的活动，对应的英文是 Manage 或 Run。

具体来说，管理是指在特定的环境条件下，以人为中心，通过计划、组织、协调、控制及创新等手段，对组织所拥有的人力、物力、财力、信息等资源进行有效的决策、组织、领导、控制，以高效达到既定组织目标的过程。

可以从以下几点来把握管理的内涵。①

其一，管理是管理者与被管理者相互影响的行为，管理的关键是通过对人的激励，实现组织运行效率的最大化。

其二，管理是理性行为，是有价值或观念引领的活动，而不是单纯地为管而管。

其三，管理是实现预期目标的行为，管理的关键是决策，包括进行信息识别、价值判断、行为选择，等等。

其四，管理是在特定情境下进行的行为，这里的情境包括环境、氛围等。

（二）学校及班级的组织特性

1. 学校的组织特性

现代管理学普遍认为构成组织的要素可分成七个方面，即目标、机构、法规、人员、财物、时空、信息。各种要素相互作用，形成一个相对稳定而又开放的系统，共同构成组织“生态”。学校作为一种组织，其功能与其他组织功能有共性，主要包括达成组织目标、满足成员需要、组织分工、组织结构创新等几个方面。但学校又具有与其他组织不同的特性，它是一个特殊的社会组织。

首先，学校教育组织不是生产和营利性组织，它是一个文化组织，它要继承和发展人类的文化遗产，而不是追求直接的经济利益。

其次，学校从根本上说，是一种服务性组织，它的服务对象是学生，因而学校必须处处重视学生的利益，杜绝一切有损学生利益的行为。

最后，学校的组织和管理主要依靠的是规范化手段，学校将一定社会的规范、信仰、道德习俗等灌输给学生，要求学生遵循和发扬。因而，用过于强制性的教育手段，或是用功利主义的态度对待学校工作，都是与学校组织的基本特性相悖的。

2. 班级的组织特性

班级作为学校组织中最基层的单位，理应体现上述组织特性。但是班级作为由一定年龄的学生组成的特殊组织，又有它自身的特点。

（1）班级组织的阶段性与连续性

学生在不同的年龄阶段表现出不同的特点，并且其发展过程是一个循序渐进的过程。所以，班级组织也必然表现出阶段性和连续性的特点。在每个阶段，班级管理都有

---

① 孙永正．管理学［M］．2 版．北京：清华大学出版社，2007：8.

其特定的目标、方式和工作重点。同时，学生是不断发展的，因此，班级组织的发展是一个循序渐进的过程。

（2）班级组织的功能自治性与半自治性

班级组织以满足学生个性化发展与社会性发展的需要为直接目标和首要目标。学生作为发展主体，有着作为生命特性的自主性、差异性、创造性。因此，在班级组织中，学生也是管理的主体，有着自己独特的话语意境和行为方式，并在管理过程中得到成长，实现个性的发展。

同时，学生是被教育者、被管理者，这也使得班级组织具有半自治性。班级作为学生的群体组织，必须依靠成人的指导和帮助才能发挥并实现组织功能。因此，班级组织需要来自教师尤其是班主任的组织、协调、控制和监督。

（三）班级管理：内涵、特点、功能

1. 班级管理的含义

班级管理是管理学在学校教育领域的运用与具体体现，是学校管理的基本组成部分。班级管理是教师根据一定的原则与目的要求，采用适当的方法，组织、指导、协调各种因素，对班级中的各种资源进行计划、组织、协调、控制，创建良好的班级环境，以实现教育目标而进行的综合性活动，也是实现班级教育目标和管理目标的一种重要手段。

对班级管理内涵的把握可以注重以下方面。

其一，班级管理的根本目的是实现教育目标，使学生得到充分、全面的发展。

其二，班级管理的对象是班级中的各种管理资源，包括人、财、物、时间、空间、信息，但班级管理主要是对学生的管理。

其三，班级管理是一种组织活动过程，它体现了教师与学生之间的双向活动，是一种互动的关系。

2. 班级管理的特点

班级管理作为一种管理形式，其管理目的、管理主体、管理方法具有特殊性，因此需要认清班级管理的主要特点，以便有的放矢地进行班级管理。

（1）过程的教育性

班级管理的最高追求是促进学生发展，因此班级管理的起点、过程与归宿都应以教育学生与发展学生为宗旨，班级管理的全过程同时也是对学生进行教育的全过程。“管理”只是手段，教育才是班级管理的根本。

（2）主体的平等性

班级的主体包括教师和学生两个群体，因此，教师和学生在班级管理中具有同等重要的职责和义务。教师尤其是班主任是班级管理的主导者，起着引导作用。同时，教师与学生的关系又是平等的主体之间的交往关系。班主任只有在尊重学生、关爱学生的基础上才能做好班级管理工作，学生在自主管理中发挥着重更作用，教师应该有目的、有步骤地促进学生管理能力的提高，使学生逐步成为班级管理的主人。

（3）方法的多样性

班级管理主要是对青少年的管理，其目的是促进未成年人的发展。因此，班级管理就应该针对青少年的特点，使青少年学生能够并愿意接受。应避免方法的单一化、简单化、模式化，更不能直接套用成人管理的方式与方法。教师的管理方法必须不断创新与变化，以提高适用性、针对性、高效性。这是班级管理的生命力所在。

（4）内容的丰富性

班级管理内容的丰富性是指班级管理的涉及面广。从时空上看，包括课内课外、校内校外；从内容上看，包括班级常规管理、班集体建设、班级活动的组织和实施等；从相关群体看，包括教师与学生、学校的行政管理人员、学生家长、社会团体等；从目标上看，包括近景目标、中景目标、远景目标等；从对象上看，包括人、财、物、时、空等多方面的管理。诸多的管理内容与层次，使得班级管理内涵与外延丰富、复杂，甚至琐碎，需要班主任协调好各种校内外的影响因素。

班级管理过程的教育性、主体的平等性，方法的多样性、内容的丰富性是班级管理的重要特点，也是班级管理的理念，是教师或班主任应有的班级管理观。①

课堂点睛

班主任的管理观

班级管理是班主任的基本职能，班主任自然被赋予“管理者”的责任。作为管理者，班主任首先要考虑的是如何贯彻和落实学校的工作计划，实现学校的管理目标，规范学生的日常行为。相形之下学生被赋予“被管理者”的角色，被要求听话、服从。在这样的管理理念下，班主任往往成了单一的管理主体，成了检查者、监督者、保姆和信息员；班主任在管理过程中往往会过多地注重纪律、秩序、效率，“管理”的内涵也往往被简单化。

其实，管理是有丰富内涵的。而且在社会发展的不同时期，在管理过程的不同阶段、面对不同的对象，管理的内涵与行为表现也不尽相同。总体而言，班级管理是为培养人而进行的管理。学生是被管理者同时又是管理的主体，是班级生活的主人；班级管理的目的是使学生充分发展与成长。因此，班主任应该在更为广泛、丰富、多元的意义上理解“管理”，在班级管理过程中，不仅强调纪律、秩序、效率等，还应该强调学生的自律、平等、合作、民主等。

3. 班级管理的功能

班级管理的功能主要体现在学校及班级两个层次上。

① 王桂艳．德育与班级管理［M］．北京：北京师范大学出版社，2015：105-106.

第一，从学校层面来看，班级管理是学校各项工作的基础，是学校教育工作顺利开展的保证。

班级管理是学校管理的基础，是学校管理活动的具体化，是学校工作正常运转的关键。学校的工作计划和教育目标及要求通过班级管理来实施与体现，只有通过高效的班级管理，才能真正促进学生的全面发展。相反，班级管理不到位会造成学校教育的不到位，甚至出现为了“管理”而“管理”的情况。为了对付学生而盲目地“管”学生，忽视学生的主体要求与身心发展规律，无法达成学校的教育目标与人才培养要求。

第二，从班级层面来看，班级管理的作用主要体现在三个方面。

首先，班级管理有助于实现教学目标，提高学习效率。班级组织产生的原初动因是更有效地实施教学活动，因此，运用各种手段组织、安排、协调不同类型学生开展学习活动，是班级管理的主要功能。有效的班级管理不但能帮助教师实现教学目标，而且能提高学生的学习效率。

其次，班级管理有助于维持班级秩序，形成良好班风。班级是学生群体活动的基础，是学生交往活动的主要场所，因此，调动班级成员参与班级管理的积极性，共同建立良好的班级秩序和健康的班级风气，是班级管理的基本功能。这不仅可以规范学生的行为，而且可以使学生有强烈的归属感，激发学生关心集体、为集体负责的意识，从而促使学生愿意并努力使自己成为对集体有所奉献的一员，在集体中追求个人的发展。

最后，班级管理有助于锻炼学生能力，让学生学会自治、自理。班级组是社会组织的缩影，它同样存在着最基本的人际交往和社会联系，存在一定的组织层次和分工。因此，班级管理的重要功能就是帮助学生成为学习自主、生活自理、规范自治的人，并帮助学生进行社会角色的学习，获得认识社会、适应社会的能力，而这对于促进学生的人格成长、促进其社会化是极其重要的。①

第二节　班级管理的目标与类型

知识结构

- 班级管理的目标
  - 班级管理目标概述
  - 班级管理总目标：立德树人
  - 班级管理的具体目标
- 班级管理的类型
  - 班级管理的“人治”
  - 班级管理的“法治”
  - 班级管理的“德治”
  - 班级管理的“无为而治”

① 王桂艳．德育与班级管理［M］．北京：北京师范大学出版社，2015：104.

一、班级管理的目标

（一）班级管理目标概述

1. 班级管理目标的含义

班级管理的目标是班级管理研究中的一个重要的范畴，回答的是班级管理为了什么的问题。班级管理的目标不仅是班级管理的起点，也是班级管理的终点，班级管理既要依据目标决定管理的内容、模式、方法手段等，又要将目标作为最终检验的标准，用来衡量班级管理的效果。

那么，什么是班级管理的目标呢？目标是个体、群体或组织对所从事的某一项活动所期望达到的结果。人类的任何实践活动都是有目的的，都是为了实现一定的目标而进行的。① 根据目标的定义，班级管理目标可以定义为，班级管理主体（一般情况下是指班主任和学生）通过一系列的管理活动，在一定时期内使班集体达到一种期望的状态的活动。换而言之，就是班级师生通过一系列的管理职能，把班级办成一定样态，沿着一定的轨道发展，最终达到一定的规格。②

2. 班级管理目标的特点

（1）班级管理目标的指向性

班级管理的目标是预想的班级管理活动的结果及其标准，它具有指向未来的超前性和可能性。班级管理的目标是在客观现实的基础上设定的。班级管理目标为班级组织设定了未来发展的前景，对班级发展起到指向及引领作用。因此，班级管理的目标同样具有为班级组织中的成员指明发展方向的特点。

（2）班级管理目标的社会性

班级管理是在班级这一组织中进行的一种管理活动，班级作为社会组织的一个组成部分，其目标的设定同样是要符合当前社会性质和社会发展总体要求的。班级管理目标的设定不能脱离班级所处的社会背景，要考虑当前和未来社会的发展趋势。因此，班级管理目标具有社会性的特点。

（3）班级管理目标的层次性

班级管理目标是班级建设的方向和标准，是一个方向性的、较为抽象的、纲领性质的目标。为了能够更好地实现这一目标，就需要将目标分层，通过实现一个个较小的目标来逐步达成班级管理的总目标。

（4）班级管理目标的可行性

班级管理目标是预想的班级管理活动的结果及其标准，具有指向未来的超前性、预想性。但是，它又是基于客观现实而设定的，是合乎规律的、符合实际的。借助一定的手段，通过有计划的班级管理活动，可使具有超前性和未来性的班级管理目标变为班级活动的现实。在这个意义上，班级管理目标具有可行性。

---

① 顾明远．教育大辞典：第7卷［M］．上海：上海教育出版社，1990：209.

② 张作岭，宋立华．班级管理［M］．2版．北京：清华大学出版社，2010：44.

（5）班级管理目标的针对性

班级管理是在班级这一组织中发生的，所要面对的是一个由不同个体所组成的复杂的集体。因此，在考虑班级管理的目标时，不能只考虑抽象的群体目标，还要考虑班级中每一个成员的发展需要，从而使组成班集体的每一个个体的目标与班级管理的目标相一致。

（6）班级管理目标的发展性

班级管理是为了帮助学生更好地发展而形成的一种管理活动。学生是发展中的个体，不同阶段的学生会有不同的发展需求。作为培养学生，促进学生发展的管理活动，班级管理也应具有发展性，要根据时代的要求、根据学校及班级学生的发展状态不断调整。

3. 影响班级管理目标的因素

班级管理目标的形成受到多方面因素的制约。具体来说，班级管理目标的制定要考虑以下几个因素。

（1）教育需要

班级不仅是一种“管理性”组织，而且是一种“教育性”组织。班级管理是一种实现班级组织目标的社会活动。这种组织目标可以分为培养目标和管理目标，其中培养目标是管理目标的依据，管理目标是为培养目标服务的。在我国，任何一所学校、任何一个班级的培养目标首先是社会主义教育目的的高度体现，班级管理目标的制定必须以此为基础，全面考虑社会主义教育的性质、特征和基本要求。①

（2）社会要求

班级是社会中的一个组织，班级管理的目标必定受到社会发展总目标的约束，班级管理目标的制定只有充分考虑社会需求才能为社会培养需要的人才，起到为社会建设服务的作用。

一定社会的生产力水平，必然伴随与之相适应的经济结构和政治结构，也就需要与之相适应的社会规范，从而对各级、各类学校的培养目标乃至班级管理目标提出了一定标准或要求。例如，一定社会的意识形态、文化传统也会对班级管理目标的制定产生影响：关注集体意识的养成，就会注重培养个体的集体荣誉感；关注个体自我意识的养成，就会注重培养个体独立性、创造性和主动性；等等。

（3）班级状况

班级管理作为一种管理活动，其作用的对象是由复杂的个体组成的集体，由于其成员的复杂性，班级形成后的基础和条件是不同的，班级内学生不同的家庭背景、学习习惯、学习倾向等都会影响班级管理目标的制定。因此，在制定班级管理目标时，要考虑当前班级的实际情况及班级发展的状况。不考虑班级的实际情况，制定抽象的班级管理的目标，或机械模仿学校的教育目标，都会导致班级管理目标失去意义。

（4）学生的身心发展规律

班级管理中的学生首先是作为“人”存在的，是具象的人。因此，学生本身的身

---

① 张作岭，宋立华．班级管理［M］．2版．北京：清华大学出版社，2010：44.

心发展规律也是影响班级管理的重要因素。学校中不同年级的“班”，其成员往往处于不同的年龄段，其身心发展也各有特征，从而影响班级管理目标的制度。

举例来说，中学生处于身心发展的重要阶段，具有极大的发展可能性和可塑性。按照埃里克森的心理社会发展阶段，处于青春期阶段的学生面临着自我同一性和角色混乱的冲突，这一时期青少年的任务是建立新的同一感，如果学生所在的环境无法提供其获得同一感的条件与可能，学生的个体发展可能受到影响。因此，制定班级管理目标时，学生的身心发展规律也是不可忽视的重要因素。

管理的本质就是实现组织目的，因而管理目标与组织目的应当是统一的，班级管理目标指向班级的组织目的；班级组织又是学校组织的组成部分，因而应服从学校的培养目标；而学校教育是整个国家教育系统的组成部分，因而服从国家的教育目的。

班级管理目标与教育目的、培养目标、组织目的构成依次递进的关系。班级管理目标的确立，必须依据班级组织目的、各级各类学校的培养目标和国家教育目的。脱离这些，就没有办法正确地制定班级管理目标。

4. 班级管理目标的层级结构

（1）班级管理目标与教育目的

各级各类的学校是整个国家教育系统的组成部分，其培养目标要服从国家的教育目的，因此，班级管理目标与教育目的产生了联系。我国班级管理目标应服从我国的教育目的。在当代，我国教育目的是培养德智体美全面发展的社会主义事业建设者和接班人，其宗旨是立德树人。这些也应在班级管理目标中得以体现。

（2）班级管理目标与培养目标

班级组织是学校组织的一部分，班级组织目的的设定应依据所在学校的培养目标进行。不同种类和层级的培养目标会产生不同的班级组织目的，而班级的组织目的又直接影响班级管理目标的制定。

（3）班级管理目标与班级组织目的

一种社会组织能否实现相应的社会系统功能，与这一组织的管理状态有关。组织目的的实现需要管理，管理是实现组织目的的手段，是实现组织目的的关键条件之一。[①]也就是说，班级管理是以实现班级组织目的为目标的。

但是，班级管理目标与班级组织目的是不一样的。班级组织目的体现了它的社会功能，其指向的是所处的“社会—学校”系统，班级组织能否实现预期的社会功能，取

① 李学农．班级管理［M］．北京：高等教育出版社，2018：73.

决于组织本身的状态。而班级管理的作用就是要促使班级组织达到实现班级组织目的的最佳状态。可见，班级组织目的与班级管理目标并不等同。

（4）班级管理目标与班级中的个体

班级管理目标因班级组织的性质和目的的不同而不同。班级组织是由人组成的，教育组织的目的是直接指向人的，班级组织目标是直接关切每个人自身的发展的，班级管理就是为了使班级中的每个人能够在班级这一组织中正向地发展自己。班级管理的重要作用不但在于帮助学生学习自我管理，还在于促进学生人格的健全发展，促进学生个人的完善。

（二）班级管理总目标：立德树人

自党的十八大以来，我国把立德树人作为教育的根本任务。因此，立德树人理应是我国各级各类学校教育培养目标的总指向。那么，以促进学生发展、达成学校培养目标的班级管理，其总目标也应与现时代我国教育的这一根本任务相一致。

1. 我国班级管理目标的历史演变

班级管理目标是班级管理参与者对班集体未来发展的设想，蕴含了人们的价值预期和选择。基于不同的价值取向，班级管理目标也有着不同的侧重点。我国学校的班级管理目标，随着我国社会发展不同阶段对教育的不同需求，也随着我国教育理论及教育实践深广度的拓展，有着不同的发展及演变。

1949 年 9 月通过的具有临时宪法作用的《中国人民政治协商会议共同纲领》规定：“中华人民共和国的文化教育为新民主主义的，即民族的、科学的、大众的文化教育。人民政府的文化教育工作，应以提高人民文化水平，培养国家建设人才，肃清封建的、买办的、法西斯主义的思想，发展为人民服务的思想为主要任务。”这一时期的教育任务就是为生产建设服务，为培养国家建设的人才服务。这个时候学校培养目标及班级管理的目的更加注重学生社会性、集体性的培养。

1958 年在中共中央、国务院颁布的《关于教育工作的指示》中，明确地把党的教育工作方针表述为“教育为无产阶级政治服务，教育与生产劳动结合”把“共产主义社会的全面发展的新人”表述为“既有政治觉悟又有文化的、既能从事脑力劳动又能从事体力劳动的人”。这一表述一直延续到改革开放前。

1982 年，修订后的《中华人民共和国宪法》第四十六条规定：“中华人民共和国公民有受教育的权利和义务。国家培养青年、少年、儿童在品德、智力、体质等方面全面发展。”这一论述，更多地体现在对青少年儿童本身发展的关注，对个体发展素质的要求相较之前在表述上也更为全面、具体、精准。学校培养目标及班级管理的目标也开始关注学生德智体素质的全面发展。

2012 年，党的十八大报告指出：“全面贯彻党的教育方针，坚持教育为社会主义现代化建设服务、为人民服务，把立德树人作为教育的根本任务，培养德智体美全面发展的社会主义建设者和接班人。全面实施素质教育、深化教育领域综合改革，着力提高教育质量，培养学生社会责任感、创新精神、实践能力。”党的十八大报告把“立德树人”作为教育的根本任务，立什么德，树什么人，是教育的根本问题。学校的培养目标及班级管理的目标随着这一教育根本任务的提出，更加关注教育是要培养什么样的人。一是坚持人才培养的社会主义性质；二是坚持培养德智体美劳全面发展的人，以“德”为关键、为根本。

2. 立德树人的基本内涵

(1) 立德树人的历史溯源

立德树人的观点根植于中国历史文化的长河之中，对于立德树人这一说法反映了中华民族关于“德”的独特精神内核与价值逻辑，也深刻地影响了中国人对立德树人的具体实践表达。

在我国古代，“立德”和“树人”独立存在，各表其意。从字面看，“立德”一词最早出现在《左传·襄公二十四年》中的“三不朽”。“大上有立德，其次有立功，其次有立言。虽久不废，此之谓不朽。”① 在“三不朽”体系中，立德被排在首位；其次才是立功和立言，并统一于立德。

“树人”一词最早出现于先秦著作《管子·权修》中：“一年之计，莫如树谷；十年之计，莫如树木；终身之计，莫如树人。一树一获者，谷也，一树十获者，木也，一树百获者，人也。”② 在这里管子把树人与树谷、树木进行比较，强调了“树人”的重要性。

(2)“立德树人”的现时代发展

“立德”与“树人”合体并使用于教育领域，始于当代。要坚持育人为本，德育为先，把立德树人作为教育的根本任务。党的十八大以来，习近平总书记对“立德树人”多次进行了阐发，把对立德树人的认识提高到了一个新的高度。

习近平总书记指出：“要把立德树人的成效作为检验学校一切工作的根本标准，真正做到以文化人，以德育人，不断提高学生思想水平、政治觉悟、道德品质、文化素养，做到明大德、守公德、严私德。”为此，学校在培养人上下功夫：在坚定理想信念上下功夫；在厚植爱国主义情怀、加强品德修养上下功夫；在增长知识、见识上下功夫；在培养奋斗精神、增强综合素质上下功夫。立德树人标准一经提出，便与学校各项工作联系起来，是全过程、全方位育人的系统工程。

3. “立德树人”班级管理总目标的实现路径

班级管理的管理育人与立德树人具有内在的关联性。立德树人解决的是“培养什么样的人，怎样培养”的问题，管理育人要解决的也是人才培养的问题，两者具有同向性，管理育人功能的发挥，要围绕立德树人根本任务的实现，通过发挥管理的育人功能，促进学生进一步发展，最终完成立德树人这一根本任务。

(1) 树立管理育人新的价值理念

树立管理育人的新的价值理念，首先就要理解立德树人的“德”的内涵是什么。新时代“立德”所要“立”的是社会主义的“德”，是一种基于个人、国家、社会关系

---

① 杨伯峻．春秋左传注：修订本［M］．北京：中华书局，1990：1088.

② 耿振东．管子译注［M］．上海：上海三联书店，2014：22.

维度的尺度规约。私德指的是个体自身的修养层面，公德和大德指的是国家和社会层面。① 大德应明，公德重守，私德须严。教师在进行班级管理时要树立立德树人的新的理念，更好地发挥自己的榜样作用，实现班级管理的目标。

（2）发挥制度文化在管理育人中的引导作用

实现立德树人这一目标，制度文化起着非常重要的作用。管理育人工作制度是一项重要的基础性工作，务必关注规章制度的合理制定，以及制度的有序执行。为此，制定管理规章制度要融入立德树人的观念，符合班级管理育人的需要。同时，制度的生命在于执行。在制度实际运行中，要不断地实践检验，形成科学的、人性化的立德树人的制度保障体制。

（3）营造良好的班级文化环境

高效良好的班级文化对育人功能的发挥十分重要，对学生有着直接的或潜移默化的导向作用，对立德树人的实现有着很大的推动作用。良好的班级文化能使学生受到熏陶和影响，深化学生对班级的认同与归属感，最终实现完善人格、健全心理、身心健康等综合素质的养成。班级文化的育人功能可以从不同侧面、不同角度发挥出来，取得综合性育人效果。②

4. 班级管理目标的确立

在“立德树人”总目标的引领下，为了实现班级组织目标，教育者需要对班级目标进行周密详尽的分解设计。具体来说，制定班级管理目标及具体目标的程序要包括以下几个环节。

（1）全面收集资料，掌握基本情况

班级管理目标的制定，必须以班级的客观现实为基础，这就需要全面地了解班级的基本情况，包括对班级外部和班级内部的全面了解。班级外部涉及班级所处的学校、社区、社会的情况。学校方面包括学校本身的特色；社区方面包括学生的家庭背景，家长的教育期望，能提供的人力、物力和财力，社区的文化氛围等；社会则是指学生所处的社会大环境，包括政治、经济、文化的状态等。班级内部主要涉及班级中的个体，即学生。包括学生对未来发展的期望，学生的潜力，学生的年龄特点，等等。只有综合考虑班级内外的基本情况，才能制定与之相适应的班级管理目标。

（2）设计目标方案

首先，明确要达到的目标；其次，分析达到目标的条件，包括有利条件、不利条件等；再次，说明实现方案的途径、策略和步骤，这是方案中的关键内容；最后，对影响目标实现的不确定因素进行预测，给实际操作留下一定的调整空间。

（3）比较分析，择优选定

制定班级管理目标方案后，在实际操作中，要根据学生的发展情况，有针对性地调整班级管理目标。班级管理目标并非一经选定就固定不变，教育者应根据班级学生的情况（具体来说是身心发展特点、家庭、年级、社区等情况）的变化选择最合适的、最

---

① 虞花荣．论立德树人的内涵［J］．伦理学研究．2020（6）：82-87.

② 陈超．立德树人视域下管理育人的内涵厘定与实践路径［J］．思想政治教育研究，2016（3）：140-142.

能促进学生正向发展的班级管理目标。

（三）班级管理的具体目标

在“立德树人”总目标指引下，从操作的角度看，班级管理的过程就是将班级管理总目标落实在班级管理的全过程之中。班级管理主要包括班级组织建设、班级制度管理、教学管理和班级活动管理等方面，这些方面都理应围绕班级管理总目标展开。班级管理的总目标是在动态的班级管理运作中分阶段、分环节逐步实现的。

1. 班级组织建设

（1）班集体的内涵

班集体是按照班级组织规范和班级培养目标组织起来的，是以共同学习活动和直接人际交往为特征的社会心理共同体。班集体是学生学习、生活和成长的重要场所，良好的班集体对学生健康成长非常重要。因此，建设良好的班集体是班级管理的核心任务。①

班集体是一种正式的集体。班级成立之初，情况各异的学生走在一起，一个新的班级产生了，但是，此时的班级是一个松散的群体，没有组织结构，没有明确目标，没有制度约束，也没有形成凝聚力。班级组织建设的过程就是使群体变为正式的班集体，并引领集体健康发展的过程。

（2）班级组织建设的目标——良好的班集体

好的班集体具有以下四个标志。一是有明确的共同的奋斗目标。共同的奋斗目标是集体发展的方向和动力，确立了共同的奋斗目标，组织成员才能在思想和行动上保持一致。二是有严格的规章制度。没有规矩，不成方圆，只有制定了合理的规章制度，为每位学生的行为提供规范，才能发挥导向作用，引导每位学生向着共同目标努力。三是有健康的班级文化，班级文化是组织建设中极为重要的隐形规范，好的班级文化会潜移默化地帮助学生将集体的目标内化为自己的行动目标。四是学生个性充分发展。班集体建设的成功与否除了看成员能否为共同的目标一同努力外，也要看班集体能否提供空间和条件，使每位学生的个性得到充分发展。

为了尽快形成良好的班集体，在班级组织建设过程中，要充分发挥好班级管理两大主体的作用。班主任及教师在管理的过程中要具备良好的管理素养和较为丰富的管理经验，尽快带领班级中的学生参与班级建设；全体学生在教师的引导下，发挥自主性，创造性地参与班级建设，体现班级管理的主人翁意识。

2. 班级制度管理

（1）班级制度管理的目标——发挥德育正向功能

从立德树人总目标来说，班级制度与德育有着内在的逻辑关系。班级制度管理可以通过发挥制度的规范作用，与学校德育通过不同途径，在内容上相互渗透，在功能上相互支撑，共同促进学生的发展。② 因此，班级制度管理的目标就是激活班级制度的正向

---

① 王桂艳．德育与班级管理［J］．北京：北京师范大学出版社，2015：109.

② 王静文，易连云．班级管理制度的正向德育功能及实现路径［J］．理论前沿，2013（5）：4-7.

德育功能，通过制度的建设与管理，培养学生良好的品德，从而实现班级制度对人的育德功能。

（2）制定班级制度的依据

制定班级制度的依据主要来自三个方面：中小学学生行为规范、学校有关的规章制度及班级学生的具体情况。前两项为班级制度的制定提供了规范，而班级的实际情况则是班级制度制定的重要依据，切实考虑班级学生实际情况制定的班级制度才能更好地促进班级的发展。

需要指出的是，班级制度本身的合道德性，是实现德育功能的充分条件。班级管理制度的合道德性，体现班级管理制度的民主、公正、合理。首先，班级管理制度符合学生个人成长的合理需求，也就是在制定班级制度时要充分了解每一位同学，符合本班的学生的基本情况；其次，制定班级制度不是教师的一言堂，而是教师和学生在平等的基础上民主制定的过程；最后，班级制度制定要符合学生身心发展规律的结果，符合学生的认知水平。

3. 教学管理

（1）教学管理的意义

教学是学校的中心工作，班级作为学校的基层组织，是教学活动进行的场所。班级教学管理就是通过对教学的指挥、组织、协调，稳步推进班级教学活动，建立正常教学秩序，达成学生素质的提高和学生的成长发展。① 因此，通过班级教学管理建立正常的教学秩序，是班级完成教学任务、提高教学质量的重要部分，也是班级管理的中心内容，其他的管理活动都是为了协助教学的辅助活动。

（2）教学管理的目标——良性的文化氛围

从立德树人的总目标来说，教学管理既是教学的应然内核，又是促进实现教学目标、促进教学中的人的发展的一种管理。从制度化到文化，从目标管理到氛围管理是教学管理目标的演变路径。伴随着对教学活动本质认识的深化，作为承载“培养人、塑造人、发展人”等核心价值的教学实践活动，更需要充分尊重和关怀人性，需要将发展“主体”的人作为教学活动的首要前提。有学者将“主体性”视为现代教学论新的生长点，以人的生命价值实现为教学及教学管理的最高目标。② 为此，教学管理既注重学习目标的实现，又注重教学中的人的和谐发展。

这种和谐发展的教学管理目标，以全体参与者共同认可的教学价值观念，以及建立在这种价值观基础上的共同愿景为准则，按照民主自由、生命关怀、和谐幸福的价值取向，形成良性的教学文化氛围，实现师生教学的人性关怀，促成教学相长。③ 这种良性氛围既包括物理意义上的打造和谐的教学环境，也包括人文意义上的打造集体文化，通过内因与外因的改造，促进教学目标的顺利达成。

---

① 王桂艳. 德育与班级管理 [M]. 北京：北京师范大学出版社，2015：109.

② 李森，王牧华. 现代教育论生长点试探 [J]. 西南师范大学学报（人文社科版），2001（1）：50-55.

③ 杜海平. 论教师教育的人本价值诉求 [J]. 教育研究与实验，2003（3）：71-73.

（3）教学管理目标的实现

教学管理是班级管理的中心内容，是完成学校培养目标的前提，为了确保完成教学任务，促进学生的身心健康发展，就要保证课堂教学任务的顺利进行。因此，班级教学管理要充分发挥学生和教师的作用，形成良好的管理机制。① 一方面，要协调好以班主任和教师为核心的教师系统，目标一致，形成教育合力，相互作用，共同渗透；另一方面，要形成以班干部为核心的学生管理组织，作为教师和学生沟通的桥梁，及时地进行师生间的交流互动，实现班级同学的自我管理，养成自觉管理的意识。

4. 班级活动管理

（1）班级活动的性质

班级活动是开展班级管理，进行组织建设，实现班级管理目标的专门途径，是学校正规课程体系的组成部分。班级活动管理不同于日常管理，其在时间上较日常管理更固定化、专门化。班级活动管理也不同于教学活动管理，教学活动管理更多由任课教师来进行，更重视学习任务，对班集体的建设起的是辅助作用；班级活动管理是班主任直接进行的，对班集体的建设的作用更直接。

（2）班级活动的类型

班级活动可依据不同标准划分为不同类型。例如，按活动内容可划分为科技活动、文艺活动、体育活动、劳动活动、社会调查活动、社会公益活动和班会等；按活动的组织形式划分，有全班活动、小组活动等；按活动的空间划分，有校内的班级活动和校外的班级活动②；按活动的组织频次划分可以分为日常性的班级活动和阶段性的班级活动等。

（3）班级活动管理目标——促进班集体的良性运行

班级活动既是专门的教育活动，也是专门的管理活动。从立德树人视角分析班级活动，体现的是学生品德“知”“情”“意”“行”的发展与践行，是综合培养与提升学生素养的活动。班级活动管理的目标在于促进班集体的良性运行。

为此，班级活动管理必须体现计划性原则、针对性原则。一方面，班级活动要具有计划性、系统性。班级活动的计划，要考虑整个学校的培养计划、教学计划、学生的身心发展阶段、学生的身心发展需要等，有计划性地与学生的学习和生活相匹配，防止活动的零散、随意。另一方面，班级活动要具有针对性，每一次班级活动都要设计一个主题，这个主题要符合学生当下的需要与学生阶段性的发展重点等。

二、班级管理的类型

班级管理根据不同的分类方法，有不同的种类。按照民主的程度可以分为包办式管理、民主式管理、自律式管理和放任式管理；按照教师的工作角色可以分为命令型管理、说服型管理、参与型管理和授权型管理；按照管理的结构可以分为平行式管理和科

① 王桂艳．德育与班级管理［M］．北京：北京师范大学出版社，2015：112.

② 檀传宝．德育与班级管理［M］．北京：高等教育出版社，2019：340.

层制管理；按照管理的内容可以分为目标管理、日常管理和活动管理。

从德育视角看班级管理，这里将班级管理的类型相对分为：教师全权负责的“人治”管理、依靠制度的“法治”管理、合伦理性的“德治”管理、调动学生“无为而治”。

（一）班级管理的“人治”

班级管理可以分为他律和自律两种境界，他律是通过外因条件发生作用来规范、约束个体行为；自律相对于他律而言，是个体自觉地约束自己，是他律基础上的升华。①在班级管理的“人治”，教师或班主任是班级管理的核心，往往需处理班级管理中的所有事务，包括学生的学习、生活、卫生和纪律等各项工作。班级组织里的学生处于被动状态，学生与教师之间的关系是管理与被管理、约束与被约束的关系。在这一阶段，学生作为班级管理的参与者的作用还未显现，自律还没有发挥作用。

这一阶段的班级管理的特点是包办性、权威性、单向性，教师仅仅把自己作为班级管理的“主人”。首先，包办性是指这一阶段的所有班级管理事务都由教师负责，学生没有真正参与班级管理。教师在这一阶段包揽了学生的学习和生活，无论校内和校外都是教师在处理。这种“保姆式”包办替干，不利于学生自主性和独立性的发展，也不利于学生形成集体归属感。其次，权威性是指这一阶段所有的事务都是由教师决定，教师凭借权威，掌控学生的活动，教师是班级规则的制定者，学生是规则的遵守者，两者地位不平等，学生一切听从教师，容易养成依赖心理，抑制学生独立人格的形成。最后，单向性是指这一阶段是教师向学生单向输出的一个阶段，是教师发布命令规则，学生依照教师的要求执行，学生在这一事件中没有太多的话语权，师生还没有形成双向的交流。

案例点击

有这样一个“勤劳”的班主任，每天清晨，他早早地坐在教室里，虽然有领读的学生，但真正的“主角”还是老师。只见他有时轻声“操纵”领读的学生，有时索性自己“上阵”领读；每次上完课，他不忙离开，看着学生擦黑板吃力，他拿过黑板擦自己擦；每天中午吃完饭，他就急着往教室赶，怕去晚了班级纪律会“乱”，他担心学生不遵守时间规定；每天傍晚，学生扫完地，他总得在教室里看看，担心学生打扫不干净，被扣分；放学了，他一遍遍地叫学生整理书包、关好门窗，提醒学生别忘这忘那，学生走了，再去推推门窗，看是不是真的关上了。

班主任对学生的关心可以说是“无微不至”，但是在班主任“无微不至”的关心下，他的学生却并没有真正受益，不少学生做事马虎，责任心不强，缺乏自我意识，自主能力差。因为他们知道，班主任会为他们做好一切善后工作。这种

① 蒋关军，袁金祥．班级管理的境界变迁：从矛盾他律走向和谐自律［J］．广西师范大学学报（哲学社会科学版），2009（5）：91-95.

“保姆式”的管方式忽视了学生的主体性，阻碍了学生的自主、自理、自治能力的发挥。

（二）班级管理的“法治”

随着班级组织的不断发展，班级管理制度逐步健全。“硬制度”的形成减少了教师的“人治”压力，教师可以依靠班级的制度提高管理效率，体现以制度而进行的“法治”管理。

“法治”的班级管理，他律仍旧发挥主要的作用，是制度对学生的他律，班主任或教师把管理理解为纪律制度的“管控”。这一类型班级管理的特点是规范性、统一性、强制性。首先，在班级的“法治”阶段，已经制定了健全的规章制度。规章制度的本质功能就是对人的规范。规章制度明确了禁止和允许的内容，约束师生的行为。其次，是班级管理的统一性。制定班级制度就是为了使班级内个体朝着集体的目标共同进步。明确的班级制度，会产生统一的行为标准，进而产生了行为结果的一致性。最后，就是班级管理的强制性，班级的规章制度一经制定，便对每一个个体都具有强制性。当然，过分强调规范的约束性、统一性、强制性，会导致忽视个体差异性的情况，也不利学生个性的培养。

小思考

制度作为一种规范，体现的是学生能做什么不能做什么，是对人的限制，所谓“不立规矩，不成方圆”。同时，规范也是一种激励，一种诱导。激励学生应该做什么，诱导学生养成良好的行为习惯。班主任如果只看到制度规范对人的约束及限制，看不到规范的激励诱导作用，就会使规范成为一种外在的强制性的约束力，从而压抑学生的个性发展，压抑学生在规范面前的能动性、自觉性、创造性。

课堂点睛

当前不少班主任在班级管理中缺乏柔性，强调程序化管理，他们通过制定完善、严密的规章制度，对学生进行管束，在班级管理中强调服从性、计划性、统一性和定量评价，用强制手段进行管理。这对于加强学生的常规管理固然有效，但一些班级量化管理条文过于注重形式，不但不利于班级管理效率的提高和教育质量的改善，反而会限制学生的积极性。例如，S中学一年级2班班主任十分注重班规，对学生从早晨进校到放学离校的行为都进行了严格规定。进校看到老师不问好者扣0.1分，课间在教室里喧闹者扣0.1分，放学离校不整理桌椅者扣0.1分……弄得学生诚惶诚恐。

案例点击

“按分排座”能否激励学生自主管理？

武汉市某中学有近20年实行班级自主管理的历史。近日，该校高一（1）班根据学生对《班级公约》的执行情况评定学生的“行为分”，分数高的可以优先选座位，分数低的只能坐别的同学挑剩下的。

夏强（化名）在执行《班级公约》方面评分第一名，拿到了首个选位权，选择了第三排中间的位子。他说：“自己选座位，感觉不错。”

“按分选座”参考的分数不是学生考试成绩，而是学生执行《班级公约》的“行为分”。班级在每月第一周班会时调座位，每周还会进行大组轮换。

案例分析：有学者认为，学生的自主发展在生机勃勃的氛围中更容易实现。在班级建设和学生管理中，情感可能远比生硬的制度条文更能让学生接受。

（三）班级管理的“德治”

随着班级成员彼此之间的交流的深入，“硬制度”的内容和规范逐渐转化为班级成员的心理认同，内化为班级的文化氛围和精神风貌，无形的“软制度”的影响力渐渐形成，班级成为一个有思想、有灵魂的有机体。① 在班级的“德治”阶段，积极向上的班级文化，良好的班级精神氛围，教师自身的人格等，都作为“软制度”在无形中影响着班级里的每一个个体。

课堂点睛

从德育视角理解班级管理，“德治”的精髓是管理的合伦理性、合道德性：无论是管理者自身，还是管理的全过程、全环节、全方位，都贯穿着管理的伦理品性，表现出管理的善、仁爱、公正、自由、责任等。管理的善，即管理者对被管理者人格的尊重，对自身义务与责任高度认同，与被管理者有共同的利益追求等。管理的仁爱，体现的是管理者与被管理者相互之间的爱，管理的手段不应该是责骂、体罚等，管理应体现诺丁斯关怀视域下人与人间的平等与尊重。管理的公正，即管理者在管理过程中表现出正大光明、质朴、公道的品质，关心每位成员的合理需要。管理的自由，即管理者不以权力、威信压制人，而关心被管理者的权利，发挥他们的主体性及独立性等。管理的责任，即管理者把管理看成自愿的行动，在履行责任与义务方面以身作则，为被管理者做榜样等。

---

① 蒋关军，袁金祥．班级管理的境界变迁：从矛盾他律走向和谐自律［J］．广西师范大学学报（哲学社会科学版），2009（5）：91-95.

自律在班级的“德治”管理中发挥了作用。班级管理的“德治”具有了集体性、简约性、陶冶性。首先是班级管理的集体性。这一阶段“软制度”形成的班集体文化影响着班级内的每一个人，教师的品格及良好的班级风貌激励着班级中的每个人，大家为了共同的目标而努力。在追求班集体目标的过程中，班级成员所表现出的互相关爱、互相融合、共同进步等精神进一步丰富了班级的精神内涵，促进了班级良好风气的形成。其次是班级管理的简约性，到了“德治”阶段，学生自律在管理中发挥作用，教师或班主任负担减轻，他们是平等的班级成员中起带头作用的人。最后是班级管理的陶冶性。“德治”的班级管理使班级形成富有人文教育意义的互动情境。在这种情境中，每位参与班级活动的学生都能体会其中蕴含的人文精神，从而受到熏陶。

（四）班级管理的“无为而治”

班级管理的“无为而治”，其精髓在于教会学生自我管理，班主任有教育智慧，能让学生全面参与到班级管理之中。学生经过教师的培养具备了主人翁意识及自主管理能力，教师则转为幕后指导。

实现“无为而治”，要满足三个基本的条件。首先，建立民主和谐的班级制度。自由、公正、仁爱、合伦理性的班级制度是使班级管理井然有序、“无为而治”的基础。其次，培育积极和谐的班级精神。班级精神是班级群体形成的集体意识，涉及学习、生活、工作的方方面面。班级精神直接影响着班级的整体风貌，积极向上的班级精神会成为学生成长的动力。最后，学生有自主管理的意识与能力，这是教师放权的前提。教师要充分信任学生，培养他们良好的责任意识和自主管理习惯。实现“无为而治”的前提是要组建一个灵活的班级管理机构，形成“人人皆管理，人人被人管”的班级管理常态。如此，学生才有班级管理的积极体验，才能积极投身于班级管理之中。

第三节　班级管理模式

- 班级管理模式概述
  - 班级管理模式的概念
  - 班级管理模式的结构
- 班级管理的常规模式
  - 以教师为中心的管理模式
  - 以制度为中心的管理模式
  - 以学习任务为核心的管理模式
  - 以学生为核心的管理模式
- 德育视角下班级管理的取向：和谐管理
  - 传统班级管理的反思
  - 德育视角下和谐管理的内涵

一、班级管理模式概述

（一）班级管理模式的概念

模式具有方法论层面的含义，介于理论与实践之间，是经验和理论之间的一种具有可操作性的知识系统，是一种指导实践的理念性方法。

班级管理模式是在班级教育过程中，教育管理者根据社会对教育的要求，根据学校的教育目标，结合班级的培养目标，在实施班级管理活动的过程中形成的程序，是班级管理实践概括出来的方法论体系和理论框架。

班级管理模式不同，班级管理的效果也就大不相同。恰当的班级管理模式会促进班级整体的发展；反之，则会阻碍班集体的发展。因此，班主任或教师能否根据本班的条件制定科学合理的班级管理模式，对促进学生的健康发展有重要意义。

（二）班级管理模式的结构

班级管理模式的结构一般包括五个部分：理论基础、管理目标、运行机制、实现条件和评价程序。

1. 管理的理论基础

教育实践应当在理论指导下进行，班级管理模式蕴含班级管理主体的教育价值观。班级管理模式是班级管理主体在一定管理理念指导下构建的。一般来说，教育实践存在两大管理理念——人本主义管理理念和科学主义管理理念。科学主义强调管理的结果、效率；人本主义强调尊重人、关心人和理解人，通过激励手段来充分实现人的潜能和自我价值。科学合理的管理理念是二者的有机合成，相互渗透。

2. 管理目标

在班级管理模式的结构中，管理目标处于核心地位，不同的班级管理模式是为特定的班级管理目标服务的。管理目标虽然都要考虑教育目的和学校培养目标的要求，但是侧重点的不同，会导致不同的管理模式。

3. 运行机制

管理模式的运行机制主要包括内部的组织结构、规章制度、集体氛围和管理方式等。组织结构有“金字塔”式的结构、“一字型”的结构和扁平化的结构等；规章制度有的较为强硬，有的较为宽松，富有弹性；集体氛围有严肃压抑的，也有和谐友爱的；管理方式有经验式的、有专业科学化的、有情感式的。各个组成部分的选择最终反映的是教育管理者的管理理念。

4. 实现条件

不同的班级管理模式都是管理者根据社会对教育的要求、学校的培养目标和班级集体目标选择的，都有其适合的条件。如果不根据实际情况选择适合的管理模式，会导致班级管理的失效。实现条件包括物质条件和非物质条件，其中物质条件是指班级的硬件设施、班级的规模情况、学生的家庭情况等；非物质条件包括教师的个人特质、学生的身心发展特点、年龄特点等。

5. 评价体系

不同的班级管理模式要完成的班级管理目标是不同的，使用的条件和运行机制也是不同的。因此，相对应的评价方法和标准也就有所不同。

二、班级管理的常规模式

在通常情况下，根据班级管理的核心要素，班级管理可分为以教师为中心的管理模式、以制度为中心的管理模式、以学习任务为核心的管理模式和以学生为核心的管理模式。

（一）以教师为中心的管理模式

在这种模式中，教师是班级管理的核心，班级的大小事务基本都是由教师决定，这种管理模式一般发生在班级刚刚建成或者学生年龄比较小的低年级的班级之中。以教师为中心的班级管理模式，体现的是把儿童视为“无知者”的观念，在这种观念下，教育者倾向于把儿童看成可以任由成人摆布的对象①，儿童处在被成人支配的地位。例如，洛克的“白板说”认为儿童是任由成人书写的白板。

1. 以教师为中心的管理模式的主要特点

（1）全权负责

在以教师为中心的班级管理模式下，无论是学习、生活还是人际交往的大小事务都由教师负责监管，教师要全方位地照看学生。

（2）强调权威

由于班内的大小事务都由教师决定，学生处在被教师支配的地位，管理强调的是教师的权威，学生被要求服从教师的命令。

（3）地位不平等

这种管理模式强调教师是管理的主体，默认学生是管理的客体，忽视了学生在班级管理中的主体地位。师生之间不能平等地交流。师生关系更多的是教师制约学生、学生服从教师的纵向关系。

2. 以教师为中心的管理模式的弊端

这种模式过度强调教师的权威、权责、地位，会产生以下弊端。

（1）班主任负担重

班主任独揽大权，包揽班级内所有的事务。班主任事无巨细，对班级内的事情了如指掌，这需要班主任为班级管理付出很多精力。中小学班主任除了进行班级管理外，还要完成教学任务，花费太多时间和精力在班级管理上会影响教学任务的完成。

（2）学生形成依赖心理

班主任对班级大小事务的包揽会致使学生缺乏处理班级事务的经验，形成有问题找老师的惯性思维，久而久之，学生的自主性、积极性和创造性都得不到培养，不利于其

---

① 李学农．班级管理［M］．北京：高等教育出版社，2018：76.

独立人格的发展。

(3) 不利于民主和谐的班级氛围的产生

过度强调教师权威，学生就没有办法平等地参与到班级管理之中。师生之间的对话是不平等的，班级的氛围也往往不够活泼。

(二) 以制度为中心的管理模式

这种管理模式依靠建立严格的班级制度和不同层次的量化目标来确保班级管理工作的程序化和规范化。[①] 首先，以制度来管理学生就要让每一个学生都了解规章制度的内容，通过各种宣传形式来提高学生执行规章制度的自觉性，了解什么是该做的，什么是不该做的。其次，规章制度重在执行，明确规章制定的内容后就要保障制度得到落实，保证每位学生都遵守规章制度的要求。最后，使学生形成遵守行为规范的习惯。

以制度为核心的班级管理模式具有四个特点。一是规范化，班级内所有人的行为举止都要符合班级制度的规定，每个人的行为都要受到规范的约束。二是强制性，规章制度一经产生就对班级内的所有人具有强制力，任何人都不能违反班级的制度，违反将会受到惩罚。三是统一性，班级成员在规章制度的约束下，根据同一个行为标准行动。四是高效率，规章制度的执行会使班级管理更高效便捷，增强管理的效率。

然而，这种模式在运用时也会产生不好的影响。一方面，在班级管理的过程中，根据规章的要求采取一刀切的管理方式，会抹杀学生的差异性；另一方面，教师在管理班级时以制度为核心，完全根据制度评价学生的行为表现，不去管学生行为背后的原因，会阻碍师生间的深度交流和有效交流。

(三) 以学习任务为核心的管理模式

在这种模式下，班主任和教师把学生对知识的学习情况和对知识的掌握程度作为班级管理的核心内容，因此学习成绩也将作为班主任评价学生优劣的唯一标准。[②] 教师在进行班级管理的过程中只注重学生的成绩，学生的学习成绩是衡量班级管理效果的唯一指标，这样做忽视学生德、体、美、劳等方面的素质的发展。

这种模式表现为“唯学习论”“唯分数论”，教师的一切管理活动都是为了促进学生学习成绩的提高。班级管理的目标也因此表现出片面性。教育者不注重学生整体的健康发展，忽视学生身心发展的正常需求。

(四) 以学生为核心的管理模式

将学生作为核心的管理模式，是在以人为本的管理理念的指导下的一种管理模式。遵循关心人、尊重人、解放人和发展人的原则实行班级的管理工作，把学生作为班级管理的主体。强调班级管理过程中的民主、平等和尊重，以学生的需要为班级管理的目标导向。

---

① 张艳薇．魏书生班级管理模式研究［D］．沈阳：辽宁师范大学，2007：6.

② 张继忠．浅谈班级柔性管理对班主任的要求［J］．教学与管理，2002（19）：23-25.

这种管理模式强调教师工作的服务性，学生从被管制约束的对象转变为被服务的对象，教师根据学生发展的需要制订班级管理的计划；强调参与性，以学生为核心的班级管理强调教师和学生彼此之间的相互合作，学生参与班级的管理活动，成为管理的主人。

三、德育视角下班级管理的取向：和谐管理

（一）传统班级管理的反思

受传统文化的影响，我国现行的班级管理一度停留于“工具理性”范式之中。所谓“工具理性”是近代科技发展的产物，它追求控制、预测与效率，偏好工具性价值而不重视结果与意义，关心方法而不追问目的。反映在班级管理中则体现为要求学生“守纪律”“听话”“服从”，强调“控制”“强制”。班主任强制灌输，学生被动接受；班主任制定行为规范，学生被迫执行。这种班级管理观，实际上是把教师（班主任）与学生对立起来，把集体与个人对立起来，把他律与自律对立起来、把校内与校外隔离开来。这样，个人的主动性、创造性，以及个人的情感、需要、兴趣等被忽视，导致学生主体性丧失。

课堂点睛

我国新一轮课程改革在反思批判工具理性的同时，倡导科学教育与人文教育的融合，关注生命，关注人格。新课程认为，人具有交互主体性。交互主体性（intersubjectivity）也翻译成主体间性或主体际性，指两个或两个以上的主体之间的交互关系。在学校教育中，教师和学生都是权利主体。新课程倡导的交互主体性理念是基于哲学家胡塞尔和哈贝马斯对现代化过程中产生的工具理性的分析和批判而形成的。胡塞尔认为交互主体性是人与人之间理解、沟通和交往的前提。

交互主体性的交往理论给班级管理带来了一种全新的视野。首先，赋予学生及班集体以主体地位，将发展的主动权还给学生。其次，教师（班主任）和学生之间的相互沟通和交流是班级管理的核心要素，因此，建立一种民主平等、对话合作的师生关系，是班集体建设的重要条件。最后，形成一种和谐管理观。“交往理论”主张管理应延伸到广阔而丰富多彩的学生日常生活中，学生所有交往领域都应纳入管理的视界，从而形成一种全面的、系统的、和谐的管理观。

（二）德育视角下和谐管理的内涵

德育既是全面发展教育的组成部分，同时在某种意义上也是教育的手段。采用德育的方式进行班级管理，一方面有助于学生品德素质的提高，一方面有助于班级管理取得

实效。

从立德树人的意义上而言，班级管理的根本功能就是育人。因此，德育视角下的和谐班级管理通过各种班级管理活动，协调影响班级管理的内外因素，形成管理的合力。德育教育和引导学生把外在的制度、规范、约束转变为内在的道德观念、道德需要，在实践中不断唤醒和强化内心良知，养成理智的、能动的、积极进取的道德习惯。教育者应注重德育的社会性与个体性，真正实现个体的社会化和个性的全面、和谐的发展。德育视角下的和谐管理目标是实现他律和自律的和谐统一。

1. 和谐取向的班级管理模式的理论基础

（1）自主德育的提出

自主德育中的“自主”在汉语词典中的解释是自己做主，不受他人支配。自主德育强调在德育活动中把教育对象看作具有自主观念的独立个体，具备自主性、主观能动性和创造性。在这个意义上，德育视角下的管理，是学生自己把握主权、自觉行动的自我教育、自我管理；是明确学生主体地位，尊重学生主体性，发展学生自我意识和自我管理能力，强调主体与客体统一的和谐的班级管理模式。

（2）和谐理论

在管理学中，和谐理论强调以人为本、以情补性，关注人际关系的和谐。“和”指创造一种内部氛围，使成员具有良好的心理状态。比如，通过环境诱导、文化熏陶、自我主导、行为自律等手段，引导学生处理好心理问题。“谐”则是系统上的配置合理，比例得当，符合客观规律。

德育视角下的班级管理，以自主德育与和谐理论为基础，形成和谐管理的价值取向。因此，和谐管理的内涵就是通过一定的方法和手段，处理影响学生发展的各种因素之间的矛盾，并发挥学生的主体性和能动性，达到班级管理的自律境界。而这种自律，是自律主导下的自律和他律的辩证、和谐统一。综合而言，和谐班级管理体现的是：全员和谐，他律与自律和谐，制度和谐，环境和谐。

2. 和谐管理的实现

和谐管理是管理的最高境界，需要建立民主和谐的班级制度，塑造健康和谐的班级环境，在他律和自律之间形成促进班级管理的张力、合力和推力，将外在的他律的影响力内化为班级群体的自律影响力，将集体精神内化为个人的内在追求，达到个人发展和集体发展的协调，促进班级群体的健康成长。

为实现和谐管理，要着重做好以下四点。

一是形成人人参与的管理“生态”。自主德育视角下，班级管理的主体是学生。学生不仅仅要作为一分子参与班级管理，还要发挥自己的主体性，为班级管理出谋划策。班级成员人人都是管理者，人人都要管理他人，同时，又要做到自我管理。形成人人参与的管理“生态”，班主任还要协调校内各种教育因素，形成管理的合力。第一，要处理好与学校领导及学校相关管理机构的关系，求得学校对班级管理工作的理解与支持。第二，应充分发挥教师集体的作用，形成一个团结一致的教师集体。第三，应加强与家庭的合作，通过多种方式与家长取得联系，做好与家庭的合作教育。第四，应加强与社会的联系。让社会主义精神文明建设中涌现出的先进典型、英雄人物成为学生的榜样。

二是建立民主和谐的班级制度。在制定班级制度时，教师可以引导学生发挥主体性、能动性，民主协商班级制度，并在协商讨论的过程中把制度的要求内化为学生对自身的要求。

三是塑造和谐健康的班级环境。和谐健康的班级环境包括积极向上的班级文化和和谐的人际关系。健康向上的班级文化能在班级中创设出一种奋发、进取、和谐、平等的班级精神，使全班目的明确、协调一致。① 和谐的人际关系能够有效地解决各种矛盾，帮助整个班级团结友爱地聚在一起，为实现班级共同的目标努力。

四是培育积极和谐的班级精神。班级精神是班级内部舆论风气的汇集，能体现班级整体的风貌。班级精神相对于显性的班级制度来说，是隐形的，对班级内个体的影响是润物细无声的，是点滴渗透的，是“诱导演化”，是多种矛盾的“他律”向着和谐“自律”的耦合与升华。发扬班级精神有助于实现显性制度约束与隐性班级文化熏陶的和谐统一。

知识拓展

在我国中小学教育中，德育是教育者遵循个体品德形成的规律，借助一定的手段，通过内化和外化，发展受教育者的思想、政治、法制、道德和心理健康几方面素质的系统活动过程。从这个意义上说，我国学校的德育是广义上的“大德育”。从实施途径上来看，这种“大德育”是由个人、家庭、学校和社会共同支撑的共育。教育部颁发的《中小学德育工作指南》明确要求形成全员育人、全程育人、全方位育人的中小学德育工作新格局。这种德育格局，有机结合对学生品德形成影响的各种因素，构建多要素目标一致、理念趋同、管理协调、过程互动、内容互补、资源共享的完整德育结构体系。这是当代和谐德育的本质体现，也是实施立德树人的要旨所在。同样，也是班级和谐管理的要旨之所在。

思考题

一、名词解释题

1. 班级
2. 班级管理
3. 班级管理目标
4. 班级管理模式

① 陈小锋．论基于心理契约视角的企业和谐管理［J］．江西社会科学，2006（12）：119-121.

二、简答题

1. 班级的功能有哪些？
2. 班级管理有哪些特点？
3. 班级管理的“人治”有什么特点？
4. 班级管理的“法治”有什么特点？

三、论述题

1. 班主任的班级观及管理观对班级管理的影响。
2. 班级管理“德治”的核心及其启示。
3. 论述德育视角下和谐管理的内涵与要求。

四、材料分析题

请根据下面的情境设计一个班级管理方案，内容和方法自定。

初为班主任，我会在比较早的时间到达学校，指导、监督学生；对学生平等真诚、对工作尽心负责，每天都安排好班级具体事务。但我渐渐地发现，事必躬亲，真的很累，常常出现一些不尽如人意的情况。我开始反思，这样以班主任为主导的管理模式，表面上能使班级相对稳定，实际上却存在弊端。在这种模式下，学生对老师的依赖性强，习惯在老师的监督下学习和生活。从长远的角度来看，这对于班级的管理和学生的发展都是弊大于利的。

如果是你，会怎样调整和改变呢？

推荐阅读书目

1. 叶澜．教师角色与教师发展新探［M］．北京：教育科学出版社，2001.
2. 孙彩萍．道德教育的伦理谱系［M］．北京：人民出版社，2005.
3. 檀传宝．德育与班级管理［M］．北京：高等教育出版社，2013.
4. 钟启泉．班级管理论［M］．上海：上海教育出版社，2001.
5. 鲁洁．教育社会学［M］．北京：人民教育出版社，1990.
6. 张作岭，宋立华．班级管理［M］．北京：清华大学出版社，2010.
7. 李学农．班级管理［M］．北京：高等教育出版社，2018.
8. 王桂艳．德育与班级管理［M］．北京：北京师范大学出版社，2015.
9. 段作章，刘月芳．德育与班级管理［M］．南京：南京大学出版社，2014.
10. 成思危．和谐管理理论［M］．北京：中国人民大学出版社，2002.

Chapter

7

第七章
班级管理的主体

第一节　班级管理的主导性主体

知识结构

- 班主任在班级管理中的主导作用
  - 班级发展方向的主导
  - 班级教育者集体的主导
- 班主任的角色定位与职责
  - 班主任的角色定位
  - 班主任的职责
  - 班主任职责的界限
- 班主任的专业素养
  - 班主任的基础素养
  - 班主任的核心素养

班主任并不是班级唯一的教育者，也不是班级管理的唯一主体。班级作为学生在校期间的主要活动场所，是学生实现成长和人格独立的准社会。因此，学生不应该是班级中的被管理者，科任教师、家长也不是班级管理的旁观者，他们都应该成为班级管理的参与者。在这个意义上，班级管理的主体不仅仅是班主任，科任教师、学生和家长都是班级管理的主体，他们通过合作、协商、认同等方式平等参与班级事务管理，共同营造尊重、民主、平等的班级氛围。①

班主任、科任教师、学生和家长都是班级管理的主体，但他们在班级管理中发挥的作用并不相同。就班级而言，班主任需要主动联合其他的教育者和管理者，形成一种教育者集体，即“班主任主导的班级教育者集体”，这样才能更好地做好班级教育和班级管理工作。因此，班主任在班级教育和班级管理中起主导作用，是班级管理的主导性主体。②

一、班主任在班级管理中的主导作用

班主任是班级管理的主导性主体，班主任作为中小学阶段与学生接触最密切的人，是学校德育最直接的承担者。班主任在班级管理中的主导作用主要表现在对班级发展方向的主导和对班级教育者集体的主导两个方面。

（一）班级发展方向的主导

班主任作为一个班的“主任”，主导着整个班级的发展方向。

班主任对班级发展方向的主导体现在对班级秩序建立的主导上。班主任对“管理”

① 周敏燕．班主任主导多主体共建：“班级治理共同体”建设的实践探索［J］．教学月刊（中学版），2021（5）：54-58．

② 班华．班主任主导的班级教育者集体：与班主任朋友谈班主任：四［J］．班主任，2010（8）：7-9．

和“有序”的理解，基本上决定了班级秩序的走向。如果班主任理解的有序是齐刷刷地听话，那么令行禁止、整齐划一就是这个班级秩序最终的样态，这个班致力于培养的则是听话、循规蹈矩的学生。如果班主任理解的有序是有规矩而有弹性的，那么“严而不死，活而不乱”就是这个班级秩序的最终样态，在这样的班级中存在着一种“不听话度”，学生通常是遵守规则的，但充满活力，偶尔也会在一定程度上打破规则。

班主任对班级发展方向的主导还体现在对班级氛围营造的主导上。班级是温暖的、严肃的、充满竞争的、充满研究味道的还是充满童趣的，在很大程度上取决于班主任的主导。这种主导作用通常会在班主任对班级文化的营造中逐步体现。而且这种主导性不仅会有积极影响，也可能会有消极影响。

案例点击

文老师是某重点高中一个高三重点班的班主任。高三刚开学，当学生走进教室时，文老师已经在那里等候多时了。学生们惊奇地发现，每个人的座位都被指定了，座位上贴着写着姓名的纸条，教室前排放着一辆轿车的模型，后排放着一辆自行车的模型。学生们找到自己的座位坐定，文老师目光炯炯地扫视着大家，突然他指着最后一排和最前一排的两个学生说：“余强、林可，请你们想象一下，如果余强骑着自行车，和开着‘大奔’的林可在高速公路上相遇，那么，谁应该让给谁路？”

余强和林可都不知如何回答。“你们回答不出是吧，我来给你们答案。余强应该给林可让路，为什么呢？因为高速公路是为汽车修建的，你一个骑自行车的，没有资格在这条路上骑行。”

学生愣愣地看着文老师，他们不知道他葫芦里卖的什么药。文老师提高了声音说：“现在这场景虽然是想象，但有一天可能就是事实，它可能发生在你们每一个人身上！显然，骑自行车的是在高考中的失败者，开‘大奔’的是高考中的胜利者！”

教室里鸦雀无声。文老师又说：“大家或许注意到了，你们的座位都被我安排好了，请原谅我不给某些同学面子，我对分配座位的标准是，成绩好的坐前面，成绩差的坐后面。当然，如果你想坐到前面，离这辆‘大奔’近点，你就必须战胜一个个对手，让他们灰溜溜地坐到后排的自行车旁边。”①

小思考

你觉得文老师的教育方式如何？他的特殊的高三第一课会对这个班的学生产生了什么样的影响？

---

① 佚名. 两个老师的较量！[EB/OL].(2015-12-18)[2022-03-28]. https://www.sohu.com/a/49170626_113785.(内容有改动)

班主任在班级建设的价值导向和策略选择等方面发挥着巨大作用，有义务和责任主导整个班级向着积极向上的方向发展。

（二）班级教育者集体的主导

班主任、学生、科任教师及家长不仅是班级管理的主体，也共同构成了班级教育者集体。然而这个教育者集体不会自动拧成一股绳，想要形成合力就需要有一方发挥主导作用。班主任正是这个班级教育者集体的主导者。

班主任作为班级教育者集体的主导者，需要调动科任教师、学生、家长等各参与主体参与班级管理的积极性。班主任在班级管理中不仅要发挥应有的价值引领作用，还要征询不同主体的意见和建议，引导各主体明确职责和义务，实现民主协同、共建共享，提升班级工作决策的科学性。在班主任的主导下，班级教育者集体共同营造出充满正能量的班级环境和班级氛围，在教育和引导学生问题上保持方向一致、分工明确、团结协作，帮助学生更好地成长。

作为班级教育者集体的主导者，班主任还需要及时对班级教育者集体进行评价。班主任要从学生所处的成长和教育环境出发，对不同的班级管理主体进行评价，并通过沟通、反馈让不同主体的教育意识和能力有所提高，以达到更好的教育效果。

二、班主任的角色定位与职责

班主任究竟该做些什么？一是管理班级，一是引领班级或班级学生成长。2009 年，为了进一步加强中小学班主任工作，发挥班主任在中小学教育中的重要作用，保障班主任的合法权益，全面推进素质教育，教育部印发了《中小学班主任工作规定》。这一文件对班主任的角色定位与职责做出了明确规定。

（一）班主任的角色定位

《中小学班主任工作规定》明确提出，班主任是中小学日常思想道德教育和学生管理工作的主要实施者，是中小学生健康成长的引领者，班主任要努力成为中小学生的人生导师。其实，早在 2006 年的《教育部关于进一步加强中小学班主任工作的意见》中，中小学班主任的角色定位就被明确。“（班主任）是中小学教师队伍的重要组成部分，是班级工作的组织者、班集体建设的指导者、中小学生健康成长的引领者，是中小学思想道德教育的骨干，是沟通家长和社区的桥梁，是实施素质教育的重要力量。”

这两个文件的表述略有不同，但同样强调班主任对学生健康成长的引领和指导，而且这种引领和指导要在对学生的管理（《中小学班主任工作规定》中的表述）和班级建设（《教育部关于进一步加强中小学班主任工作的意见》的表述）中实现。这就意味着，班主任的工作一定是指向育人的，其途径在于班级教育，包括班级建设、在班级中对学生进行管理。而班级建设和学生管理离不开与不同主体如学生、家长、科任教师等的沟通。因此，与不同的主体建立起有助于学生成长的教育关系，在班主任的工作中有举足轻重的作用。

知识拓展

根据《中小学班主任工作规定》，选聘班主任应当在教师任职条件的基础上突出考查以下条件：

（一）作风正派，心理健康，为人师表；

（二）热爱学生，善于与学生、学生家长及其他任课教师沟通；

（三）爱岗敬业，具有较强的教育引导和组织管理能力。

综上所说，班主任是班集体的引领者、各种教育关系的建构者、学生个性化发展的促进者。于班级而言，班主任是班级的管理者和引领者；于学生而言，班主任是他们的引领者和促进者。与其他教师相比，班主任这一角色最突出的特点就在于，他们对学生的引领和促进更多是在班级教育中实现的。

（二）班主任的职责

从班主任的角色定位出发，很容易就可以得出，班主任的职责包括班级建设、关系建设、学生发展促进及价值引领。《教育部关于进一步加强中小学班主任工作的意见》在班主任的育人职责这一问题上提出，班主任要做好中小学生的教育引导工作、做好班级的管理工作、组织好班集体活动、关注每一位学生的全面发展，还要做好各方的协调沟通工作。《中小学班主任工作规定》凸显了全面了解和关爱班级学生，并将班集体的建设作为班级日常管理中的一部分等内容，同时强调了综合素质评价工作的重要性。

知识拓展

《中小学班主任工作规定》的第三章对班主任的职责与任务做出了如下规定：

第八条　全面了解班级内每一个学生，深入分析学生思想、心理、学习、生活状况。关心爱护全体学生，平等对待每一个学生，尊重学生人格。采取多种方式与学生沟通，有针对性地进行思想道德教育，促进学生德智体美全面发展。

第九条　认真做好班级的日常管理工作，维护班级良好秩序，培养学生的规则意识、责任意识和集体荣誉感，营造民主和谐、团结互助、健康向上的集体氛围。指导班委会和团队工作。

第十条　组织、指导开展班会、团队会（日）、文体娱乐、社会实践、春（秋）游等形式多样的班级活动，注重调动学生的积极性和主动性，并做好安全防护工作。

十一条　组织做好学生的综合素质评价工作，指导学生认真记载成长记录，实事求是地评定学生操行，向学校提出奖惩建议。

第十二条　经常与任课教师和其他教职员工沟通，主动与学生家长、学生所在社区联系，努力形成教育合力。

总体来说，班主任的职责包括三大类：一是班级建设，包括班级日常管理、班级文化建设、班级活动开展；二是引领学生发展，包括全面理解学生、关爱学生、综合素质评价、促进学生全面发展；三是协同多方形成教育合力。在班主任的各项职责中，全面理解班级内的每一个学生是基础，关爱全体学生、促进学生全面发展是目的，包括班级日常管理和班级活动开展在内的带班（班级建设）、学生的综合素质评价、协调与多种角色之间的关系都是育人的途径和辅助。

（三）班主任职责的界限

班主任的工作琐碎、繁杂，任务重、压力大，但这并不意味着班主任什么事儿都要管。虽然说，班主任要对班里的学生负责，但也不需要所有事情都管。班主任的职责是有边界的，要有所为，有所不为。

在对待学生的问题上，班主任要起到引领方向的作用，但不要事事包办。有一种说法是，懒老师教出勤学生，勤老师教出懒学生。如果班主任什么都管，那么最好的结果也不过是“管则顺，放则乱”，通常情况下，迟早有一天会管不住，越管越糟。反观那些管得少一些的所谓“懒老师”，学生的自我管理能力都比较强。班主任的职责在于引领学生发展，就像一个支架，在学生发展到一定阶段后就可以撤走，让学生自主发展。因此班主任要给学生一定的独立空间来思考和解决问题。同时，班主任也要给学生一定的空间容纳自己的秘密，不侵犯学生的隐私。换个角度来说，班主任事事包办与促进学生发展的职责不符。

在对待学生的家庭事务方面，班主任要引导学生正确看待与处理自己的家庭事务，但不应该插手学生家庭事务。例如，面对学生父母的感情纠纷问题，班主任可以引导学生正确看待父母之间的关系，减少父母的感情纠纷对学生带来的伤害，但不能插手。一方面这是学生的家庭的私事，甚至算是隐私；另一方面班主任也不是家庭关系调解员，很难全面、深入地了解事情的真相。班主任具有与家长沟通协调的职责，但没有干涉学生的家庭生活的权利。

对于特殊学生，班主任不一定要进行专业的心理辅导、干预或特殊教育。对于普通学校的班主任而言，其主要任务在于对班级和学生进行引领。对于有严重心理障碍、顽劣程度远远超过正常水平、发育相对迟缓的特殊学生而言，他们除了在普通班级随班就读外，还需要专业的辅导、治疗和特殊教育进行补充。把专业辅导、治疗和特殊教育的责任都加在班主任身上，既不合理也不现实。因此，班主任在面对这些问题时，其主要职责在于识别与甄别哪些属于超出普通教育范畴的学生、他们有什么问题，知道接下来应该借助哪些专业人士的力量来对其进行教育。

三、班主任的专业素养

很多班主任工作研究者对班主任的胜任力、核心素养或专业素养进行过论述。2016年之前，班主任胜任力这一说法使用较多，而且有很多研究致力于构建中小学班主任胜任力模型，并试图在实践中应用。2016年之后，随着“核心素养”潮的到来，班主任工作研究领域也开始使用班主任的素养或核心素养这一说法。与此同时，有关班主任胜任力的研究开始减少。2020年，耿申等提出了“班主任专业素养框架体系”，指出班主任专业素养由“基础素养”和“核心素养”构成。①

知识拓展

归纳而言，已有的班主任胜任力模型“大体围绕三个层面进行建构：其一，专业能力层面，例如教学育人能力、心理辅导能力、班级管理能力、知识结构、教育观念等；其二，个人情感层面，例如责任心、爱心、尊重情感、成就动机等；其三，人际交往层面，例如沟通能力、协作能力、处理与家长关系能力、与学生良好互动等”②。也有研究者从班主任担任的多重角色出发，将各种胜任力特征归结为“管理者角色胜任力、德育者角色胜任力、建设者角色胜任力、心理健康咨询者角色胜任力、协调者角色胜任力、教师角色胜任力”③。

关于班主任核心素养的代表观点有：迟希新提出的以育人为旨归的班主任核心素养：“在科学理念上须有对立德树人的教育本质和自身教育角色的深刻体认，在教育智慧上须有超越组织者、管理者、联系家庭桥梁和纽带的育人创见，在人格特质上要基于对学生真诚关爱、尊重的情感品质和教育情怀。”④ 齐学红在对中国班主任制度和当下班主任的角色现状进行批判性反思的基础上，提出未来班级的四个发展走向，在此基础上提出，班主任应具备“领袖型人格、学习型品质、课程开发者、教育家情怀”四种核心素养。⑤ 也有研究者从不同视角出发，把情感素质⑥、心理领导力⑦、评价素养⑧、学生发展指导⑨等作为班主任核心素养。

---

① 耿申，魏强，江涛，等．班主任的专业素养：基于实证研究的体系建构［J］．中国教育学刊，2020（12）：94-98.

② 刘永存，尹霞．中小学班主任核心素养：概念的梳理与厘清［J］．中小学德育，2016（5）：5-8.

③ 苌虹．基于胜任力的小学骨干班主任培训需求分析［D］．武汉：华中师范大学，2012.

④ 迟希新．以育人为旨归的班主任核心素养［J］．中小学德育，2016（5）：9-12.

⑤ 齐学红．未来班级发展走向与班主任核心素养构建［J］．教育科学研究，2017（2）：19-21，30.

⑥ 王俊山．情感素质：班主任核心素养的“核心”［J］．中小学德育，2016（5）：17-20.

⑦ 李季．心理领导力：班主任的核心素养［J］．中小学德育，2016（5）：13-16.

⑧ 苏启敏．评价素养：班主任核心素养的必要视域［J］．教育科学研究，2017（3）：35-40.

⑨ 林丹，卜庆刚．回归“育人”之初心：论“学生发展指导”作为班主任核心素养的探究［J］．教育科学研究，2017（3）：29-34.

（一）班主任的基础素养

班主任的基本角色是教师，针对教师所提出的素养要求都是班主任必须具备的。那些作为教师所应具备的一般素养就是班主任的基础素养，具体包括五项：为人师表、教育责任感、关爱学生的能力、教育教学能力、专业发展。

为人师表包括遵纪守法、品行端正、以身作则，这是班主任素养的前提和基础。为人师表要求班主任做到遵守法律法规，思想作风端正，严格要求自己。

教育责任感包括热爱教育事业、拥有教育理想，体现了班主任的职业道德规范。班主任应具有教育使命感和教育理想，对教育有思考和追求，对学生发展有高度责任感，尽心尽力对待教育工作。

关爱学生的能力包括尊重学生、理解学生、关心学生，这是班主任育人工作得以有效发挥的基础。班主任的育人工作，需要建立在对学生的全面了解、理解、爱护、尊重的基础上，唯此才能实施有针对性的教育。

教育教学能力包括教学能力、教育智慧，这项基本素养是教师角色赋予的本职要求。在教学能力方面，班主任应具备相关学科的基础知识和专业知识，具有课程开发和实施能力，能指导学生的学科学习；在教育方面，班主任应具备娴熟的教育技能和育人智慧，借助语言、动作、环境等方式教育学生，艺术性地、创造性地解决教育实践中的问题。

专业发展包括学习能力、反思能力、研究能力、创新能力，这是由教师职业的专业性决定的。教师是一种专业性强的职业，需要从业者具备终身学习的意识和能力。加之教师的主要职责在于教育教学，是否会学习、爱学习便显得更为重要。班主任在教育工作实践中，必须坚持理论联系实际的原则，不断总结经验、反思学习、研究创新，促进专业发展。

（二）班主任的核心素养

由于班主任角色的特殊性和职责的重要性，作为落实立德树人根本任务的急先锋，教育工作本身对班主任工作有着特殊要求，因而班主任还应具备超出普通教师的专业素养。这些超出普通教师的专业素养就是班主任的核心素养，是班主任与普通教师的差别所在，是班主任专业素养的核心内容。班主任的核心素养包括班集体建设能力、学生发展指导能力、教育沟通协调能力三项。

班集体建设能力是班主任立足于其特殊岗位的基本要求和重要基础，包括班级管理能力、集体建设能力。通常所说的班级管理、班级教育，都属于班级集体建设。班集体建设一般包含三个要素：一是有团队愿景（班级愿景），有目的、有规划、有计划、有组织；二是有团队领导，即需选班委、建领导团队；三是有交往规范，即需建制度、立班规、开班会、行民主。班主任要善于通过精细化、人性化、民主化的班级管理和班级教育，维护班级秩序，建立起学生的集体意识、规则意识和责任意识，形成友善、和谐的班级文化氛围。

学生发展指导能力是班主任核心素养的重心部分，具体包括价值观教育能力、个性化指导能力、身心健康指导能力、评价能力。班主任要引导学生建立正确的价值观，了解、理解、掌握、尊重每个学生的个性和特长，对学生开展个性化指导，善于疏导学生情绪、引导学生行为，能够恰当评价激励学生。

教育沟通协调能力是班主任核心素养的重要组成部分，具体包括沟通教育信息、协调教育关系、调动教育资源。班主任的教育沟通协调能力，既包括校内同事之间的沟通协调，也包括校外与家长和社区的沟通协调。其实班级管理和教育的本质就是协调——为达成一个共同的育人目标，调动相关人员互动起来，开展相互配合的教育工作。而协调重任的完成自然就落在班主任身上。班主任要通过沟通形成共识，让教育理念达成一致；协调各方以形成合力，让教育力量实现协同，共同完成立德树人的根本任务，实现育人目标。

有一个问题值得我们深思：在大力倡导和重视全员育人的今天，班主任的育人能力与其他教师的育人能力有什么不同？显然，班主任与其他教师的最大差别就在于“带班”，班主任对学生的教育更多是在带班的过程中发生，班主任的育人能力仅仅表现在对学生个体的教育，更要表现在对班级的管理，让对学生个体的教育在班级管理过程中同步发生。既然如此，我们就可以简单地理解为，只要是和班级建设相关，侧重通过班级来育人的就是班主任不同于其他教师的专业素养所在。

第二节　班级管理的发展性主体

知识结构

- 学生在班级管理中的主体作用
  - 在参与班级管理中达成班级自治
  - 在参与班级管理中实现自我发展
- 学生参与班级管理的不同层次
  - 班长作为班主任的代言人参与班级管理
  - 部分学生参与班级管理
  - 全体学生参与班级管理
- 班干部在班级管理中的责任
  - 维持班级秩序
  - 服务全体学生
  - 提升班级生活质量

在班级管理中，班主任固然主导着班级教育和班级管理的方向，承担着班级建设与发展的主要责任，但班主任发挥作用的方式，更多的是幕后的支持、鼓励与帮助，他们的任务直接指向学生的社会性和个性发展。在班级管理中直接发挥作用的其实是学生，他们在参与各种班级教育活动的过程中自主决策、践行、锻炼与发展。所以说，学生是班级管理的参与性主体和发展性主体。①

一、学生在班级管理中的主体作用

在班级管理的众多主体中，学生是主动寻求自身成长的主体，也是自我管理的主体，而其他班级管理的主体都是为促进学生发展服务的。学生在班级管理中的主体地位以参与性主体和发展性主体为表现形式，其主体作用表现为班级自治和学生自我发展。

（一）在参与班级管理中达成班级自治

学生是民主参与班级管理的主体，班级应成为学生的自治组织。班级自治不是一蹴而就的，而是在学生不断参与班级管理的过程中逐步实现的，每个学生都是班集体建设的主体。

把学生作为班级管理的参与性主体和发展性主体，意味着班主任和学生之间的关系不再是管理者与被管理者、监控者与被监控者的关系，而是用心发现者与主动展现者、促成发展者与主动参与者的关系。班主任要尊重学生的主体性、主动性和发展可能性，并通过把一部分班级管理的权利交给学生，指导和引导他们参与班级管理，让学生在班级管理中的主体作用得以彰显。班级中的每个学生都可以对班级事务提出不同意见，并通过师生协商、生生协商共同执行。经过这样不断实践，班级逐渐实现自治。

（二）在参与班级管理中实现自我发展

不可否认，作为班级管理的发展性主体的学生指的是班级学生这一群体，但这种群体主体并不与个体对立，它是由个体主体组成的群体主体。学生在班级管理中的主体作用应该体现在每一个具体的学生身上，或者说以每一个学生个体的主体地位为基础。一方面，每一个学生都要参与到班级管理中；另一方面，每一个学生都要实现自我发展。每一个学生的主体作用都在班级管理中得以发挥。

要想让学生真正成为发展主体，就需要让学生充分地掌握自己的发展主动权，主动而有效地拓展自己的发展空间，充满智慧地提升自己的发展质量。班级管理活动为此提供了大量机会。参与班级管理使学生提高做事能力，学习做人之道，获得价值引领。从教育目标来理解学生在班级管理中的主体地位，着眼于每一个具体学生个体的成长；从工作思路上来理解学生在班级管理中的主体地位，着眼于学生群体的交互影响，着眼于学生参与班级管理甚至自主管理。②

其实，如果学生的主体作用没有在班级管理中发挥出来，学生没能在参与班级管理中实现自我发展，班主任的主导作用就没有真正实现。

---

① 李伟胜．班级管理［M］．上海：华东师范大学出版社，2010：43.

② 李伟胜．班级管理［M］．上海：华东师范大学出版社，2010：44.

二、学生参与班级管理的不同层次

虽然在学生应参与班级管理的这点上，大部分教育者已经达成共识，但不同的教育者对学生参与班级管理的认识不同，在现实中，学生实际参与班级管理的层次也不同。根据参与班级管理的学生人数及其参与程度，学生参与班级管理大体可分为三个层次。

（一）班长作为班主任的代言人参与班级管理

班长是学生参与班级管理的一个重要角色。如果班长仅仅是班主任的代言人，那么他的学生身份就被淡化，他表达的是班主任的看法，执行的是班主任的命令。在这种情况下，看似有学生参与班级管理，实际上学生的参与程度却很低，主要还是班主任在管理班级。若整个班委会或所有班干部都是班主任的代言人，情况也与此相同。

（二）部分学生参与班级管理

通常情况下不会出现所有班干部都成为班主任的代言人的情况。以班干部为代表的部分学生参与班级管理，在一定程度上就标志着学生已经开始参与班级管理了。

如果参与班级管理的部分学生能够在班级管理中适当反映、考虑其他学生的看法和立场，学生的主体性就能够在班级管理中得到较好的体现。反之，如果他们时刻以“干部”身份自居，甚至认为自己高人一等，班级管理就会出现问题。不仅其他学生的主体性无法体现，他们自己的主体性实际上也没有得到真正体现。因为学生在班级管理中是发展性主体，班干部这种将自己与其他学生对立起来的做法，是一种社会认知扭曲的表现，已经偏离了良性发展的方向。当然，班主任有责任引导学生正确认识班干部的角色定位。

案例点击

2015 年 5 月 22 日，《新闻 1+1》栏目报道了一起发生在安徽怀远县火星小学的事件。一个只有 7 个人的六年级班级，副班长拥有检查家庭作业、监督背书等权力。这个孩子，把这点权力运用到了极致。从二年级开始，他多次以检查别人作业和学习进度为由，索要财物、逼迫学生喝尿。据该班学生描述，为了达到副班长对于完成作业的标准，其他同学把自己的零花钱或者从家里偷来的钱交给副班长，每次金额从几元到几十元。如果不给钱，就不能通过作业检查，甚至还要被逼着喝尿。这样的情况不止发生在一个孩子身上。事件被媒体曝光后，班主任称，她之所以要把检查作业的权力交给副班长，是想培养班干部的管理能力、服务意识。关于索要财物的事情，她说自己曾经发现过 3 次，认为自己都已经处理好了。至于家长说的不止 3 次，她的说法是，如果家长不告诉她，她是不会知道的。而对于副班长逼迫学生喝尿的事情，她是 2015 年 5 月 2 日才知道的。

不管如何，仅让部分学生参与班级管理的模式存在一定缺陷。因为如果班级管理只是部分学生的特权或专利，那么大多数学生会失去参与班级管理的积极性和主动性，这对班级建设和学生发展而言都是不利的。

（三）全体学生参与班级管理

如果班干部能够反映所有学生的想法，替所有学生发声，这就距离最高层次的全体学生参与班级管理不远了。全体学生参与班级管理使学生的参与性主体作用和发展性主体作用得到充分体现。不过在现实中，如果只选出少部分班干部很难达到这样的效果。

班级管理不应该只是少数学生——通常是学习好、纪律好的学生——的专利。所以如果能够通过一定的制度和程序，让每一位学生的意见和观点都得到表达和尊重，使班级成员的意见和想法都得到倾听和尊重，那么班级管理就会事半功倍。这一目标要么通过完善班干部选拔、工作制度，增强班干部能力来实现，要么通过直接让更多的学生甚至全班学生参与班级管理来实现。无论哪一种方式，都有助于学生自觉遵守班级的各种规章制度，班委会的各项工作也会得到大家的支持。这才充分体现了学生在班级管理中的主体作用。

三、班干部在班级管理中的责任

班干部的作用贯穿班级建设始终，班干部是班级管理的中坚力量。班干部往往被理解为一种制度型的班级管理角色，但如果班主任对班干部的理解仅仅停留在这个层面，就容易导致班级管理出现偏差，影响班级建设和学生的身心发展。班主任一定要认识到，班干部首先是普通学生中的一员，并不具备所谓的特权；班干部是班主任的助手，但绝不是代言人、下属或替代者；人人皆有机会担任班干部，但须胜任相应的岗位。

班干部在班级管理中的责任大体上可以从维持班级秩序、服务全体学生、提升班级生活质量这三个层面来理解。

（一）维持班级秩序

从班级管理的角度来考虑，班干部的首要职责就是维持班级秩序。不论是帮助班主任维持班级秩序，还是促进班级自主管理，都是在维持班级秩序。

班干部要维持班级秩序，但班干部绝不是教师控制班级的工具。参与班级管理是学生主体性的体现，学生要在参与班级管理中实现自我发展。当班级出现纪律问题时，不能断言班干部不负责任。维持班级秩序虽然是班干部的职责，但这并不意味着班干部要对班级纪律全权负责。任用班干部不是为了减轻教师自身的管理负担，而是为了促进学生更好地发展。而且班干部维持班级秩序是参与性的，更是发展性的，需要班主任不断引导。

通常，班干部需要借助班级的规章制度和一定的议事程序来维持班级秩序。因此，组织班级会议、执行与完善班规是班干部的重要工作内容。

（二）服务全体学生

从班级是个成长共同体的角度来考虑，班干部的职责在于为全体学生服务。因为共同体中总是存在着一些公共事务需要一些有奉献精神的成员来完成，为全班学生服务的奉献精神正是对班干部的基本要求。在这个意义上，班干部有点像班级中的“志愿服务者”。班干部和其他同学一样都是地位平等的学生，他们在班级中没有特权，只不过有机会为班级共同体多做一些事情而已，而这些事情的主要性质是“服务”。①

如果说维持班级秩序多多少少有一些对上负责的意思，那么服务全体学生则完全是对班级负责、对自己负责。② 班干部实际上就是在为全体学生服务的过程中实现主动发展的。

很多班主任开始在班级中以岗位责任制（志愿服务岗等）代替班干部制，让那些有服务意识、有服务能力、公正、负责、有热情的学生在适合他们的岗位上服务全体学生。学生也正是通过承担不同的服务工作，让自己获得更多锻炼和发展自身多方面能力的机会，获得他人对自己的尊重和认可，获得成就感，等等。

案例点击

在绍兴某小学，班长、副班长等班干部成为“过去式”，取而代之的是全年级推行“和雅志愿者”制度。所有学生都可以通过自愿申报、体验服务、优先上岗等三个环节成为志愿者，岗位服务时间最短的一个月，最长的一年。志愿者有班队活动组织员等30余个岗位，学生可以根据自身的实际情况申请不同的岗位，体验后如果觉得不适合，可以随时申请换岗。学校通过设置多种为同学、社会服务的志愿者岗位，实现了集体管理“人人参与、我为人人”的目标。③

（三）提升班级生活质量

班干部的履职情况关乎整个班级生活的质量。除维持班级秩序、服务全体学生之外，班干部担负着提升班级生活质量的职责。服务于全体学生的班干部应该有主动处理班级事务、根据学校教育要求和班级生活实际不断提出班级发展新目标和新计划的意识与能力，并在班级日常生活中激发每一位班级成员的活力，促使班级凝聚力形成，从而不断提升班级生活质量。

不可否认，班主任对此负有很大责任，但班干部作为普通学生的一员，比班主任更了解学生的生活。在为提升班级生活质量而努力的过程中，班干部的主体性也得到了更好的发展。因此，班干部主动促进班级生活质量提升，才是学生在班级管理中的主体作用的最高体现。

---

① 李双，周成海．论小学班级管理中班干部的角色定位［J］．大连教育学院学报，2015，31（2）：77-78.

② 李伟胜．班级管理［M］．上海：华东师范大学出版社，2010：86.

③ 刘东海，汪慧，张延华．新时代少先队工作时代性境遇与超越：基于浙江绍兴塔山中心小学全面取消班干部制度的实证研究［J］．青少年研究与实践，2018，33（1）：84-89.

第三节　班级管理的协作主体

○ 班级管理中多元主体的协作

○ 科任教师在班级管理中的责任

- 自己的课堂自己负责
- 配合班主任

○ 学生家长在班级管理中的责任

- 信任班主任
- 支持班主任，结成同盟

班主任和学生是班级管理中最重要的两个主体。但班级管理与班级教育并不只发生在班主任和学生之间，还有很多角色会对班级管理产生重要影响。应让他们成为班级管理和班级教育的协作主体，与师生一起提升班级的育人效果。

一、班级管理中多元主体的协作

班主任、科任教师、学生和家长都是班级管理的主体，他们通过合作、协商等方式平等参与班级事务管理。除此之外，学校中的其他教师、其他班级的学生、社会人士其实也在不同程度上对班级管理产生影响。就一个班级而言，与其相关的各种角色之间的关系应该如图 7-1 所示：

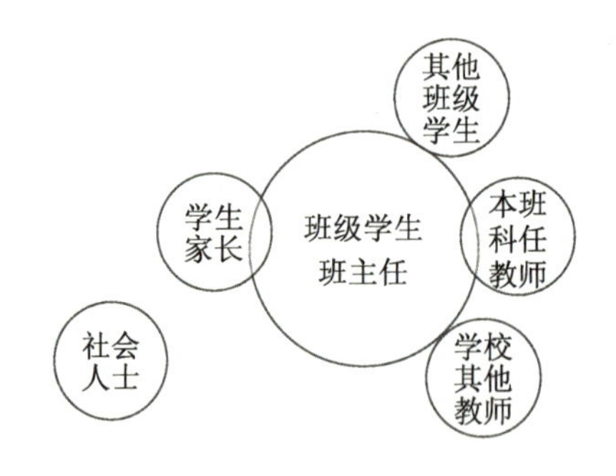

图 7-1　班级管理中各种相关角色的关系

科任教师和学生家长是与班级管理联系最为紧密的两个角色，是班级管理的协作主体。

二、科任教师在班级管理中的责任

科任教师是班级教育者集体的重要成员，也是班级生活的局内人。他们虽然不像班主任那样长期置身于班级生活中，却是班级的定期访客，而且要通过学科教学对学生施加影响。因而他们在班级管理中能够发挥应有的协作主体作用，与其他主体形成教育合力。科任教师在班级管理中最主要的责任体现在自己的课堂管理和对待班主任的态度中。如果科任教师可以对自己的课堂负责，同时积极配合班主任教育引导学生，就较为充分地发挥了自己的协同育人职责和协作主体作用。

（一）自己的课堂自己负责

科任教师对班级的管理主要表现在课堂管理上。从理论上来说，课堂管理的职责应该由相应的科任教师承担，但在实践中，经常会出现科任教师把课上出现的问题交给班主任处理的情况。这样意味着科任教师把本属于自己的责任推给了班主任。

科任教师作为班级管理的协作主体，首先要履行的职责就是做好自己的课堂管理工作，解决课堂上出现的问题，而不是把责任推给班主任，自己当“甩手掌柜”。当然，不可否认，一些学生的问题不只出现在某一节课上，科任教师对学生的了解也不如班主任充分，但这并不能成为科任教师推诿责任的理由。如果科任教师需要了解学生的更多信息，可以向班主任寻求帮助，共同处理好这一问题。无论如何，科任教师都应该对自己的课堂负责，还应该注意自己的课堂对学生的隐性影响。

（二）配合班主任

作为班级管理的协作主体，科任教师不能喧宾夺主，更不能与班主任唱反调。如果把班级看成动车组的话，班主任就是车头，科任教师就是动力装置，而学生则是奔向成功和希望的乘客。班级管理不仅要发挥班主任的领导作用，也要充分调动科任教师的积极性，让他们主动参与班级管理。只有这样，班级才能像动车组那样跑得又稳又快。①

科任教师配合班主任的工作，意味着与班主任目标一致，并以此目标统一思想。如果科任教师坚持自己的目标和理念，全然不顾班主任对班级的管理目标，则会使班级管理混乱。

科任教师配合班主任的工作，还意味着经常与班主任互通情况，切磋方法，统一要求，分工合作。科任教师可建议班主任定期召开科任教师联系会，在组织任课教师研究学生思想动态、学习状况的基础上，制定或调整班级目标。通过联系会，科任教师之间也可以互相沟通、互相协调，从而群策群力，为班集体发展贡献智慧和力量，形成教育合力。此外，还应视情况与班主任沟通个别学生的问题。当然，科任教师有权保留自己与学生之间的小秘密，这也是教育智慧的体现，但对于那些情况比较严重的，尤其是学生自己还无法独立解决的问题，一定要及时与班主任沟通。

科任教师对班主任的配合，还表现在积极参加主题班会等班级活动方面，例如，在班级建设和班级教育中发挥自己的专长等。

---

① 张国平．“动车组”的启示：让科任教师主动参与班级管理［J］．班主任，2009（2）：27.

三、学生家长在班级管理中的责任

家长是班级教育者集体中不可缺少的成员。家长通常并不直接参与班级生活，但他们作为学生的监护人对学生个体的影响很大。家长的协助对于解决班级管理中存在的问题，尤其是解决复杂的学生问题有着举足轻重的作用。家长能否在班级管理中发挥出应有的协作主体作用，与其他主体形成教育合力，事关重大。家长应当信任班主任，在班级管理中与班主任合作，为班级管理提供适当支持。

（一）信任班主任

家长发挥协作主体作用的一个重要前提，就是家长要对班主任有足够的信任。家长对班主任的信任主要来源于两个方面：一是看到班主任对自己孩子的无条件的爱；二是对班主任的专业能力的信服。不可否认，让家长对班主任产生信任感是需要一定的时间的，但至少有两点是学校或班主任从一开始就可以做的。

第一点是告诉家长，无论对班主任的做法有什么疑问或不理解，都要及时与班主任沟通，而不要诋毁班主任，尤其是当着孩子的面。同时让家长知道，如果沟通效果未达到预期，可以按照学校的家校沟通规定联系分管领导。第一，家长抱怨和诋毁班主任只会强化自己的对班主任的不信任；第二，家长在自己的孩子面前诋毁其班主任，会让学生对班级和学习产生抵触心理。当家长理解了这些，在质疑班主任与积极沟通之间，他们自然会选择后者。

第二点是通过多种方式让家长积极了解学校、班级及班主任的教育目标、教育理念。《中华人民共和国家庭教育促进法》把与中小学校、幼儿园、婴幼儿照护服务机构、社区密切配合，积极参加其提供的公益性家庭教育指导和实践活动，共同促进未成年人健康成长，作为家庭的责任之一。为了让家长更愿意参加和接受学校或班主任提供的家庭教育指导，支持学校的教育工作，首先要让家长了解学校和班级的教育理念和目标。

做到上述两点，随着时间的推移，家长会越来越信任班主任。

知识拓展

《中华人民共和国家庭教育促进法》第二章对家庭责任进行了详细规定。其中与未成年人教育的方向以及学校教育有关的内容有如下几条。

第十四条　父母或者其他监护人应当树立家庭是第一个课堂、家长是第一任老师的责任意识，承担对未成年人实施家庭教育的主体责任，用正确思想、方法和行为教育未成年人养成良好思想、品行和习惯。

共同生活的具有完全民事行为能力的其他家庭成员应当协助和配合未成年人的父母或者其他监护人实施家庭教育。

第十五条　未成年人的父母或者其他监护人及其他家庭成员应当注重家庭建设，培育积极健康的家庭文化，树立和传承优良家风，弘扬中华民族家庭美德，共同构建文明、和睦的家庭关系，为未成年人健康成长营造良好的家庭环境。

第十六条　未成年人的父母或者其他监护人应当针对不同年龄段未成年人的身心发展特点，以下列内容为指引，开展家庭教育：

（一）教育未成年人爱党、爱国、爱人民、爱集体、爱社会主义，树立维护国家统一的观念，铸牢中华民族共同体意识，培养家国情怀；

（二）教育未成年人崇德向善、尊老爱幼、热爱家庭、勤俭节约、团结互助、诚信友爱、遵纪守法，培养其良好社会公德、家庭美德、个人品德意识和法治意识；

（三）帮助未成年人树立正确的成才观，引导其培养广泛兴趣爱好、健康审美追求和良好学习习惯，增强科学探索精神、创新意识和能力；

（四）保证未成年人营养均衡、科学运动、睡眠充足、身心愉悦，引导其养成良好生活习惯和行为习惯，促进其身心健康发展；

（五）关注未成年人心理健康，教导其珍爱生命，对其进行交通出行、健康上网和防欺凌、防溺水、防诈骗、防拐卖、防性侵等方面的安全知识教育，帮助其掌握安全知识和技能，增强其自我保护的意识和能力；

（六）帮助未成年人树立正确的劳动观念，参加力所能及的劳动，提高生活自理能力和独立生活能力，养成吃苦耐劳的优秀品格和热爱劳动的良好习惯。

第十七条　未成年人的父母或者其他监护人实施家庭教育，应当关注未成年人的生理、心理、智力发展状况，尊重其参与相关家庭事务和发表意见的权利，合理运用以下方式方法：

（一）亲自养育，加强亲子陪伴；

（二）共同参与，发挥父母双方的作用；

（三）相机而教，寓教于日常生活之中；

（四）潜移默化，言传与身教相结合；

（五）严慈相济，关心爱护与严格要求并重；

（六）尊重差异，根据年龄和个性特点进行科学引导；

（七）平等交流，予以尊重、理解和鼓励；

（八）相互促进，父母与子女共同成长；

（九）其他有益于未成年人全面发展、健康成长的方式方法。

第十八条　未成年人的父母或者其他监护人应当树立正确的家庭教育理念，自觉学习家庭教育知识，在孕期和未成年人进入婴幼儿照护服务机构、幼儿园、中小学校等重要时段进行有针对性的学习，掌握科学的家庭教育方法，提高家庭教育的能力。

第十九条　未成年人的父母或者其他监护人应当与中小学校、幼儿园、婴幼儿照护服务机构、社区密切配合，积极参加其提供的公益性家庭教育指导和实践活动，共同促进未成年人健康成长。

第二十二条　未成年人的父母或者其他监护人应当合理安排未成年人学习、休息、娱乐和体育锻炼的时间，避免加重未成年人学习负担，预防未成年人沉迷网络。

知识拓展

《中华人民共和国家庭教育促进法》在第四章社会协同中，对学校对家庭教育的指导做出了规定。

第三十九条　中小学校、幼儿园应当将家庭教育指导服务纳入工作计划，作为教师业务培训的内容。

第四十条　中小学校、幼儿园可以采取建立家长学校等方式，针对不同年龄段未成年人的特点，定期组织公益性家庭教育指导服务和实践活动，并及时联系、督促未成年人的父母或者其他监护人参加。

第四十一条　中小学校、幼儿园应当根据家长的需求，邀请有关人员传授家庭教育理念、知识和方法，组织开展家庭教育指导服务和实践活动，促进家庭与学校共同教育。

第四十二条　具备条件的中小学校、幼儿园应当在教育行政部门的指导下，为家庭教育指导服务站点开展公益性家庭教育指导服务活动提供支持。

第四十三条　中小学校发现未成年学生严重违反校规校纪的，应当及时制止、管教，告知其父母或者其他监护人，并为其父母或者其他监护人提供有针对性的家庭教育指导服务；发现未成年学生有不良行为或者严重不良行为的，按照有关法律规定处理。

第四十四条　婴幼儿照护服务机构、早期教育服务机构应当为未成年人的父母或者其他监护人提供科学养育指导等家庭教育指导服务。

（二）支持班主任，结成同盟

教师是专业的教育工作者。对于学生的成长来说，家长是学校的同盟军、是班主任的同盟军。班主任要尽最大努力争取家长的支持，与家长结成同盟，形成家校教育合力。班主任要努力让家长认同自己的班级教育理念，并在家庭教育中与自己保持方向一致，进而支持班级管理和班级教育。

班主任要帮助家长理解家庭教育与学校教育责任的不同，家庭教育的主要职责是营造良好的家庭环境，促进孩子身心健康发展，养成良好的行为习惯等。班主任还要号召家长尽量陪同孩子参加学校布置的周末参观、游览等主题实践，以确保孩子的安全、丰富孩子的生活体验。

与家长结成同盟，要求班主任赋予家长对学校教育的知情权、建议权、监督权以及参与决策权，这些权利主要通过家委会来发挥。班主任需要根据家长的意愿组建家委会，对家委会人员组成、工作内容、运行机制等方面进行商讨，调动家长参与班级治理的积极性，与家长共商班级愿景，共建班级文化，让家长协助策划班级活动方案，协同组织班级活动。

班主任还可以充分挖掘家长的特长和优势，号召家长为班级管理和班级教育提供资源上的支持。家长可以结合自己的特长、优势、职业等为班级教育、班级活动提供素材和支持，以发挥作为班级管理协作主体的作用。比较常见的做法有，在各种班级活动中招募家长志愿者，开设家长课堂，让家委会自主策划社会活动，尤其是那些在学校里无法完成或学校不能举办的活动。

除此之外，班主任也要学会借助家长的优势，解决学生的问题，让家校沟通更顺畅。因为家长与家长之间更容易沟通，有时班主任不方便沟通的问题，可以委托家委会或某个家长协助沟通。这也体现了家长在班级管理中的协作主体作用。

思考题

一、名词解释题

1. 班级教育者集体
2. 班主任
3. 班干部

二、简答题

1. 班级管理的主体有哪些?
2. 科任教师在班级管理中有哪些作用?
3. 家长在班级管理中有什么作用?

三、论述题

1. 简要论述在班级管理中，班主任与其他老师的不同。
2. 如何理解学生是班级管理的发展性主体?

四、材料分析题

根据材料，试分析做一名班主任应怎样教育学生才能取得良好的效果。

陈老师是一位青年教师，工作热情非常高，他对学生的要求十分严格，他经常要求学生不讲脏话，不乱扔废纸……而他讲课情绪激动时，常常把“笨猪”“死脑筋”的口头禅挂在嘴边。他有时在教室吸烟，还随手将烟蒂抛在课桌下面……为了教育学生，陈老师没少动嘴皮子，没少用各种惩罚手段，但是班上说脏话、随地扔垃圾的学生随处可见，陈老师百思不得其解。

推荐阅读书目

1. 李伟胜．班级管理［M］．上海：华东师范大学出版社，2010.
2. 李家成．班级日常生活重建中的学生发展［M］．福州：福建教育出版社，2015.
3. 王晓春．做一个专业的班主任［M］．上海：华东师范大学出版社，2007.

Chapter

8

第八章 班级管理实务

第一节　班级日常管理实务举要

知识结构

- 班级建设的具体内容
- 班干部的选拔与任命
- 班级活动的设计和主题班会
- 班主任的日常实务

班级日常管理保障班级活动的正常进行。做好扎实的班级管理工作，利于建成一个健全、合理、高效的班集体。这样的班集体班规完善、班级环境优良，学生积极向上，师生关系和谐平等、同伴关系团结融洽。这不仅能促进学生提升学习成绩，也有利于学生形成良好的道德品质和行为习惯。

宽泛来看，班级管理一般包含德育管理、学习管理、体育管理、课外活动管理以及班集体建设等方面。具体来看，又包括班主任组织班会、师生谈话、家校沟通，处理突发事件，完成校内行政工作等方面。综合来看，这些管理内容都发生在班级管理的日常中，并彰显着管理主体的机智。

一、班级建设的具体内容

一个得到精心建设、凝聚力很强的班级里，自然会产生健康的教育氛围，学生能进行自我教育和相互教育，班级的各方面工作是协调一致的，班级管理会达到事半功倍的效果。

班级建设涉及学习层面，有了良好的学习氛围、学习条件、学习环境，学生才能在不被中断的情况下学习。同时，也要想办法激发学生的学习兴趣，并让学生有坚持学习下去的动力，比如帮助学生订立可行的学习计划，向学生分享有效的学习方法，维持教学秩序，培养学生良好的学习习惯，以及组织考试，等等。一般而言，学生学习成绩好的班级更有秩序，反之则较为混乱。

班级建设涉及德育层面，即教师应帮助学生提高道德素质。教师需要设计德育计划（包含德育目标和实施策略），组织德育活动，如举办德育主题班会等。

班级建设包含班级文化建设。班级文化可以通过墙壁、走廊、图书角、黑板、桌椅、学生的精神风貌、学生间的人际关系、班级文化活动、班级文化环境、班风等方面呈现出来。在规范、文明的文化氛围中，学生会自发地规约自身的行为以适应和维护环境。

班级建设还包含体育和卫生层面。中小学体育和卫生的具体任务是指导学生科学锻炼身体，帮助学生增强体质；帮助学生掌握锻炼身体的知识、技能和卫生保健常识；使学生养成体育锻炼的习惯和卫生保健的习惯；发扬团结向上、热爱集体、遵守纪律的精神。① 这也是班级建设需要关注的方面。

此外，班级建设也与班级组织——班委会的建立相关，应订立适切有效的规章制度，以保障班级各方面的日常运作。在班级建设的过程中也要注重与家长进行及时有效的沟通，定期家访。教师在进行班级建设的过程中也要关注学生的心理健康，定期与学生谈话，了解学生近期动态，帮助学生解决问题。

案例点击

永远的余老大

余老师既是我们班的语文老师，又是我们班的班主任。我们给她取了一个昵称“余老大”。这没有一点贬低的意思，更多的是对她的一种尊敬和崇拜。

为什么要叫她“老大”呢？因为她总是带领着我们参加各种学校的活动，在平时的课余活动中，她处处照顾我们，而我们班也在她的带领下在各项活动中取得了优异的成绩。

在课堂上，余老师也会陶醉在优美的文字中，沉浸在奇妙的古文中，把她对语文的欣赏传递给我们。她上课认真又不乏幽默感，总能让我们在轻松快乐的氛围中接受知识。

余老师也十分关心我们平时的情况。如果哪个同学生病了她会十分着急，急忙打电话给同学，询问他的情况。

总之，余老师是我们心中永远的老大！

《还珠格格》，我喜欢！②

那是五月的一个早晨，我刚来到办公室，有老师告诉我，早上在汽车上看见我们班的小杨和琦琦，手里捧着一本《还珠格格》专注地阅读。乍听此事，我感到小学生读《还珠格格》之类的言情小说，为时过早了，应该予以制止。可冷静一想，书是正规出版社出版的，新华书店出售的，家长给买的，一切“手续”齐全，合情合法，我又凭什么去批评她们呢？难道就因为这是本言情小说？三年级的孩子知道什么叫言情吗？经过一番深思后，我觉得问题还得由学生自己来解决，我决定搞一次班队活动，介绍“我喜欢的书”。

活动开始了，当我把题目写在黑板上后，同学们一下子热闹了起来，纷纷介绍了自己喜欢的书，有《少儿百科全书》《英雄儿女》《西游记》……小杨同学也站了起来，说她喜欢《还珠格格》。顿时，教室里出现了几种不同的反应，一些女生不约而同地说：“对，电视上正在播放！”琦琦说：“我也喜欢。”一些男生却发出“咦，噢！”的叫声……机会来了，我心中一阵高兴，就紧抓不放，问

① 白铭欣 . 班级管理论［M］. 天津：天津教育出版社，2000：299.

② 张延权 . 21 世纪班主任工作案例［M］. 杭州：杭州出版社，2001：14-15.（内容有改动）

那些男生为什么发出叫声，他们都诡秘地笑而不答。我又问小杨："你为什么看这本书？"她说："电视剧《还珠格格》很好看，我想看，可又怕看晚了会影响第二天的学习，就要妈妈给我买书。妈妈说我从没有完整地看过一本书，希望我这回能有始有终。所以我就坚持把这本书看完了。""你为什么喜欢这本书呢？""我最喜欢紫薇，紫薇很勇敢，刺客要杀皇上，紫薇毫不犹豫地挡住刺客，结果自己受了伤。小燕子也很诚实，宁可自己受罚也要把真相说出来……"是啊，《还珠格格》中那些勇敢、诚实、善良的品质是值得我们学习的。

不等我把话说完，林颗然同学就站起来说："我觉得《还珠格格》中是有一些好的东西，可是这些内容只占整本书中的一点点，很多内容看都看不懂，所以为了这一点内容，去看一本书，太花时间了，还不如去看一些适合我们的少儿读物，里面每个故事都很好……""对，《中华少年奇才》《皮皮鲁与鲁西西》……""还有一些少儿电视、电影故事，像《一个和八个》《小鬼当家》《狮子王》……都很好看。"同学们你一言、我一语地说着自己喜欢的书，介绍着书中的故事。

课后，我又找了小杨，请她谈谈对课外阅读的看法。她说："没想到同学们读过的书这么多，很多我连听也没有听说过。我以后一定要多读一些好书。"

教室挂满"老百姓"①

教室的四面墙壁已经很旧了，我决定粉刷一遍。课外活动时，我取下墙上的画像，把教室粉刷得焕然一新。

几天后，涂料干了，我找几个学生帮忙，准备把画像重新挂起来。我站在梯子上对王磊说："把爱迪生的那幅递上来。"他找了半天也没找出来，我只好自己下去拿。我又对王志刚说："把居里夫人那幅递过来。"他很快找了出来，不过他说："老师，居里夫人是卖纯净水的吗？那么多的瓶瓶！"

我停止手中的工作，问学生："你们想做雷锋吗？"孩子们说："想，可过了一段时间可能就不想了。老师，我当不了雷锋，还是好学生吗？"我无言以对，不过我有了新的决定……

星期一，孩子们走进教室，立即围在了新的画像前，叽叽喳喳地说个不停。刘凯说："校门口修鞋的大爷上了像还真棒呢！"王琳兴奋地叫着："看！开车的司机是我爸爸。"李宗琦看着田野里农民的身影说："乡下一定很美丽。"我说："看看左边这张，教室里认真学习的是谁呀？""是我们，是我们！"大家几乎跳了起来。

看着这些快乐的脸庞，我知道，他们的眼睛曾被"塞入"太多的名人，今天，"老百姓"亲切地"走进"教室，所以孩子们快乐。田文超说："老师，等我长大了，我去卖糖葫芦，行吗？"我犹豫了一下，然后坚定地告诉他："那太好了，你一定会给无数的孩子带来甜蜜的。"文超高兴地笑了。

我们曾企盼每个孩子心中有轮太阳，然后成为太阳，然而，心中有颗星星，

---

① 史峰．教室挂满"老百姓"［J］．班主任之友，2003（12）：1.（内容有改动）

然后成为星星，不也很幸福吗？我不能再去扼杀孩子们心中富有生命力的“平民思想”，所以我在教室里挂满“老百姓”。

二、班干部的选拔与任命

班干部作为教师的助手，承担着协助管理班级的重要任务。班干部既是普通学生，也是班级同学的带头人。让学生参与班级管理，益于建立学生的主人公意识，提升他们的管理能力以及责任意识，进而在民主的氛围和秩序下树立良好的班风、学风。同时，良好的班干部集体，不仅能准确妥善地落实班主任的工作指示，也能作为桥梁和中介，服务于其他同学。

鉴于班干部的重要性，班干部的选拔和任用需科学谨慎。首先，应注重班干部选拔的时机。一般而言，大范围地进行班干部选拔工作，最佳的时机莫过于新班集体建立的时候。① 一方面，新班级需要有能力的人帮助推进和落实班级工作；另一方面，新的班集体也为每个怀揣新憧憬、跃跃欲试的班级成员，提供了展示自我和提升自我的新平台。其次，应注重班干部选拔的原则。班干部的选拔和培养工作不仅关系着班级管理的效果，也影响着班级教学的质量。因此，在选拔和任用班干部时应注重公平性，参选者应是品学兼优，并具备一定的抗压能力的学生。② 班主任在竞选前应详细给学生介绍班干部的职责，并给学生公平竞选的机会，及时公布竞选结果。对于参选者而言，除了其成绩优异外，更重要的是要有良好的德行，对工作认真负责，严于律己、以身作则，具有同理心，团结同学。当面对繁杂琐碎的工作时，班干部也需要具备一定的自我调节能力，善于想办法突破困境。最后，应投入时间和精力进行班干部培养。班干部不仅要协助老师处理班级事务，而且要帮助同学共同进步。在班干部上任之前，教师应对其进行培训，帮助其树立服务班集体而非为个人谋私利的服务意识，并通过明确班干部分工、规范班干部管理机制等途径，一方面，锻炼其组织管理、独立完成工作的能力；另一方面，在动态的监督评价机制中，定期进行班干部工作总结和岗位轮换，增强其进取心，提高班干部工作质量。

班干部的任用方式主要有任命制、选举制等。前者主要由班主任任命班干部，这种方式较多适用于新生入学时，如高中一年级。这种任用方式虽然能较好地贯彻班主任的意图，但是也存在拉开师生、生生距离，甚至使师生、生生产生隔阂的风险，可能会削弱班干部威信，阻碍班级管理工作开展。后者则是由学生选举品学兼优者担当班干部，这种任用方式通常适用于师生、生生间已经有较多了解的班级，在这种相对民主的制度下产生的班委，其群众基础良好，更易于开展班级工作。此外，除了班级的常规职位外，也可以结合学生的特长，增设一些新岗位，如图书管理员、窗户管理员等。这有利于增强班级凝聚力以及学生的责任感和荣誉感。

---

① 何丽娟．初中班干部“选拔与培养”之我见［J］．智力．2021（16）：171-172.

② 赵和义．试谈班主任选拔和培养班干部的三点原则［J］．新课程．2021（40）：224.

案例点击

我当班干部了!

昨天真是一个激动人心的日子。我现在回想起来，心还有点“扑通扑通”地跳。知道为什么吗?告诉你们，昨天下午，我们班举行了班干部竞选。

当班主任老师宣布竞选开始时，同学们都你看看我，我看看你，谁都不敢第一个走上讲台，教室里静得能听到大家的呼吸声。

我也很紧张，心里一遍又一遍地默念着写好的演讲稿。看到没人上台，想到自己是个老班干部，应该带个头，就下定决心上去“拼”一回。

我猛吸了一口气，信步走上讲台，虽然别的同学不知道，但我明明感觉到自己的腿在颤抖。走上讲台后，我开始了热情洋溢的演讲，因为演讲稿早已背熟，所以一切很顺利。演讲完了，我松了一口气。啊!真没想到我是“第一个吃螃蟹”的人，我的心中有说不出的自豪。在同学们雷鸣般的掌声中，我像英雄一样凯旋。

受到我的感染，同学们纷纷走上讲台，发表自己的竞选演讲。

演讲环节结束后便开始计票、唱票了。我就像一只热锅上的蚂蚁，急得团团转，当看到自己的票数在一票一票地增加，我悬着的心也放了下来。时间一分一秒地过去了，结果也“出炉”了。班主任开始报票数了:“周静××票、赵天瑜××票、任慧35票、张宁宁××票……”啊!我是35票!35票!超过半数了!我成为班干部了!我是班干部啦!我太激动了，恨不得向全世界的人说:“我继续当班干部了!”

激动之余，我也在心中默默地念叨:同学们，相信我，对班级里同学的承诺，我一定会做到的!

人人都是长①

经验丰富的小学五年级教师玛丽把班级工作划分为16类，这为全班30名学生提供了尽职尽责的机会:

班长——总体负责班里的事务及根据需要召开班会。

国旗管理员——带领全班向国旗致敬，并负责与国旗有关的活动和教学。

灯具管理员——负责按时开关教室里的电灯。

窗户管理员——负责教室窗户的开关及根据需要使用窗帘。

新闻、天气和地图管理员(2名学生)——负责每天向全班报道2-3条新闻，包括全国及当地的天气预报，并在地图上找出新闻及天气变化发生的地点。

班级新闻记者(2名学生)——负责把班里每天发生的重要事情写进班级日志。

① 查尔斯，森特.小学课堂管理[M].吕良环，等译.北京:中国轻工业出版社，2003:118.

通讯员——负责去办公室、图书馆和其他教师那里传递信息。

列队管理员（2名学生）——站在队伍前头，为同学列队进出教室及去学校其他地方做出表率和示范。

体育器材管理员（2名学生）——负责体育器材的收发、存放、记录等管理工作。

桌长或组长（5-6名学生）——负责管理以桌或组为单位活动的学生，如考勤、收发学习用具、确保活动区干净有序。有时他们要以小组发言人的身份汇报小组活动情况。

植物及宠物管理员（2名学生）——负责为植物浇水及日常看护。清扫、管理鱼缸，为鱼添加食料，喂养照料饲养箱里的小动物。

教学用具管理员（2名学生）——负责搬运、存放、收发教学用具，如练习册、练习卷、铅笔、纸、胶水和剪刀等。

视听器材管理员（2名学生）——负责领取投影仪和录像机，负责仪器的操作及归还，管理录像带、幻灯片、录音材料及模型。

图书管理员（2名学生）——负责管理班级图书和其他资料的借阅。图书管理员要经过培训，熟知借书卡编排和图书资料管理的知识。

帮助代课教师的班长（1名学生）——负责帮助所有代课教师。教师应经常把更新的日常教学管理程序、教学计划和教学用具的存放地点、班级实施的行为标准及纪律制度告知这些学生。

接待员——负责接待班级的客人，安排客人就座。

三、班级活动的设计和主题班会

丰富有趣的班级活动和有明确教育意义的班会既有利于实现班级管理的目标，巩固班集体，也能够在日常的生活和学习中推动学生综合素质的发展。第一，在认知层面上，活动可以深化学生对某一主题或问题的理性判断力，提高道德分辨力以及审美能力。第二，从活动的过程来看，学生作为主体深度参与其中，其组织能力、人际交往能力、随机应变能力等，会获得锻炼和提升。第三，从活动的结果来看，活动通常是班级成员共同参与的，在集体的氛围中，人人都会更关心集体，拧成一股绳，共建良好的班集体。第四，从活动的形式意义来看，活动为学生提供了展示自我的舞台，这既有利于教师结合学生的特点因材施教，也有利于学生收获更多的价值感，在枯燥的学习之余疏解情绪，保持身心健康。

设计班级活动需要遵循一定的原则。首先，班级活动应具有教育意义。① 班级活动并不是漫无目的的，应服务于促进学生德智体美劳等方面的发展，例如，通过举办拔河比赛增强学生的体能；通过组织观看电影《长津湖》等培养学生爱国主义精神；等等。其次，班级活动不是随意进行的，而是具有一定针对性的。班级活动要结合学生的身心

① 杨雪平. 班级活动设计要注重“五性”[J]. 小学时代，2020（17）：99.

特点，要么针对学校、班级以及学生身边存在的问题展开，要么针对近期社会的热点话题展开。这种针对性是班级活动的抓手，也为班级活动提供了优质的素材。例如，针对学生浪费粮食的现象开展讨论活动，商讨杜绝这一不良行为的措施。再次，班级活动应是多样的。① 活动不同于日常课程那么中规中矩，其内容和形式可以是多种多样的，这既能充分吸引学生参与其中，也能升华活动的意义。活动可以不拘泥于教室，在户外或博物馆等进行。活动不仅可以是知识学习，也可以是创意设计，充分发挥学生的创造性和想象力。此外，班级活动需注意连贯性。围绕一个主题开展系列活动一般能取得事半功倍的效果，活动与活动之间应相互呼应，并从不同的维度、视角彰显活动的主题，这样活动的深度和广度均能得到拓展。班级活动若能调动学校、社会、家庭等多个相关主体参与的积极性，则更利于整合资源，扩大活动的影响力，增加活动的教育价值。最后，班级活动应易于实施。为了充分发挥活动的育人功能，活动应具有可操作性，因此，班级活动规模不宜过大、活动主题应简洁凝练、活动计划书应尽量详细具体。

主题班会作为班级活动的一种，其形式主要有就重大问题进行论证的论理式班会，交流经验、心得、思想的交流式班会，通过文艺创作和表演进行教育的文艺形式的班会，基于学生的竞争心理而进行的竞赛式班会，以正反论辩的形式进行的论辩式班会，借助节日、事件等纪念内容进行教育的纪念式班会，实践活动式班会，设计情境让学生带入角色的模拟式班会。而开好班会需要班主任和学生共同努力，第一，班主任要有较为完善的设计和指导方案，有充分的准备，要新颖、有创意、有吸引力、有“延伸力”。第二，学生要全力投入，有主观能动性、有需要、有行动、有效益。第三，扣紧班级工作计划，这是整个班级管理工作的有机的部分。第四，有明确的教育主题，班会要体现直接的教育性和潜移默化的教育性。② 此外，班主任应避免班会上出现“一言堂”的局面，应明确目标，整合综合性的资源，调动学生参与其中的积极性，并与班级的其他活动关联起来，这种连贯性会让学生印象深刻。

体验母亲的辛苦

前不久，南四小学开展了“体验母亲的辛苦”主题教育活动，具体内容是让学生每人将一个鸡蛋用布袋包住绑在腰间呵护一天一夜，以体验母亲孕育自己时的艰辛，让孩子发自内心地爱母亲、理解母亲、体贴母亲、尊重母亲。

为了保持鸡蛋完好无损，同学们的一切活动都格外小心。张洪伯、张洪扬是一对淘气的孪生兄弟。在这次活动中，他们腰间比别人多绑了一个鸡蛋，所以呵护起来更加费劲儿。活动带给他们的影响却十分明显，现在他们学习、吃饭、活动时都特别小心，生怕弄脏了衣服，上下楼梯还知道搀扶妈妈。

南四小学的学生家长很多是下岗职工。一名六年级学生在感受文章中写道：

---

① 刘霞．班级主题活动设计原则探索［J］．甘肃教育，2020（10）：38.

② 白铭欣．班级管理论［M］．天津：天津教育出版社，2000：326-327.

“直到今天，我才真正理解妈妈。以前我总埋怨妈妈每天干的活儿又苦又累，现在我才懂得，妈妈千辛万苦所做的一切是想让我过上好生活。”

警营开放日

东亚讯（记者苏东旭）20日是警营开放日，长春市交警支队对外开放指挥中心大厅，各区大队让小学生近距离参观先进的警用装备。

10时33分，南关区交警大队指挥分中心接到报警：一辆蓝色小型货车因交通事故停在自由大路与亚泰大街交会处南口。接警后，指挥分中心民警立即通过电台通知附近的巡逻车赶往现场。2分钟后，巡逻车来到事故现场，迅速在事故车辆后方设置反光锥筒。经现场调查，这是一起简易交通事故。10时37分，执勤民警勘察完现场后，直接出具了事故责任认定书。10时40分，事故车辆驶离，现场交通恢复正常。

二百多名小学生通过南关区交警大队指挥分中心大屏幕目睹了这起“事故”的处理过程。南关区交警大队宣传科科长李农告诉小学生，大队19台巡逻车分布在辖区的9个警务区内，一旦有交通事故发生，巡逻车会在5分钟内到达现场，如果是简易事故，执勤交警会现场做出责任认定。若是一般以上事故，指挥分中心则会调派事故科民警前往处理。

随后，小学生参观了巡逻车内的先进警用装备。现场勘查箱、红外激光测距仪、测酒仪、录音笔、强光手电筒……每一样装备都让学生们大开眼界。

与零食说 bye-bye

一、活动背景

每天放学后，同学们有滋有味地啃着从小摊上买的炸鸡腿、煎火腿；中午时分，拥挤的各小店门口，同学们津津有味地吃着薯片、棒棒冰……同学们吃完零食后随手丢下垃圾袋的现象屡见不鲜；学校内外地上果皮纸屑到处都是，楼梯口零食包装袋随风飘起。针对这种现象，我设计了一个班队活动，让全班学生搜集整理各种各样的零食包装袋，对自己喜爱的各种零食进行了解。分小组在校园内外做调查，掌握有关学生吃零食的现象并进行统计。

二、搜集整理过程

同学们先是从家中搜集有关零食的包装袋，对家中的零食进行了分类整理，通过向父母、长辈询问，查阅有关资料，或者上网查询，了解、分析有关零食的危害性，用表格的形式及时记录下来；同时同学们还走进超市、小店，观察街头小摊，记录有关零食的具体种类及来源，同学们走出家门，收获就更加多了。更重要的是，他们利用在学校的课余时间进行细致观察，发现有同学吃零食，他们会暗中调查零食的来源，并且关注他是怎样处理零食残渣和包装袋的。中午和放学这两段时间是学生吃零食最集中的时段，同学们又抓住了这个有效时机进行分组调查，了解学生怎样选择零食，有多少学生天天吃零食，还有多少学生把零食当作主食等。为了全面调查，班上的同学甚至去垃圾箱内捡拾包装袋，花费了很多的精力，但他们毫无怨言，不怕脏不怕累地坚持着，他们觉得这是一件快乐的事！一个阶段下来，同学们搜集掌握了关于零食的各种资料，他们还特意把有关资料进行了编排，制成了剪贴本，收获真是丰硕！

三、成果展示

通过一阶段的搜集、整理、统计，同学们给全校师生上了一堂别开生面的班队成果展示课。在这堂课上，同学们都把自己亲自搜集、整理的有关零食的资料进行了形式多样的展示。有的同学一边让大家观看零食包装袋的剪贴本，一边解说，让大家明白了过度食用这些零食会造成不良后果；有的同学自己扮演各种零食，自编自演小品，为的是让大家了解一些零食的违规生产过程及其危害性；还有同学播放了自己拍摄的校园内垃圾遍地的视频，分析垃圾的主要来源，呼吁大家与零食说再见，还校园以洁美！学生们生动的展示和用心的表演，从不同侧面强调了零食的危害性，动员全校师生快速行动起来，与零食说 bye-bye！

野外生存训练营

日本各地建立了700多处野外生存训练营（又称“自然之家”）。按照规定，全日本的高一学生都要在4月底至5月初到营地去野营。学校制订了详细的计划，全年级的教学班分为若干个团，分别由五六个老师带领；学生每8人组成一个野营班，设正副班长，另外，生活、炊事、保健、文体方面各分派两人负责，这样，每个学生都有当“官”的机会。

野营时，学生一律穿运动服和运动鞋，姓名用布条缝在胸前。另外还要自己带衣被、笔记本、账本、手电筒以及其他必备工具。此外，学校还要给每个团配发校旗、学生家庭住址一览表、急救药品、除虫剂、针线盒等三十多种物品。

到达营地后，学生要举行开营仪式，然后办理借用帐篷和工具的手续，集体搭帐篷，开排水沟。营地的活动很多，白天的活动有登山观海、测量海拔、记录昼夜温差、观察地貌等，晚上的活动有观察星空、举办篝火晚会等。学校推荐学生学唱10首歌曲，这些歌曲大多是歌颂大自然的青少年歌曲或各地民歌。

营地还有一项重要活动是煮饭烧菜。学生们在家里很少做家务，即使是自己煮饭也有电饭煲，没什么新鲜感。而野营时他们要在野外用柴煮饭，烟熏火燎，火候难以把握，不是烧煳了，就是煮成夹生饭。烧菜更是一大考验，孩子们手忙脚乱，又要生火，又要切菜，又要烧菜，往往不是忘记放盐，就是煮过了头。这样的饭菜，学生在家里是无论如何都不会喜欢吃的，在营地却吃得津津有味，因为这是他们自己的劳动成果。

学校非常强调保护自然环境、爱护公用设施，对安全和卫生也很重视，连对剩饭剩菜的处理都有详细的规定，让学生在与大自然相处的日子里，更加深切地认识到环境与人类的关系。学校还要和当地警察局、消防部门和医院建立联系，以防不测。

四、班主任的日常事务

班主任是班级管理的核心主体，其日常工作就是与班级相关的人、事、物打交道；关注学生的品德教育；及时了解学生的学习情况，配合各科老师做好有效教学，提升学生的学习能力；通过组织多样化的班级活动，促进学生的个性化发展，指导相关学生社团，帮助学生干部开展工作，创造条件，帮助其解决困难；做好家校联动工作，尽可能地指导、帮助学生；建立学生档案卡、撰写学生评价手册等。在学期初，班主任要制订完整的工作计划，在学期末，班主任要认真撰写工作总结。在管理班级事务的过程中，班主任既要建设良好的班集体，组织好班委培训，同时也基于教育实践、结合具体教育问题，开展课题研究，主动探索教育规律，成为研究型班主任。班主任也要协调完成校内外各部门的工作，处理好与其他班级的关系，鼓励学生相互切磋学习，引导学生相互往来，也要冷静机智地处理学生之间的矛盾。此外，班主任还要管理好班级财物，例如，做好课桌椅、电器的维修保养，做好教室文化环境的设计等。

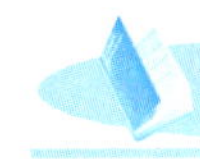

案例点击

再见，0分！

王某是一名初一学生，成绩很差，各科成绩从没超过60分，任课教师都认为他是一个“低能儿”，不可救药。数学期中考试的时候，他根本没做答卷，而是在数学试卷上写下了一段话：“0分我的好朋友你在慢慢地向我靠近0分你如此多情难道你也把我当着一个无用的人不我不是一个无用的人我是人我也有一颗自尊心再见吧0分。”

监考老师面对着这份无标点、错别字连篇、字迹歪歪扭扭的“答卷”，气愤至极，他把这名学生揪到办公室交给了班主任。班主任当即让这位学生读了这段话，并帮他改了错别字，然后又指导他重新写下以下一段文字：“零分，我的好朋友，你在慢慢地向我靠近。零分，你如此多情，难道你也把我当成一个无用的人？不，我不是一个无用的人，我是人，我还有一颗自尊心，再见吧，零分。”班主任说，这段文字是诗，一首很好的诗。一番话，说得王某的脸上露出了笑容。看他那高兴的样子，班主任评价说，诗贵形象，这首诗是有形象的；诗有情，诗有志，从这首诗中可以看出王某是不甘与零分为伍的，这正是言情言志。“这是诗？我也能写诗？”王某高兴地喊起来，没想到老师会这样评价他的那段文字。班主任又真情地、实事求是地分析了他的缺点和优点，并鼓励他正视自己的不足，同时要求他看到自己的长处，发扬优点，克服缺点，努力把学习赶上去。

在以后的日子里班主任经常和他谈心，鼓励他，帮助他。班主任的热情教导驱散了他心中的阴影，增强了他的进取心，坚定了与零分告别的勇气，经过努力，两年后，王某考上了高中。

班主任每日常规工作

早读、卫生保洁、广播操、晨会、课堂纪律、眼保健操、午餐、午休、每日总结、学生放学、值日生……

每天都要做，也许多做点少做点并不是每天都能看出来，但是这些工作形成了班主任工作的锁链，哪一处缺乏“关爱”，一段时间后，哪一处必定会出现问题。

早读

1. 按时进班，主动和学生打招呼。

2. 督促学生早读，不占用早读时间做自己的课前准备。

3. 其他老师指导早读时，可在一旁协助管理，或者处理一些班级事务。

卫生保洁

1. 督促学生按时到校参加早晨劳动。

2. 认真检查室内外劳动情况，要求干净整齐。

3. 班主任无法离开教室时，可安排小干部检查室外劳动。

广播操

1. 指导训练学生自觉排队，做到快静齐。整齐踏步，做到有朝气。

2. 认真巡视学生做操情况，及时纠正动作，不做与之无关的事情。

晨会

1. 能按照学校要求认真上好晨会课，不随意更改晨会课的内容。

2. 注意寻找班级、学校、社会中具有教育意义的典型事例，丰富晨会内容，少说教、少训斥，不使晨会变成批评课。

3. 指导学生完成自主晨会，帮助学生学会搜集资料，适时进行口语训练。

课堂纪律管理

1. 每天指派学生值日班长，检查督促每节课的正常进行。

2. 遇到突发事件，主动协助科任教师一起解决。

眼保健操

1. 按时进班，主动提醒学生做好眼保健操的准备。

2. 学生做操时要认真巡视，对不正确的做操姿势进行纠正，不做与之无关的事情。

午休

1. 指导学生在午餐结束后稍作休息，不做剧烈运动。

2. 督促午间保洁并做好检查。

3. 组织学生自觉进教室，订正作业或者做一些当天的家庭作业。鼓励学生利用午休时间自主阅读。

4. 组织学生参加“快乐一刻”活动，督促学生不占用活动时间做作业。

每日总结

利用固定的时间对一天的学习生活做好小结，奖惩分明，可以结合班级的特色评比活动开展。

学生放学

按时放学不拖堂，将学生队伍送到路口，指导学生遵守交通规则。

第二节 班级管理的重点、难点与关键点

知识结构

- 班级矛盾的处理
- 突发事件的处理
- 价值观的形成与更新
- 班级荣誉感的培养
- 问题学生的教育

一、班级矛盾的处理

由于班级成员来自不同的家庭，学生的性格、处事方式等多个方面都会有很大的差异，因此，同学之间难免会产生矛盾和摩擦，若处理得好，则利于班级团结稳定，若处理不当，甚至是激化矛盾，则不仅不利于学生学习，也会影响师生、生生关系，并会对班级建设产生深远的负面影响。

在处理班级矛盾的过程中，教师应怀着宽容的心公正地对待每位学生，多站在学生的立场去考虑问题，并且机智幽默地处理问题。学生难免会犯错，教师可以采用先表扬再批评的方式去教育学生，这样的方式学生比较容易接受，也能有效避免学生产生逆反心理。例如，某班的小强同学，是一个品学兼优的好学生，是同学学习的好榜样。然而有一次，他和同学吵架故意撕破同学的作业本。对此，教师单独和小强同学谈话，首先肯定了他的学习和品格，并对他说："你是一位优秀的班长，帮助老师把班里管理得很好。人犯错是难免的，如果你能认识错误并及时改正过来，那就是一名好学生，你也还是我们班的好班长。"小强同学听后，感到很懊悔。他向那位同学道歉，并赔偿了对方一本新作业本。（资料来源：百度文库《巧妙处理班级矛盾》）

班级矛盾的产生，尤其是学生之间矛盾的产生，在一定程度上是矛盾双方缺乏了解、合作和沟通所导致的。所以，教师在处理矛盾的时候，也可以多为学生制造合作互助的机会。在合作中，学生能发现彼此身上的优点和长处，相互取长补短，实现共赢。而了解越深，则越能相互理解，在情感上、行动上也更能相互包容。

案例点击

玻璃被打碎之后

一天早晨，我刚到办公室，班长来报告：昨天课外活动时，教室后窗玻璃碎

了一块。我问：调查了吗？谁干的？班长说没人承认，不过据同学反映，课外活动时，张超和张华在教室打闹，有可能是他们干的，但没有证据。

这段时间，教室内经常有损坏公物的现象，这已经是学生第三次打碎窗户玻璃了，这使我意识到问题的严重性。学生损坏了公物却感到无所谓，因为后勤处经常检查维修，对损坏者没有处罚，这让学生误以为靠撒谎蒙混过关就万事大吉。不行！该抓一抓了。我让后勤处不动声色地把玻璃换上，又秘密进行了调查，认为张超和张华有“嫌疑”，再者，这两个学生有“前科”，多次违反纪律，却抵赖不承认。我有了主意，先把这事搁下了。

一周后，利用课外活动的机会，我作为“龙头”与学生进行“接龙”游戏，同学们玩得好开心，正在兴致中，我假装不小心，打碎了一块窗玻璃，哗啦一声，学生们停止了游戏，屏息看我的反应；我装作吃惊的样子，郑重地说：“这个责任我负，损坏的是公物，不论是谁都要赔偿。”随即掏出准备好的5元钱交给班长，嘱咐尽快把玻璃换上。趁此向同学们强调要爱护公物和别人的物品，并且勇于承担责任，这是品质问题，也是衡量一个人素质的标准，然后让同学们组织讨论“假如我损坏了公物怎么办”。

第二天，张超和张华来到我办公室，两人拿出5元钱，说：老师，我们错了，上周打破的玻璃，是我俩不小心打碎的……我的目的达到了。我表扬了两位同学敢于认错，勇于承担责任的精神。从此，我们班再没有发生过损坏公物的事件。

二、突发事件的处理

本小节讨论的突发事件是指在教育过程中偶然发生的，并且需要及时处理的棘手事件。比如课堂上突发的矛盾，或是扰乱正常教学秩序的情况。这些事件可能发生于师生之间，也可能发生在学生之间。秩序良好的班集体突发事件较少，秩序混乱的班集体突发事件较多。鉴于突发事件的成因不定性、发生的突然性、后果的复杂性、处理的急迫性等特征，处理突发事件非常考验教师的随机应变能力、组织能力以及处事经验等。处理得当，教师能够把消极的偶发事件转变成积极的教育契机，在平息事端，提升教师威信的同时，让学生从中得到教育启示。处理不当，则会导致相对极端的后果。因此，教师需要谨慎对待突发事件。

虽然突发事件通常来得很突然，并给当事人带来很大的压力，但是教师在处理突发事件时，应沉着冷静、充分地了解事件的前因后果、稳定事态且留有余地，在处理事件的过程中尽量给予当事人以谅解和帮助。具体来看可以通过以下方法来应对突发事件。

借题发挥法。此方法将教学中的突发事件融入教学过程当中，将其转变为教学内容的一部分。例如，一位政治特级教师在碰到麻雀飞进教室的情况时，借“不速之客”麻雀出现的机会，给大家讲了关于“麻雀的冤案”的故事。20世纪五六十年代，我国曾经把麻雀与苍蝇、蚊子一起列入“四害”名单，在全国开展消灭麻雀的运动，理由是麻雀偷吃了大量的粮食。但后来的研究表明，麻雀蒙受了冤屈，因为麻雀对人类的益处远远大于它对人类的危害。之后，这位老师又以此为题，让学生运用所学的哲学道理加以分析。同学们反应热烈，兴趣十足。有的从矛盾主次方面说明麻雀对人类有利有弊，但利大于弊，看问题应抓住本质和主流；有的运用普遍联系的原理，说明消灭麻雀会破坏生态平衡；还有的从认识发展的角度，说明人类对麻雀的认识经历了一个不断深化的过程，这样，这位教师巧妙地借麻雀的出现，引导学生复习巩固了所学知识。

幽默应对法。当面对相对剑拔弩张或是尴尬的场面时，教师以幽默化解之不失为一种明智的方法，这也体现了教师的智慧；反之，则既会打断教学进程，也会影响教师威信。例如，当英文老师走进教室时，发现讲桌上有一堆橘子皮。他面红耳赤，转向学生，对他们吼叫："谁把橘子皮堆在讲桌上?"没有人回答。"我再问一次，是谁做的?"结果毫无动静。"做的人，"老师提高嗓门说，"不但是猪，还是个胆小鬼。我再给你们一次机会，是谁做的?"老师举目扫射，想找出那只懦弱的"猪"。但是最后仍然没人自首，老师于是决定处罚全班。在这个事件里，老师犯了许多错误。斥责不会让恶作剧的学生认罪，恫吓无法让学生遵守纪律，集体处罚不会强化自律。这件事原本可以用一点幽默轻松带过。老师可以一边把果皮扔进垃圾桶，一边说："敬告那位仁兄，我喜欢剥了皮的橘子，不是没有橘子的果皮。"如此一来，学生就不好意思再作怪了。①

冷处理法。冷处理并不是不及时处理，而是避免在学生或教师情绪不稳定时处理突发事件。应在当事人情绪稳定，充分调查，能做出良好判断时再从容处理。例如，一位教师上课时，刚走进教室就看见同座位的小王和小张在打架，你推我拉，互不相让。这位教师没有慌张，也没有大声训斥学生，而是微笑着说："怎么啦?你们俩，都已经是高中生了，有了小矛盾还不会处理?双方冷静一下，相信你们能够自己解决的。好，我们开始上课。"随着教师的话语，同学们松了一口气，小王和小张也松开了手，不好意思地低下了头。一场"龙虎斗"平息了下来。对待偶发事件，教师要沉着、冷静，控制自己的情绪，善于运用"控制"的艺术，稳一稳，看一看，不急于求成，更不能伤害学生的自尊心，让学生产生对立情绪。通过"冷处理"，让学生有自我反省的时间和机会，然后找一个恰当的时机进行教育和处理，这样，往往会事半功倍。②

三、价值观的形成与更新

青少年学生是祖国的未来，对其进行价值观教育，使其对社会主义核心价值观有系统的把握和准确理解，进而内化于心外化于行是非常重要的。价值观教育不同于一般的知识教育，价值观更多的是一种信念，若要让正确的价值观真正入耳入心，教师既要立足于思政相关课程，让学生对于价值观的内容、实质以及实现路径有一个清晰的认知；还应该将核心价值融入日常活动中，并让学生参与相关活动的设计，结合与价值观相关的新问题、议题，让学生充分参与其中，充分交流、对话，表达他们对价值观的理解。

---

① 吉诺特．接受我的爱：老师如何跟学生说话［M］．许丽美，许丽玉，译．北京：中国广播电视出版社，2009：75-76.

② 徐长江，宋秋前．班级管理实务［M］．北京：高等教育出版社，2010：307.

教师对于学生理解不到位之处应及时进行纠正、澄清，在连续化的活动过程中，使学生既能保持正确的价值观，又能结合理论实践的发展，及时更新知识。比如学校定期举行红色研学旅行，组织学生参观红色遗址，通过生动的革命事迹向学生传递正确的价值观。此外，进行价值观教育，也不可忽视校园文化环境所能发挥的隐性教育作用，比如要对校园媒体不断加大投入力度，不断加强校园宣传阵地的建设，充分利用学校教学楼、学生生活聚居区等人员较为密集的场所，不断增设与社会主义核心价值观内在要求有关的各种媒介，如宣传橱窗、板报以及标语牌等，营造良好的引导氛围。① 通过举办科技展览、竞赛等途径，培养学生的实践创新精神。

学生核心价值的形成和更新，也离不开成效评价。教师可通过测验等方式对学生掌握价值观知识的学情及时掌握，做到心中有数，也可以在学生中开展自评和他评，对学生的价值观状况了然于心。在此基础上，教师再结合课程、活动及环境等方面指导学生掌握和更新价值观的相关知识。

国民身份认同教育②

江苏省宜兴团市委、市少工委开展的“宜兴发展我成长——寻访家乡发展亮点”主题实践活动，旨在把家乡在党的领导下的历史变迁告诉新一代少年儿童，引导孩子把自己的成长与家乡的发展联系起来，从小树立远大理想。活动安排了三个环节。一是“寻访家乡名片、家乡名人”的教育活动，芳桥、和桥等小学“家乡名片寻访团”“家乡名人寻访团”的小记者从搜寻周王庙、岳王庙遗址的传奇故事开始，读校史，查资料，读懂了家乡一张张闪光的名片；徐悲鸿、潘汉年、周培源、蒋南翔、闵慧芬等一个个名人的光辉业绩，一个个红色传奇故事，让孩子们肃然起敬。实验小学“阳羡名人小记者团”的小记者寻访了“教授之乡”后总结说：“千百年来，宜兴人民勤劳智慧，崇尚诗书，耕读传家，为文立德。我们也要从小立志成才，做一个对国家和人民有用的人，做一个有傲骨、有品格的人。”二是“寻访家乡名企业、家乡新农村”教育活动，小记者们从身边人、事、物着手进行专访，体会中国特色社会主义建设从“摸着石头过河”到“科学发展”的历程，认识到宜兴的崛起只是中国经济发展取得辉煌成就的一个缩影。宜兴外国语学校的孩子做了《光辉历程——追寻宜兴发展的足迹》的小课题，用一系列生动的数字展示科技引领的企业繁荣、与世界发展接轨的全方位开放以及如火如荼的社会主义新农村建设，一个个发生在身边的奇迹令他们惊异，更令他们兴奋且深感自豪。三是“寻访家乡文化遗存、家乡胜景”活动，孩子们诵读中华经典诗文，寻访当地文化遗存和美景，一路吟诗文，一路赏美

---

① 赵洁，王鹏．核心价值观培育三维度［J］．思想政治课教学，2021（8）：51-53.

② 陆士桢，刘辉．社会主义核心价值观教育的方法创新：以四个典型案例为分析样本［J］．人民教育，2017（20）：13-18.

景，山、色、城互相交融的和谐胜景给孩子们带来了文化熏陶，带来了美感，也带来了爱家乡爱祖国的豪情。这一主题教育活动，引导少年儿童亲身体验家乡的巨变，增强了孩子们对家乡、祖国的认同感，激励他们立志报效祖国。

四、班级荣誉感的培养

班级荣誉是班级成员共同努力和争取的结果，在争取班级荣誉的过程中，学生们带着对集体的责任感、使命感一起奋斗，避免了个人主义情结，在珍惜、维护班级荣誉的过程中，学生更加热爱和关心集体，将自己的言行与班级的利益结合起来，积极地履行相关责任和义务。班级荣誉不仅关乎良好班集体的建设和积极班风的形成，也关乎学生的成长和进步。

班级荣誉的建设离不开集体荣誉感的形成，教师可以通过各种活动来培养学生的集体荣誉感。在集体活动中，每位学生都参与其中并扮演着不可或缺的角色，学生更能深刻意识到自己是班级的一分子，也会更愿意为班级荣誉贡献自己的力量。这在运动会中体现得尤其明显。除集体活动外，教师也可让学生从日常小事中学会维护班级荣誉，让学生在处理身边的日常事务时树立班级主人翁意识，并落实到行动中，例如，让学生轮流做纪律维护员等。班级在进行荣誉建设的过程中，也会产生教育学生学习的正向效应。在一个荣誉感强、纪律严明、班风良好、同学友爱、师生和谐的班集体里，学生不仅自己更热爱学习，而且相互之间也会互相监督、共同学习。任课老师在这样的班级里也会更愉悦、认真地进行教学。这就形成了一种积极上进的良性循环。

案例点击

运动会

在为运动会入场式做准备时，同学们刻苦练习，互相监督，互提意见，每个人都在为集体荣誉而战。那些调皮捣蛋的男同学，每次训练时都认真无比，甚至还督促没做好的同学抓紧练习，把平时的调皮劲都用到了正道上，让人刮目相看。为了锻炼同学们，我故意说有事儿，把制作道具的任务交给几个同学后，就离开了教室。我心里很清楚，这几个同学在一个上午的时间内是不可能完成任务的。但当我下午到教室时，所有的道具已经整齐地摆在了讲台上，还未干的被分开放在了讲台的另一边。原来在自习课上，全班同学都投入制作道具的工作中，大家分工合作，各司其职，才在这么短的时间内完成了任务。这真是让我惊喜而又骄傲。虽然我不在现场，但我仿佛看到了那紧张而繁忙的场景。在运动会比赛当天，正式入场时，每个同学都激动而紧张，但仍然保持了良好的精神状态。同学们迈着矫健的步伐，高喊班级口号完成了入场式的亮相。运动会结束时，全班屏住呼吸静听大会宣布结果，当宣布我班获得“班级组织奖”时，同学们激动万分，热烈鼓掌。这项荣誉来之不易，是大家齐心合力的成果。作为班主任，同学们在这次活动中的表现让我无比欣慰和感动。会后，提起这次入场式，同学们都十分自豪。在总结会上，同学们你一句，我一句，讨论出了一个道理：只有把集体利益放在首位，大家齐心合力才能取得班级的成功，而班级的成功，是大家共同的骄傲。这次活动也让我更深刻地认识到提升集体荣誉感的教育，就应该是在潜移默化中，通过各项活动来进行。

阳光灿烂班

接任班主任的第一周，我常规检查时发现班级事务每项都有红旗，很是沾沾自喜了一阵。可有好心人提醒我：光有红旗还不够，要想竞争文明班级，还得看分数，也就是得看在年级的排名。不看不知道，一看吓一跳——年级排名第十六，总共18个班级。通过向孩子们打听，才得知我们一般情况下不是倒数第一就是倒数第二。唉，看样子他们习惯垫底了，怎么办？于是自己先研究熟悉学校常规检查的项目，同时又物色了一位极能干的卫生委员，负责维持班级卫生。然后我身体力行，人们常说“喊破嗓子，不如干出样子”，我每天督促学生扫地、拖地、擦窗户等，让他们知道每一步都要做到位。常常在不经意间表扬他们、鼓励他们，说一些自己做学生时的事。功夫不负有心人，“威逼加利诱”，在接任班主任的第二周，我们班在常规检查中排名年级第四，师生备受鼓舞。

有了第一次的成功经验，后面的工作就容易多了，我对他们的要求一步一步提高，不时地告诉他们：第一，不想做将军的士兵不是好士兵。第二，一个人要是看不起自己，谁还会看得起他呢？第三，一屋不扫，何以扫天下。在紧接着的努力中，我们的常规检查分数一直列于年级中上游，我不由得感叹：谁说我们九班是问题班呢？有一次竟然荣获年级第一，孩子们像过节一样，我还自掏腰包请他们吃巧克力了，算是对他们付出努力的回报吧。本学期的期中考试我们班也有很大的进步，在校春季运动会上我们还取得了团体第四的好成绩，并且荣获道德风尚奖，学生自己设计的班徽和标语也获得好评。

五、问题学生的教育

在班级中，存在不同类型的问题学生，比如不礼貌的学生、惹是生非的学生、屡教不改的学生、总与老师对着干的学生、自暴自弃的学生、不遵守纪律的学生、打架的学生、逃学的学生、出现反社会行为的学生。面对不同的学生，教师需要采取多样化的方式进行教育。

儿童的不礼貌反应，可能是教师不尊重儿童所导致的，所以要改变儿童，须改变教师。儿童们有一种非常聪明的做法，就是将不该打招呼的教师同该打招呼的教师区别开来：“一些教师非常尊重我们，我们就打招呼；另一些教师对我们存有轻蔑之意，我们就不打招呼。”由此看来，礼貌问题绝非单纯的习惯问题，还涉及内心情感的表露。

面对惹是生非的学生时，可以采用以下策略来应对：学生采取不适当行为→劝其改正无效→学生抗争（采取惹是生非的手法）→对学生的不适当行为不予理睬→对班级全员的适当行为予以鼓励→对问题学生的适当行为予以鼓励→给班级全员提供合作与贡献的机会→给问题学生提供合作与贡献的机会。

面对总跟老师对着干的学生，可以采取下述策略：学生采取不适当行为→恳求他改正无效→学生采取分庭抗礼手法→承认学生赢了。对其不适当行为不予理睬→对全班学生的适当行为作出鼓励→对问题学生的适当行为作出鼓励→给全班学生提供合作与贡献的机会→为问题学生提供合作与贡献的机会→举行班级议会制订规则→委之于社会结局无效→开放式咨询。

面对自暴自弃的学生，发动全班同学给予其鼓励是比较好的处理方式。这种开放式咨询的步骤有：鼓励学生咨询→揭示学生所采用的抗争手法→感化学生→寻求班级的合作→在班级讨论中征求合作者与具体的帮助策略→确认讨论的结论并付诸实践。

在班级纪律混乱的时候，教师可以选择放任自流，自顾自地讲课，若学生还是不听就需要变换策略，比如说一句“你们商量一下什么时候安静下来，我再继续讲”，并观察学生，学生们可能就会停下来听老师讲课了。

对于逃学的学生，教师可以尝试采取改变教学风格等方式让学生产生耳目一新的感受，以便重新建立起师生间的纽带。对于具有反社会倾向的学生，教师不能把他们视为洪水猛兽，应当成为他们的朋友，班级的学生也应当成为他们的朋友。尊重他们，信赖他们，这样，他们才会转变思想。①

涉及问题学生教育时，不得不提到的是尼尔的夏山学校，夏山学校的学生主要是4-16岁的问题学生。在思想上，尼尔主要是通过自由教育去治愈问题学生，培养他们的美好品格。他认为：“自由本身便可以治愈孩子多数的不良行为，不过那必须是真正的自由；但只有自由本身不能治愈一个病态的孩子，只能触及那些被压抑的部分。”②尼尔反对压制和权威，以及强加在学生身上的、外在的、工具性的目的，主张关注孩子内在生命意义，使其自由、健康、幸福地成长。但自由不等于放纵、随心所欲，不是无条件地给予，不得妨碍他人的自由，不否定常识，不是感情用事的自由，不是虚假的自由，不是暂时的可轻易取消的自由。在教育实践中，夏山学校的学生上课是自由的，他们可以选择自己感兴趣的课程去上，没有繁重的作业和考试，还有丰富的课外活动。当然，夏山学校里的教育方式是比较特殊的，教师需结合学生的实际情况酌情应对。

第三节　班级管理常用方法

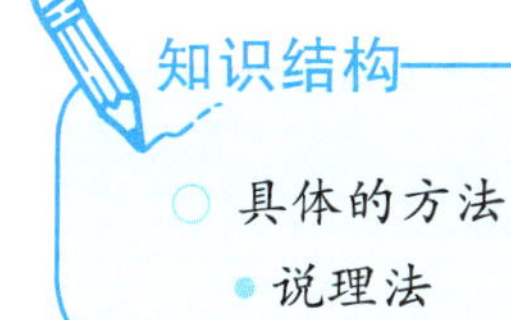

- 具体的方法
  - 说理法
  - 榜样法
  - 垂范法

① 钟启泉．班级管理论［M］. 上海：上海教育出版社，2001：336-352.

② 尼尔．夏山学校［M］. 王克难，译．海口：南海出版公司，2010：233.

• 自我教育法	○ 特殊的方法
• 熏陶法	• 情感教育
• 渗透法	• 学生自我管理法
• 奖惩法	• 家校联动法
• 品德评价法	○ 方法的限度与艺术

班级管理的方法涉及班主任教育学生、处理学生间矛盾以及组织班级活动等工作使用的方法。① 在使用这些方法的过程中，班主任既应严格遵照相关的制度，依规办事，也要讲究技巧、艺术，将可能产生的负面影响降到最低。当然，所有的方法都建立在尊重学生，将学生作为平等的主体去对待的基础之上。

一、具体的方法

（一）说理法

明事理是做人的基础，在进行班级管理的过程中，说理是最基本的管理方法。说理不仅要澄清“为什么”的认识问题，也要涉及“怎么做”的实践问题，让学生做到知行合一。我们经常强调教育要“晓之以理，动之以情”。对于任何一种道德活动，少年儿童只有对它形成了正确的认识，才有可能把它内化为情感和意志，外化为行为和习惯。例如，对于升国旗时立正致礼的习惯要求，我们应开展“知国旗、爱国旗”的教育活动，开展形式多样的教育，给学生讲解国旗的来历、国旗的象征意义，使学生从内心深处产生对国旗的热爱之情，自觉地养成习惯。只有把道理说明了，说透了，它才会在学生们心中形成正确的认识，留下深刻的印象，才能最终转化为良好行为和习惯。

（二）榜样法

学生具有很强的模仿能力，且具有一定的判断力，因此我们可以借助榜样对其进行教育。一方面，可以向学生介绍历史上及当今社会上具有某方面突出贡献的先进人物，通过这些榜样来教育他们；另一方面，也可以在本校学生中树立道德榜样，这样的榜样就在学生身边，更利于激励他们模仿学习。每学期，学校都应该评选出一些小标兵，如讲礼貌标兵、守纪律标兵、勇敢标兵等，张榜公布，并举办宣传小标兵事迹的演讲会、故事会，号召学生学标兵、赶标兵。这些榜样将会对孩子们产生激励作用，促进他们道德习惯的养成。

---

① 白铭欣．班级管理论［M］．天津：天津教育出版社，2000：131.

“榜样”比“训条”强①

虽然有些父母有时间教育自己的子女，但青年人最好还是一起在大的班级里接受教育，因为把一个学生作为另一个学生的榜样可以产生更好的教育效果。一般人习惯于做别人所做的事情，到别人去过的地方，跟在人家后面不掉队，走在人家前面不落伍。

骏马有先导马可追随的时候跑得最快。

对于年幼的儿童，用“榜样”总比用“训条”容易引导和管束。假如你教给他们一种训条，他不会产生深刻的印象；假如你指出别人在做某些事情，他们是不必告诉便会去模仿的。

而且“自然”常用榜样告诉我们：凡是想要大量生产的东西便得在一个地方产生出来。比如，木材在丛林里面大量生产，草在平原上大量生产，鱼在湖里大量生产，五金在地里面大量生产。

（三）垂范法

“学高为师，身正为范”，师德的垂范作用是非常重要的。教师对青少年学生接触最多，了解最深，影响也最大，教师的一言一行、一举一动，都常常被学生模仿。因此，教师垂范是培养学生良好道德的一种重要方法。所以，平时应要求教师规范自己的言行举止。全体教师严以律己，在道德的各个方面为学生做示范和表率，学生们自然会模仿的。

（四）自我教育法

苏霍姆林斯基强调，自我教育是学校教育中极重要的一个因素，没有自我教育就没有真正的教育。在道德教育中，自我教育也是一种行之有效的方法。学校要合理地制定道德要求，以便平时学生可以自我对照、自我约束。而且也可以采取学生定期自我评价、自我矫正的方式来提高他们的道德水平。

让儿童自我教育②

傍晚，我迈着轻快的步伐，准备到班上去。快到教室门口时，忽然听到教室里边传来“呜呜”的哭声。跨进门，孩子们开始愣了一下，接着就七嘴八舌地

① 夸美纽斯．大教学论［M］．傅任敢，译．2版．北京：人民教育出版社，1984：50.（内容有改动）

② 清江市实验小学．班主任工作笔记［M］．南京：江苏人民出版社，1982：98-99.（内容有改动）

嚷开了："葛建国打史海燕……"我不由心头冒火，真想把他们狠狠教训一顿，放学了事。但是又想，如果不弄清事情的缘由，不分青红皂白地批评，学生很可能不服气。不晓之以理，孩子分不清是非，就达不到教育的目的。我沉思了一会儿，让情绪慢慢平静下来。我尽可能地用平和的口气叫他们两人把事情经过叙述一遍。原来是这么一回事：刚才史海燕匆匆忙忙跑进教室，把同桌葛建国的文具盒碰掉了，葛叫她捡，她不肯，一气之下葛建国便打了她。

这是孩子中间经常发生的事，我想应该抓住这件事，让孩子们学会自己教育自己，使他们懂得同学之间要友爱相处的道理。当时，我便召开了一次临时的班会，向大家提出："这件事谁错了？错在哪里？"要孩子们发表意见。孩子们你一言我一语地讨论起来。这个说："葛建国打人就是不对。"那个不服气，大声反驳："都怪史海燕，她把人家铅笔盒碰掉了，还不肯捡起来。"还有的说："小学生守则要求小学生不打人，不骂人，葛建国打人就是不对。"马上又有个孩子接着说："史海燕说话不和气，做错了事，还不改正，这件事主要怪她。"还有个孩子说："他们两人都不对。"

我仔细地听着他们的发言，为了让讨论更深入，我又提了个问题："如果是你碰到了这样的事，你该怎么办？"孩子们讨论问题的兴趣更浓了，人人争着发言。有的说："如果我是史海燕，那我应该马上把文具盒捡起来，放回原处，并说对不起。"有的说："如果我是葛建国，明知道史海燕是无意碰到地上的，我应该说'没关系'。自己把文具盒捡起来，以后文具盒向桌子里边放，决不会动手打人。"孩子们的讨论严肃而又热烈，这是他们自己组织的一堂生动的文明礼貌课，海燕和建国十分专心地听着，他俩诚恳地承认了自己的错误。海燕羞愧地低下了头，腼腆地说："葛建国，对不起，我错了。"建国连连摆手道："是我不对，我打了你，请原谅，下次我保证不打人了。"

（五）熏陶法

遗传、环境和教育是影响个人发展的三个重要因素。环境潜移默化的熏陶作用也是教育的一个不可忽视的方面。校园的物质环境和精神环境对学生的良好习惯的养成，具有很重要的示范、熏陶、感染作用。例如，在每层楼的走廊张贴或悬挂伟人、名人画像，张贴名人名言，把校风、学风镶嵌在教学楼的栏杆上等，营造出一种浓郁的道德教育的氛围，使学生耳濡目染，受到潜移默化的教育。

（六）渗透法

在分科教学的背景下，各科之间的知识是有相互渗透融通的空间的。应把德育贯穿于其他学科当中，不能只靠思想品德课来解决问题。苏霍姆林斯基明确指出，智力教育、学习各门科学基础知识，是进行思想道德教育的主要途径。教师们要根据学生的年龄特征、各科的特点充分挖掘学科中道德教育因素，在学科教育中渗透道德教育。让德育无时不在，无处不有。

（七）奖惩法

奖励作为一种肯定性评价的结果，起着正面激励的作用，获得奖励的学生一般是在某些方面表现突出的学生，适度的奖励不仅利于培养学生的荣誉感、自信心，也会激励其他同学的上进心。而惩罚作为一种辅助的教育方法，是为了规约学生的破坏性行为，维持正常的秩序，让学生能够向善、向好发展。当然，惩罚也不能是为了惩罚而惩罚，相对于奖励，惩罚更应该注意限度和方式，保护学生的自尊心。

纸屑“事件”①

有学生乱扔纸屑，屡次教育都收效无几，于是我决定召开一次“讲卫生、爱整洁”的主题班会。

下午的上课铃响了，我走进教室，只见地上有几团纸屑，环视了一眼学生的座位，发现当时还有三位同学未走进教室，于是我想这是一个教育的好时机，指着地上纸屑对大家说：“现在还有三位同学未进来，我们就来看一下他们会怎么样做呢？”经我一说，全班同学都瞪眼瞧着。第一位同学冲进教室，急忙走到座位上坐好了。第二位同学走进教室，对地上的纸屑看了一眼，却无动于衷，坐到自己的座位上去了。第三位同学走进教室，看见地上的纸屑，弯下腰把它全部捡起来了，这时全班同学报以一阵热烈的掌声。在热烈的掌声中我郑重宣布班会开始了。刚才的纸屑“事件”自然成了大家围绕主题开展议论的切入点。我没有说教，学生却似乎明白了许多。

惩戒通知单②

××同学：

今晚上自习课时，你和××大声吵闹，不仅耽误了自己学习，而且严重影响了课堂秩序。你的行为已经违反了我们的班规第20条，为使你进一步认识自己的错误，养成良好的学习习惯，请从以下惩戒方式中选择一种，并在班级纪律检查委员会的监督下认真接受惩戒。

1. 说明情况，向大家公开道歉，争取同学们的原谅。
2. 写一份呼吁同学们认真读书学习的倡议书，张贴宣传。
3. 完成一份违纪心理剖析，并在班级中宣读。
4. 为同学们唱首歌，活跃一下班级气氛。
5. 到操场上跑步5圈，强化认识。

---

① 王真江．思维的碰撞：教师素质案例集萃［M］．长沙：湖南大学出版社，2003：133-134.（内容有改动）

② 郑立平．班级管理金点子［J］．班主任之友，2007（11）：23.（内容有改动）

（八）品德评价法①

教师通过品德评价对学生的行为表现进行判断，这既可以帮助学生明白哪些是值得坚持和提倡的行为，哪些是需要改正的行为，也可以让教师们和家长们更全面客观准确地去了解学生。在此过程中，教师检验了自身的教学成效，也使学生在教师的评价反馈中获得成长。

二、特殊的方法

除了上述一般性的方法外，也有一些方法可结合特定情况使用。

（一）情感教育

教师可以通过情感去感染和感化学生。这需要教师充分信任学生，带着真挚的情感去帮助学生；教师应公正地对待每位学生，不能因为学生某方面表现不尽如人意就忽视甚至是疏远、贬低学生；教师也应尽量在学习、生活等各方面帮助学生解决实际的困难，形成和谐的师生关系。情感教育应将个别谈话和日常事务结合起来，短期的说教无法将情感（同理心等）印刻在学生的心灵中，长期的感化却能达到入耳入心的效果。

实践情感教育的典型是夏山学校。尼尔通过一对一谈话的方式进行情感教育，目的是使孩子尽快适应自由的环境，解除所有由道德和恐惧造成的情绪。从“自我”的话题开始，慢慢对儿童的行为进行分析，找出问题的根源，然后满足孩子的自然需要，进而解决问题。这里始终给予孩子对话的自由，自由选择是否进行个别谈话。谈话中，教师与孩子保持平等对话关系。

（二）学生自我管理法

尼尔创办的夏山学校是世界上著名的“问题儿童”学校，在这里，学生每周六通过“学校大会”进行自治管理。尼尔认为，“如果一所学校没有自治，就不能算是一所进步的学校，只是妥协的学校。只有当孩子能完全自由地管理他们的集体生活时，才有真正的自由”②。进行学生自我管理的初衷在于培养儿童自我管理的能力，学生真正参与其中并决定与自己切身利益相关之事，“自由孩子开朗的人生观才使得自治变得那么重要。他们定的规则没有虚伪成分，而且都与生命中重要的事有关”③。自我管理的内容包含拟定校规、解决学校生活中的问题等，管理方式由师生在大会上投票决定。在此过程中，主席主持，年长学生引导，教师予以必要的协助。学生自我管理充满正义、宽容和友善，忠诚于民主。

---

① 白铭欣．班级管理论［M］．天津：天津教育出版社，2000：162.
② 尼尔．夏山学校［M］．王克难，译．海口：南海出版公司，2010：44.
③ 尼尔．夏山学校［M］．王克难，译．海口：南海出版公司，2010：47.

（三）家校联动法

在充分了解学生（尤其是学生的家庭）的基础上，班主任可结合家长的力量对学生进行教育。这也是一个教育家长的过程。家长需给予孩子理智的爱、信任和认可，营造温馨的家庭氛围，维护婚姻和谐；消除恐惧，包括家长对孩子未来发展的恐惧，孩子对家长的恐惧。不要做监督者、批评者和“恶人”，不高高在上；尊重孩子的个性与人格，无条件地和孩子站在一起；坚信孩子的天性是善的；坚信孩子能独立；相信孩子自我成长和发展的能力。了解孩子，不压抑孩子，强调自由生活，使孩子不受外在权威的约束，不强迫服从，理解孩子的天性和心理，不把自己的想法强加给孩子，使孩子承当一定的责任，培养其自信；在孩子长大以后培养义务感。保持真诚，对孩子说实话。

和家长成为朋友

我认为和家长的沟通是很重要的，而且，家长也需要学习，需要和孩子共同成长。

在第一次家长会上我要求家长和孩子制订一个共同成长的计划。我要求每个家长给班主任老师写一封信，介绍孩子成长的经历，谈谈对孩子的教育的期望。收到信以后，我给每个家长打了电话，交换了意见。

第二次家长会，是学生和家长一起开的，我们是以班会的形式开展的，会议的主题是心灵沟通。我把这次会议交给了我的学生去策划、安排、主持。活动议程包括：第一，大合唱；第二，班干部发言，总结期中考试的情况；第三，家长代表发言；第四，学生对家长说一句心里话；第五，学生代表讲话，小品表演；第六，班主任总结发言；第七，主持人建议由孩子拉着父母的手，走出教室，走回家，走向未来。

家长会后，一位家长告诉我，在会上，她有三次感动得流泪：一次是开会前看见一个男生往老师的嘴里塞薯条；一次是孩子们唱着送给母亲的歌：“真的爱你”，把手里的康乃馨送给父母；一次是孩子走到父母的身边，拉起父母的手，一起回家。孩子们用真诚打动了父母，使他们真的走近了，使他们真的沟通了。家长对我也越来越信任了，家里的事情，孩子的事情，工作的事情，都愿意与我交流，这对我的工作也有了很大的帮助。

三、方法的限度与艺术

了解各种班级管理方法的内涵是基础，而真正能够在教育实践中适当地应用这些方法又需要教师明确方法的限度和艺术。

在向学生说理时，班主任应注意把握好说理的深度和广度，所说之理应与学生的知识接受范围和理解能力相适应，道理过深则学生难以理解而产生迷惘，道理过浅则难以让学生“入心”，二者都达不到让学生明理的目的。说理恰到好处不仅要保证所说道理真实可信，还要给学生留出一定的思考空间。

为了让奖惩方式具有教育性，教师需要注意把握奖惩的分寸。奖励的人数不宜过多也不宜过少，过多则导致奖励泛化，失去了激励作用，获奖者的荣誉感也会打折扣，过少则导致难度太大，打击学生进取的积极性。奖励作为一种教育手段，教师应以精神奖励为主，物质奖励为辅，不可让学生过度期待物质奖励。同样地，惩罚并不同于体罚，惩罚的目的是帮助学生改正错误，对于犯错误的学生，教师不应该嫌弃甚至是放弃他们，而是应在力所能及的范围内尊重和保护学生的人格，使其从错误中吸取教训，不再犯错，同时也让其他学生能平等地对待他们。

教师在对学生进行品德评价时，不能只依赖于教师个人的喜恶去评判，而是要依照客观标准，实事求是，心平气和，既指出学生的优点，也指出其不足，并给出改进意见，这样的评价结果才能使学生心悦诚服，这样的品德评价才能发挥教育意义。评价既包括结果性的评价，对学生的表现有一个整体的把握，同时也包括过程性评价，因为评价是一个不断深入发展的过程，结果无法呈现的细节却能够在过程中被捕捉到。这些评价方式要综合起来运用，这样才能全面准确地呈现学生的真实表现。

奖励的苍白①

课间，我正在批改作业，小伟一阵风似的跑到我跟前，一只手捏着鼻子，一只手指着教室后面的小玉说：“小玉吐了！呕！”他还做了一个要吐的动作。我忙放下笔，进了教室，我大声问：“怎么啦？小玉？”一股腥臭味扑面而来，学生们纷纷像逃避瘟神似的躲开，有的跑到外面去了，有的赶紧把窗户打开来透气，还有的捏着鼻子远远站着。而小玉难过地用纸巾清理嘴角的呕吐物。

我连忙叫了一位学生帮助小玉到水池边清洗一下，并送她到医务室。我希望有人能自告奋勇地站出来，到外面操场上去弄些沙土回来，把“战场”清理一下。可是等了一会儿，学生大眼瞪小眼，除了沉默，还是沉默。没有一个人主动请缨，好像这件事与他们无关，他们唯一能做的就是躲、逃避。我说：“谁愿意去操场上取些沙土回来，把呕吐物扫掉？”学生你看我，我看你，依然无人吭声。

“谁去？”我提高了声音。

“老师，去弄沙土回来把呕吐物清理掉有星奖吗？”小旭试探着问。竟然在这个时候跟我讲条件。

“有！”

“奖几颗？”

“你说呢？”

---

① 刘剑华．奖励的苍白［J］．班主任之友，2005（6）：65.（内容有改动）

"这么脏，最少也得三颗星！"小旭用手在鼻子底下扇了扇。

"行！这三颗星就算奖励你的勇气，你把秽物清理掉再奖你三颗！"

"六颗星？"其他学生也似乎动了心。可小旭已一溜烟地出去了。望着小旭的背影，我不禁陷入了沉思……

思考题

一、名词解释

1. 班级建设
2. 班级组织
3. 班干部

二、简答题

1. 班级建设的具体内容有哪些？
2. 班级管理包含哪些方面？
3. 班主任的日常实务。

三、论述题

1. 请结合本章内容，谈谈对班干部选拔与任命的看法。
2. 试论述有意义的班级活动的要点。

四、材料分析题

比较以下案例，谈谈你对班级管理的理解。

材料一：去年十月，我接手了一个四年级的班级，接班后，我不苟言笑，以严厉来维护"师道尊严"，竭尽所能地在学生面前树立自己的"威信"。在我的"威严"的"震慑"下，孩子们对我毕恭毕敬。上课时，一个个坐得笔直，没有人敢说话，他们的眼神不敢再淘气，眼里流露出的是顺从、紧张，还有一点畏惧。

材料二：面对课堂上不守纪律、做小动作的学生，我不再板着脸、拍着桌训斥，而是换一种方式对待。我尝试着用其他的方式善意地提醒学生改正缺点。对上课讲话、不听讲的学生，我写字条提醒他们："如果你能在课堂上发言，那该多好啊！"对上课爱做小动作，不举手发言的学生，我鼓励他们："你只要肯努力，一定能行，快快行动，我们都看着你呢！"就这样，孩子们的自尊心得到了保护，要让孩子们充分感受老师的宽容、理解、信任。

推荐阅读书目

1. 白铭欣．班级管理论［M］．天津：天津教育出版社，2000.
2. 徐长江，宋秋前．班级管理实务［M］．北京：高等教育出版社．2010.

Chapter

9

第九章 班集体建设策略

第一节　班级文化建设

知识结构

- ○ 班级文化内涵与结构
  - 班级文化产生于组织与成员的互动
  - 班级组织要素与个体要素具有丰富性
  - 班级文化的风铃结构阐析
- ○ 班级文化建设必要性与常见问题分析
  - 班级文化建设必要性
  - 班级文化建设常见问题
- ○ 班级文化建设路径探讨
  - 明确方向，根据班级实情确立面向全体、尊重差异的班级文化建设目标
  - 统筹路径，由内而外、点面结合地打造具有支持性的班级文化
  - 创新机制，构建学校、家庭、社区协同支持班级文化建设的育人共同体

班级是学校实施教育教学工作的基本单位，也是学校开展学生管理的基本单位，优化班级管理是全面提高教育教学质量的必要举措。教育改革的深入开展期待充满活力的班集体。① 每个学生的健康成长迫切需要得到高质量的班集体精神生活的滋养。在支持学生德智体美劳全面发展方面，班级文化的重要性不容小觑。当前，班级文化建设正在各地中小学如火如荼地展开，广大教师希望发挥文化育人功能，依托积极健康的班级文化开展成效显著的学生管理。然而，众多教师对于班级文化的学理逻辑较为陌生，班级文化建设存在浅尝辄止的危险。本部分，我们拟探讨班级文化的内涵，阐析班级文化的风铃结构，分析班级文化建设的常见误区，找出面向全体、尊重差异的班级文化建设路径。

案例点击

学校德育处通知，两周后举行班级文化检查。班主任崔老师在班上认真地进行了宣传，请同学们提出班名、班歌、班徽、班级口号的候选方案。同学们踊跃地提出了各自的想法，崔老师将经过初步筛选的八个方案放到班级 QQ 群中，请家长和同学们投票，最后依据得票最高的方案来印制班牌、班徽等班级文化宣传

① 胡麟祥．新课程期待充满活力的班集体：现代班集体建设系列讲话之一［J］．中国德育，2007（2）：70-71.

品，并将教室布置得焕然一新。在班级文化检查中，本班得到了很好的成绩。此后，班上再也没有组织过以班级文化建设为主题的活动。

案例分析：崔老师在班级文化建设方面的做法有一些可圈可点的地方。首先，崔老师不是大包大揽，而是广泛动员同学和家长参与，保持了民主治班的理念。其二，该班先确立对全班成员具有吸引力的班级理念，而后依据班级理念进行教室布置，使教室布置与班级理念具有一致性。不过，崔老师主持的班级文化建设也存在很多问题。首先，崔老师并没有主动开展班级文化建设，而是等德育处布置后才开始行动，这样一来，该班的班级文化建设有应付上级布置任务的意味，并不是基于班集体建设的现实需要而进行的。其二，该班的班级文化建设止步于提出理念、布置教室，但并没有在班级存在和发展过程中持续地开展相应的活动，前期提出的具有吸引力和凝聚力的班级理念能否落实到班级生活中并促进学生成长，还是一个未知数。

一、班级文化内涵与结构

《教育大辞典》收录了“班级文化”词条，指出“班级文化是作为社会群体的班级所有或部分成员共有的信念、价值观、态度的复合体”①。这一解释与文化学者认为“文化的基本要素是传统思想观念和价值”② 的观点具有一致性。此外，有学者主张，班级文化是指班级全体成员或部分成员习得且共同具有的思想观念和行为方式，包括班级物质文化、班级制度文化和班级观念文化。③ 还有学者认为“班级文化体系由班级的精神文化、制度文化、行为文化、物质文化四个子系统组成”④。这些关于班级文化的界定把班级文化看作若干种文化的复合体，其规范性有待考证。由此可见，对于班级文化的内涵，我国学者尚没有形成一致意见。

我们大致认同《教育大辞典》关于“班级文化”的界定，但认为这一界定对班级文化的内涵分析不够精细，如没有阐明作为组织的班级与作为个体的班级成员之间的关系，没有深入探讨“班级成员共有观念是如何生成的”这一关系班级文化建设全过程的问题。关于“班级文化”的内涵，我们持如下基本主张：班级文化是身处特定班级的所有或部分成员共有的信念、价值观、态度的复合体；班级成员共有观念并不是独立存在的，而是人们对班级成员所持观念进行抽象和概括的产物；班级成员共有观念广泛体现在班级物质空间、班级制度、班级活动的方方面面，即人们可以通过对物质、制度、活动的深层解释概括出班级文化。

（一）班级文化产生于组织与成员的互动

在班级授课制背景下，班级是承担特定教育教学任务的组织，这一组织的基本活动

① 顾明远．教育大辞典［M］．增订合卷本．上海：上海教育出版社，1998：51．
② 周运清．新编社会学大纲［M］．武汉：武汉大学出版社 2004：234．
③ 谭英海．略论班级文化及其对学生发展的作用［J］．当代教育科学，2003（10）：6-7．
④ 陈宇．班级制度文化的意义与特征［J］．班主任，2019（4）：24-28．

是教育教学，活动使命是培养学生。班级成员长期受班级这一社会组织的物质空间、制度设计、活动安排、育人愿景及组织发展愿景的影响，形成相似的行为方式、思维方式、信念、态度和价值观。作为“班级成员共有行为方式、思维方式、价值观的复合体”，班级文化一经生成，就会弥散于班级日常运作的方方面面，对全体成员的言行发挥重要的规范、引导作用。由此可见，班级文化是一种不容忽视的教育力量。

（二）班级组织要素与个体要素具有丰富性

班级文化是一个外延宽广的复合体，既包含班级组织层面要素（简称组织要素），又包括班级成员个体层面要素（简称个体要素）。

作为一个社会组织，班级有特定的使命、活动、规范和空间，班级愿景、班级规章、班级活动、班级物质空间四类组织要素构成一组自内向外的同心圆。班级愿景表明班级存在的目的和意义；班级活动指“班级做些什么”，其主要形式是课堂教学活动、师生沟通活动，此外还有形式多样的社团活动、小组活动、课外活动等；班级规章是保障班级活动有序开展、促进班级愿景达成的中介要素，它折射班级愿景，为班级活动的开展提供制度环境，也对所有班级成员的行为发挥约束和引导功能；班级物质空间是班级活动开展的地方，主要指教室，也包括本班成员有时会使用的学校图书馆、餐厅、运动场、功能室、卫生包干区乃至整个校园。班级愿景对于班级规章、班级活动、班级物质空间具有深层辐射作用，而后者又会对前者产生或积极或消极的影响。

我们将学生的思想观念和行为方式（含学习方式、人际交往方式、日常生活方式）看作班级文化的个体要素。思想观念指学生的人生观、世界观、价值观，尤其指人生理想、学习抱负、人际交往态度和组织纪律观念等。学习方式指学生上课、完成作业及承担各种学习任务的方式，人际交往方式指学生处理自己与同学、教师、家人及其他社会成员和社会组织之间关系的方式，日常生活方式指学生在着装、饮食、卫生、排队等方面的具体表现。组织要素和个体要素之间发生着丰富的相互作用，学生普遍受到组织要素的塑造和规约，同时也会对组织要素发生能动作用。

（三）班级文化的风铃结构阐析

风铃是生活中常见的装饰品，本小节借用风铃形象来直观地说明班级文化各要素的相互作用。

风铃底座指班级组织层面诸因素构成的同心圆，由内而外分别是班级愿景、班级制度、班级活动、班级物理空间。一个个铃铛代表班级的每个成员（图 9-1）。

班级文化良好时，就像和谐状态下的风铃。各组织要素相互支撑，有机编织成一个积极的育人磁场，将绝大多数成员有力地团结在一起，每位成员的思想和行为与班级的定位相一致，大家总体上向着一个目标前进，学生能够体验到班级生活的美好，其成才潜能可以最大限度地释放。

班级文化不良，就像失衡状态下的风铃。各组织要素构成的底座互不匹配，或者组织要素与个体要素之间、不同个体之间存在较严重冲突，整个班级显得消极混乱。这样的班级让班级成员逐渐沉沦，丧失人生追求。

图 9-1 班级文化风铃结构

二、班级文化建设必要性与常见问题分析

对于班集体和班集体中的每一个成员来说，班级文化具有重要的导向功能、凝聚功能、激励功能、约束功能。健康积极的班级文化能够鼓舞、促进学生成长，而颓废消极的班级文化会阻碍、误导学生成长。班级文化不是一成不变的，而是处于动态、渐进的发展变化过程之中。[①] 班级文化建设就是教育者主动干预班级文化生成，促使健康积极的班级文化在班级扎根，以期充分发挥班级文化育人功能、推进学校教育教学目标达成的实践活动，是促使班级文化建设由自发状态走向自觉状态的一种努力。

（一）班级文化建设必要性

在很多学校，尤其是薄弱学校，颓废消极的班级文化正在日复一日地侵蚀着众多学子的理想和品格，开展班级文化建设极具必要性和紧迫性。在某市若干所乡镇初中调研时，我们了解了下面几个班级的情况。

A 班：教师提问范围仅限于几个学生，很多学生的表情是麻木的，最后一排有两个学生一上课就趴在桌上。下课后，学生三三两两地走出教室，在走廊里嬉笑打闹。

B 班：教室入口处张贴了班务栏，上面只贴了一张课程表，“作息时间表”“班级值日表”“通知栏”标题下全部是空白。教室墙面污损，墙上只有两条标语，并且散布着学生随意涂写的文字。

C 班：教室前方悬挂着“班级管理流动锦旗”，下面是“班级之星”表彰栏，分门别类地贴着“团结星”“进步星”“体育星”“劳动星”“书写星”等纸条，但没有贴任何一名学生的名字。下课后，我们询问一名学生，该生回答：“我们搬到这间教室时墙上就有这些纸，我们从来没有贴过东西。”

D 班：教室后墙上贴了很多张奖状，但细看之下这些奖状都是四五年前发的。该校

---

① 林冬桂．论班级文化的功能与建设［J］．教育导刊，2000（11）：11-14.

是一所初中，显然，这些荣誉与现在教室里的学生没有任何关系。

我们围绕这些现象进一步展开观察、访谈，发现这些学校的班级文化建设处于自发且芜杂的状态。

从愿景层面看，班级缺少进取精神，教师没有进行有力的思想引领。有教师说："我们这里一个班没有几个学生能考上高中，考上高中的也很难考上大学。有些学生到初二就不想读了，只是在学校里混日子等毕业罢了。"

从制度层面看，班级缺少严明规章，教师对学生学业期望偏低，疏于管教；学生不听讲是常事，只要不扰乱课堂，教师就听之任之；作业完成率不高，教师也很少为此责罚学生或想其他办法解决。

从活动层面看，班级缺少有吸引力的活动，班级精神生活苍白。很多寄宿制初中没有成立学生社团，学生课余生活单调；教室墙壁上看不到一张奖状，说明这些班级乃至学校很少开展集体活动。

从物质层面看，教室布置凌乱，缺少教育气息。有的教室后方地面上散乱地躺着几把笤帚，图书角专用书柜里的书歪歪斜斜地放着，看起来好久没人光顾了。有的教室张贴的装饰画、荣誉榜边缘没有粘好，无精打采地垂了下来。

根据以上见闻，我们大致可以断定，这些学校的班级文化建设处于粗放自发状态，教师没有着力开展班级文化建设，对班级愿景、学生言行各层面均缺少有力指引。教育部倡导通过优先发展教育阻断贫困代际传递①，而这里贫瘠的班级文化，不仅不能帮助学生树立理想、实现抱负，反而可能成为复制贫困的助推器。

（二）班级文化建设常见问题

随着各级教育行政部门的倡导，班级文化建设已经在中小学蔚然成风，大批教师或主动或被动地着手开展或高明或粗糙的班级文化建设。调研显示，班级文化建设存在如下常见问题。

问题一：将班级文化建设等同于教室环境布置，忽视班级文化建设的系统性。面对学校布置的班级文化建设任务，一些教师迅速响应，把教室环境布置起来，购买书架、盆栽、墙贴，在很短时间里让教室外观焕然一新。教室布置可以在一定程度上优化学生的学习环境，但不足以有力地引导全体成员的思想态度和价值观。如果教师不能针对学生的学习抱负、行为问题进行教育引导，即使在窗明几净的环境中，也很难出现书声琅琅、生机蓬勃的可喜景象。

问题二：将班级文化建设等同于班级理念提炼，忽视班级文化建设的复杂性。一些班级基于全员参与的原则组织全体学生乃至家长一起讨论班名，提炼班级口号、班训、班规，设计班徽，最后确定具有吸引力的班级理念体系。这可以看作班级文化建设的良好开端，可是，很多班级就此止步了：班级理念虽然贴了出来，但在班级活动中没有得到体现，班级理念和学生在日常活动中体现出来的精神面貌如同"两张皮"。

问题三：将班级文化建设定位于确保升学率，忽视班级文化的丰富性和多元性。有

① 朱之文．扎实推进教育脱贫着力阻断贫困代际传递［J］．行政管理改革，2016（7）：4-10.

些班级文化建设片面强调升学，推行严苛管理，让学生日复一日地埋头于“书山题海”而没有喘息机会。这些做法会妨害青少年的身心健康和全面发展，导致部分青少年长期被压抑、被忽视，甚至导致暴力、自杀等极端事件。

三、班级文化建设路径探讨

如何有效开展班级文化建设，让良好的班级文化以鲜明、正确的导向引导鼓舞学生，以独特的氛围影响规范学生是摆在我们面前的重要课题。

（一）明确方向，根据班级实情确立面向全体、尊重差异的班级文化建设目标

随着社会转型的深入，班级生源多样化成为不争的事实。教育者必须正视班级实情，既面向全体，又尊重差异，有针对性地思考“本班需要一种怎样的班级文化”这一问题。对此问题的解答必然是见仁见智的，我们建议将“进取、参与、包容”作为班级文化建设的基本目标，促使其成为班级成员的共享价值观。

“进取”主要处理学生与学业的关系，应该成为班级倡导的首要理念。学习是学生的天职，也是其成长为合格公民的坚实阶梯。俗语云：“树无根不长，人无志不立。”《庄子》云：“哀莫大于心死。”有些学生缺少理想抱负，在日常生活中有一种“混日子”的心态，这既是对自己人生的不负责，也是对家庭、社会的不负责。教育者首先要鼓励学生立志，帮助学生确立愿意为之奋斗并且具有现实可行性的理想，让中小学阶段的学习和生活成为学生持续追梦的攀登过程。这样的攀登过程会促使学生养成积极主动争取成功的习惯。

“参与”主要处理学生与集体和社会的关系，指学生要关注集体和社会，积极参与课堂内外的班级生活、校园生活、家庭生活和社会生活。社会参与反映了当代人的素养，体现了个人对团队和社会的认同、归属和责任担当。有的学生心灰意冷，对课堂学习、班级、校园乃至家庭、社会缺少情感认同，觉得这些都与自己无关。这种将自我排除在社群之外的心态有深远的消极影响，一方面可能导致学生抗拒学习、疏离集体乃至辍学；另一方面可能使学生沉迷网络，甚至参与违法犯罪等反社会行为。教育者要确立“一个也不能少”的信念，学会双管齐下，既加大对学生的监管督促力度，又着力增强班级和校园生活的趣味性，努力把那些在课堂内外的旁观者、游离者吸引过来，持续调动他们参与课堂学习、参加集体活动的积极性。

“包容”主要处理学生群体共性与个体特性的关系。学生的学业水平、人生理想乃至体质状况等呈现多元异质格局，教育者要学会包容，接纳每个学生有差异的现状，给予学生关爱，鼓励每个学生以适合自己的方式确立成长目标，参与集体事务；教育者还要教导所有学生学会包容，相互尊重，彼此友善，和睦相处，成为彼此成长道路上的欣赏者、鼓励者、监督者和促进者。

除了上述共通目标之外，教育者还要结合本班实际情况，综合考虑师长专长、校情背景和区域特色等因素，提出有吸引力的特色目标，如拥有文艺特长的师生可以让班级充满快乐的音符，拥有体育特长的师生可以将体育精神、奥运精神融入班级生活全过程等。

（二）统筹路径，由内而外、点面结合地打造具有支持性的班级文化

一是要筑牢底座，综合运用思想动员、制度约束、活动鼓舞、环境布置等方法，促使积极的育人愿景和团队发展愿景在班级组织中落地生根。教师可以结合伟人事迹、身边榜样及本人成长故事阐发人生哲理，促使学生认识到奋斗、学习、团结的重要性，为班级确立充满正能量的愿景；依托《中小学生守则》和校规，引导学生制订班级公约，用班规来有力指引学生成长进步，减少不当行为；认真负责地开展因材施教的课堂教学，组织学习竞赛、文体活动、特色庆祝活动，用丰富的班级活动最大限度地调动学生的积极性，满足学生的成就动机，给学生提供践行进取、参与、包容的多种机会；布置整洁、美好的教室环境，做好班级理念、班规、班级榜样人物的直观展示，发挥每一面墙壁的育人功能。

二是要关心每一个学生，有机开展集体引导和个别辅导，使班级文化建设既面向全体，又有所侧重。教师不仅要通过班级活动、小组竞赛等开展面向全体学生的教育引导，还要针对学生具体情况开展一对一的沟通、鼓励、督促、引导。人无完人，多数学生在学习态度、学习能力、日常行为习惯等方面存在各种各样的不足和问题，这要求教师俯下身来，细致了解每一名学生，帮助学生找到适合自己的成长方向，从班级生活细节着手为他们搭建展现风采的舞台，耐心地逐一唤起他们的进取精神和合作意识，从而促进班级形成百花竞放、异彩纷呈的可喜局面。同时，教师细致辅导每名学生，最能体现教师的敬业态度、仁爱之心、包容精神，既能帮助教师赢得学生的信任，也能为全体学生树立榜样。

案例点击

常老师致力于开展有温度的教育。全班一起利用不长的时间给学生过生日，这是他班上的常规活动。在班会课上，他会抽出时间，请过生日的同学站到讲台上，同学们自主发言，表达对“小寿星”的赞美和祝福；常老师则会在精美的生日卡片上书写一首专门为该同学创作的古体诗，在活动结束时交到学生手里。

案例分析：常老师组织的生日庆祝活动简朴而有仪式感，对于优化师生关系、促进班集体健康发展具有重要作用。生日对每个人来说都有特殊的意义，全班一起为同学庆祝生日表达了对每位成员的重视，是大家相互关心、相互包容的体现。来自同学和教师的祝福往往既有针对性又有鼓舞作用，是促进班级成员进取向上的一种动力。可以说，这样的活动有助于达成进取、参与、包容的班级文化建设目标，而常老师亲笔书写、亲自创编的生日贺诗则是教师个性的体现，也有助于学生和班集体的个性化发展。

（三）创新机制，构建学校、家庭、社区协同支持班级文化建设的育人共同体

班主任是班级文化建设的设计者和协调人。班主任要善于学习优秀同行的工作经验，在模仿的基础上创造性地开展立足班级实际的班级文化建设。全体教师要关注班级文化建设，认真备课上课，立足各自岗位尽己所能地给予学生以引导和鼓励，让学生感

觉到被关心、被尊重、被接纳。学校管理者要努力通过校园仪式、大型活动、宣传橱窗、广播站等平台倡导团结进取的校风，向洁、绿、亮、美的方向改善校园环境，细致优化校园管理，让校园文化建设成为班级文化建设的坚强后盾；寄宿制学校尤其要改善学生的就餐和住宿条件，将对学生的关爱和尊重落细落小落实，从而调动学生成长成才的主动性。

班级文化建设迫切需要家长的参与和支持。教师要善于运用家访、家长会、家校联系手册、在线沟通等方式对家长做好思想动员，帮助家长掌握及时欣赏、积极沟通等家庭教育艺术，营造融洽的亲子关系，让家庭成为支持孩子茁壮成长的港湾。对于留守学生的家长，教师要加强联系，动员家长经常与孩子通话、不定期给孩子写信，寄送学习用品等，传递对孩子成长的期望。此外，学校、教师要创造性地吸引当地企事业单位、社区知名人士、优秀校友等走进校园，走进班级，为学生树立榜样，壮大学校育人共同体。

学生既是班级文化建设的受益者，也是班级文化建设的主体。教师要调动学生规划人生、热爱班级的积极性，动员学生思考“我希望怎样度过中小学”“我希望生活在一个怎样的班级中”“我对班级有哪些期望”“我可以为班级做些什么”等问题，让班级文化建设更加切合学生思想实际，让教师的引导和学生的个性在班级文化建设中交相辉映，相辅相成。

课堂点睛

班级文化具有整体性、导向性、潜隐性、动态性，班级文化一经形成，就体现为一定的“场”，影响和作用于学生。班级文化具有规范功能、陶冶功能、审美功能、同化功能、凝聚功能。教师要重视班级文化建设，努力为学生提供积极健康的成长环境。

第二节　学生管理创新

知识结构

- 规训式学生管理的特征与衍生背景
  - 规训式学生管理的特征阐析
  - 规训式学生管理的衍生背景
- 教育性学生管理：新时代学生管理的应然取向

- 学生管理转型的时代背景
- 学生管理转型的应然取向

○ 教育性学生管理的实施要点

- 正视转型难度，基于对规训式学生管理传统的反思破旧立新
- 统筹转型过程，让学生管理转型与学校治理现代化、教学转型齐头并进
- 拓展转型思路，跳出“严管”与“不管”的非此即彼，创新工作方式

案例点击

上完三节课以后，班主任高老师非常疲惫。这时，宿管员用微信发来消息，称高老师班上某寝室的学生将垃圾堆放在寝室门外并且拒不打扫。高老师火冒三丈，当即冲到班上，批评该寝室全体学生，宣布罚他们打扫楼道三天。学生当时屈服了，晚上却纷纷在班级微信群中声辩，认为老师应该先调查事情的原委而不能只听宿管员的一面之词，认为老师因值日生一人有错而迁怒于其他人的惩戒方式不合理。高老师很生气，利用班会时间向学生大讲服从规则的必要性。此后，学生们都很注意维护寝室卫生，因为怕被罚打扫楼道。

案例分析：在这个案例中，高老师坚定地维护寝室卫生管理规定，要求学生服从规则，仅从维护教育教学秩序来说，高老师的做法是有效的，甚至可以说是高效的。然而，面对问题，高老师不给学生解释的机会，用生硬的惩罚来迫使学生服从规则，当学生提出抗议时高老师的做法是继续强调规范神圣不可侵犯，最终使学生因为害怕受罚而服从规范。在这一事例中，班主任和学生之间并没有建立平等对话的关系，师生之间也没有形成真正的集体。

班集体建设以马克思主义教育思想中的集体概念为内核，旨在将班级建设成师生之间、生生之间的“真正的共同体”，以集体的力量来促进每个成员的成长，以每个成员的成长来促进班集体的完善乃至社会的发展。然而，在很多学校，师生之间，尤其是班主任和学生之间，并没有建立平等对话的关系，相反，学生管理仅仅被看作压制、约束学生的手段而不是促进学生个性发展的途径，班级中确立了“教师与学生的权威与服从的地位”①。种种迹象表明，当代中国通行的学生管理模式处于进退维谷的困境。整体盘点当前的学生管理，我们建议跳出创新管理手段、提升管理效能的工具理性追求，转而反思常规学生管理方式的道德性，呼唤学生管理的模式转换，从传统的规训式学生管理走向合乎时代精神趋向的教育性学生管理，以期真正发挥学生管理的育德功能，使学生管理成为班集体建设的重要渠道，使学生管理作为正当且重要的德育途径，赢得学生、教师及全社会的重视。

---

① 黄俊英．班集体建设中教师文化与学生文化［J］．教育导刊，1999（Z1）：51-52.

一、规训式学生管理的特征与衍生背景

鉴于我国以往和现行的学生管理强调学生对既定规范的服从，注重“把学生管住”，我们将其概括为规训式学生管理。

（一）规训式学生管理的特征阐析

自从“规训”一词伴随福柯思想的译介而进入我国教育研究领域，这一概念一直在规范、训练、控制①等意义上被使用。我们用“规训”来概括传统学生管理模式，是因为传统学生管理突出强调规范和训练，体现出以规范为中心、以训练为中心、以教师为中心的总体特征。

“以规范为中心”，指传统学生管理的目标是促使学生服从既定的规范。康德将学生管理理解为训诫（管教），指出其意义“纯然是对野性的驯服”“从人身上去除野性”“防止错误”，让学生“感受到”并“服从于法则的强制”从而“能够习惯于静静地坐着，严格遵守事先给他们规定的东西”②。赫尔巴特（Herbart）指出，普通人所理解的学生管理仅仅在于“维持秩序”③。反观各级各类学校，尽管学生管理以不同形式出现，但其目的是共通的，即要求学生遵守预设的校规、班规，以形成并维护大家习以为常的教育教学秩序；当学生的行为不符合校规时，教师的做法通常是强调规则是“神圣而不可侵犯的”④，批评学生，迫使学生服从规则。

“以训练为中心”，指传统学生管理的方式是以禁止、压制、驯服为主要形式的各种训练，不鼓励学生对规范合理性进行审辩思考，不培养学生自主建构和修订规范的理性和智慧。服从命令是训练的基本要求，从进入校园的第一天开始，学生就接收到教师发布的各种命令（“准时到校不迟到”“安静听讲不讲话”等），学生所要做的就是服从、照做。多数学生不会自动服从命令，于是，监视、训诫、惩戒、奖励、感化等多种训练形式应运而生，这些方式交织于学生管理过程之中，共同致力于革除康德所理解的“生蛮”和“野性”，把学生驯化，让他们成为被动服从预设规范的“乖孩子”和“好学生”。片面强调训练甚至驯服的弊端在于训练不能“促成学生理性的发展”，学生管理有时甚至是完全不讲道理的，以致有学者认为“对孩子们谈论义务，那是白费工夫。他们最终是把义务视为某种触犯了就要挨鞭子的东西”⑤，“一旦学生发生违规行为，无须讲多少道理，更不必要学生说出他们的理由。只要教师出于善意，按规矩办事本身，就是足够的理由”⑥。

“以教师为中心”，指在传统学生管理过程中，教师是管理者和权威，学生只是被管理和待驯化的对象。学生要服从的各种规范基本上都是由教师发布的，有时教师只是

① 金生鈜．“规训化”教育与儿童的权利［J］．教育研究与实验，2002（4）：10-15.
② 康德．康德教育哲学文集［M］．北京：中国人民大学出版社，2016：7-9.
③ 赫尔巴特．普通教育学、教育学讲授纲要［M］．杭州：浙江教育出版社，2002：25.
④ 皮亚杰．儿童的道德判断［M］．济南：山东教育出版社，1984：19.
⑤ 康德．康德教育哲学文集［M］．北京：中国人民大学出版社，2016：54.
⑥ 陈桂生．“学生行为管理”引论［J］．华东师范大学学报（教育科学版），2007（1）：8.

作为传声筒将学校和社会的规范传达给学生，有时教师也会出于自己的意愿发布自己偏好的规范，如有的教师规定本班学生必须提前 10 分钟到教室开始早自习。有些教育者会意气用事地发布一些对学生来说过于苛刻的规范，如赫尔巴特所指出的那样，他们通过这种做法对学生“发泄一点专横，从而在某种程度上补偿其从外界受到的压迫”①。在学生管理过程中，教师扮演着警察、法官等角色，他们尽可能全面而无孔不入地构织规范和训练的体系，透过教室后门的那扇窗户或者借助学生群体中的告密者监督学生，试图将学生的全部活动都纳入管理范围之内。教师的权威使有些学生不在意每一条具体规范的内容是什么，而只记住了一条原则，那就是“听老师的话”。

（二）规训式学生管理的衍生背景

规训式学生管理并非学生管理的必然样态，这种学生管理模式之所以在学校教育史上逐渐生成、持续存在、缓慢演化，显然与传统学生管理所处的学校环境和社会环境有紧密联系。

杜威等思想家分析了传统学校教育衍生规训式学生管理的必然性。杜威指出，传统学校教育将固定书本知识的识记作为目的，以致“儿童被送去受教育的地方正是世界上最难得到经验的场所”②；儿童生来就有的“要发表、要做事、要服务的天然欲望”③在传统学校里没有得到利用，而为了诱使儿童对学习产生兴趣，学校不得不借助学生对教师的爱戴以及竞争、奖励、畏惧等建立纪律。这种纪律注定是病态的，因为其重点“放在矫正错误行为而不是放在养成积极有用的习惯”上，“教师对学生的道德生活的关心所采取的形式往往是警惕他不遵守学校的规则和常规”④。中国古代学校教育也将书本知识传授作为核心，枯燥的知识背诵与学生活泼好动的天性必然形成冲突，以致我国最早的教育学论著《学记》就提出要借助“夏楚二物”以“收其威”，戒尺、教鞭成为蒙学教师不可缺少的教学工具，甲骨文中的“教”字也被解释为师长以手执鞭对待儿童。

以知识灌输为本位的学校教育是规训式学生管理的直接环境，而传统社会的经济、政治、文化条件则是传统学校教育及学生管理产生的根源。从经济方面看，最初的专门化教育服务于统治阶级子弟，他们无须从事生产劳动的经济地位决定了学校教育的基本目的是保存以往社会流传下来的书本知识和礼仪修养；随着工业化的推进，劳动者子弟成为学校教育对象，但参与社会生产仅要求劳动者掌握读、写、算的基本技能，以书本知识灌输为主的学校教育形式没有受到根本性的冲击。从政治方面看，中国古代学校教育承担着为专制统治者选拔官员的功能，学子投身学校教育的个人目标是跻身官僚系统；统治者所需要的合格官员必须首先具备效忠意识、服从意识，而规训式学生管理注重培养听话的学生，可以为他们长大后“受政治首领专断统治”⑤、成为忠顺奴仆奠定

① 赫尔巴特．普通教育学、教育学讲授纲要［M］．杭州：浙江教育出版社，2002：25.
② 杜威．学校与社会；明日之学校［M］．北京：人民教育出版社，2005：31.
③ 杜威．学校与社会；明日之学校［M］．北京：人民教育出版社，2005：143.
④ 杜威．学校与社会；明日之学校［M］．北京：人民教育出版社，2005：141.
⑤ 杜威．学校与社会；明日之学校［M］．北京：人民教育出版社，2005：135.

基础。从文化方面看，传统文化总体上具有以重复过去为使命的后喻文化特征，强调既有知识体系和规范体系的稳定，贬抑并反对变化；教师掌握着知识权威，自上而下地向学生传授知识、依据规范对学生进行管束乃至打骂学生均受到后喻文化的包容和鼓励。

二、教育性学生管理：新时代学生管理的应然取向

就系统与环境的关系而言，系统论指出，系统的功能是在系统与环境的相互关系中表现出来的系统总体的行为、特性、能力和作用的总称①；系统生存发展必须同环境相适应，环境的变化，会导致系统的不适应，这就对系统形成演化压力。② 在传统条件下，规训式学生管理总体上适应了当时的学校教育形态和社会环境，很少受到批判；而进入当代，中国社会迅速转型，学生管理所面临的环境要求已经发生改变，学生管理转型成为一个不容回避的时代课题。

（一）学生管理转型的时代背景

首先，社会经济、政治、思想文化的迅速发展，给学校教育、学生管理提出新的要求。改革开放以来，社会主义市场经济迅速发展，现代化建设对建设者素质提出的要求越来越高，知识经济、人工智能引发的劳动力分配格局转换使“为固定的生活岗位培养儿童”成为不可能，要求未来的公民“不仅适应正在发生的变化，而是有能力去形成变化，指导变化”；民主法治确保“法律面前人人平等”，人与人相互尊重、平等协商成为社会治理的基本形式，要求公民能够理性认识自我与他人的关系，以“既能领导又能服从”的方式参与公共生活③；自由、平等、公正、法治成为中国社会的主导价值取向，社会成员普遍向往公平合理的生活方式，成人和儿童都反感强加于自己和他人的不合理约束。学校是由社会建立以完成一定特殊工作的机构④，社会的发展与以知识灌输为取向的学校教育模式矛盾加剧。教育改革持续努力将学校教育推离旧轨，转向以培养学生参与社会发展所需素养为目标的新路径，以促进学生成长为全面而有个性的创新型人才。

其次，当代学校教育的指导理念推陈出新，规训式学生管理的三个中心被打破。建构主义成为主导的教育教学理念，推崇建构、注重生成是当代教育的基本取向，就德育和学生管理而言，生成论思维反对将服从预设规范作为终极目标，而是要求准许学生通过活动自主探索规范，创造不同于既定规范的新标准。人本主义反对贬低儿童天赋的强制训练，主张教育要尊重儿童的天赋和兴趣，以促进而不是禁止的方式来支持儿童充满活力和创造性的成长。教育民主化、学校治理现代化成为不可逆转的浪潮，反对教师权威的无序张扬，要求保障学生权益，落实师生平等，基于对话确立公平合理的规则。值

---

① 颜泽贤，范冬萍，张华夏．系统科学导论：复杂性探索［M］．北京：人民出版社，2004：28.
② 苗东升．系统科学精要［M］．4版．北京：中国人民大学出版社，2016：48.
③ 杜威．学校与社会；明日之学校［M］．北京：人民教育出版社，2005：140.
④ 杜威．学校与社会；明日之学校［M］．北京：人民教育出版社，2005：138.

得一提的是，当代德育改革倡导德育生活化，在有道德的生活中培养良好品德，这必然要求将平等、友善、关心等落实到校园人际互动之中，以强制、监视、服从为标志的学生管理方式显然与此不符，必须从校园生活中清除。

（二）学生管理转型的应然取向

通常人们对学生管理功能的理解停留在维持教育教学秩序的层面，然而，作为学生与教师、学校互动的持续过程，不同类型的学生管理必然会对学生心理产生深刻影响，促使学生形成特定的品格和思维方式。面对新时代社会发展和教育转型的要求，我们有必要转换学生管理模式，使学生管理成为促进新型公民生成的有力渠道。借鉴教育性教学思想，我们将这种新型的学生管理定义为教育性学生管理。

杜威指出，教育就是发展，教育的过程是一个不断改组、不断改造和不断转化的过程①，教育应该被认为是经验的继续改造②。据此，我们认为，教育性即某种活动所具有的促进个体经验改组改造的属性，教育性学生管理即促进学生经验持续展开，促进学生发展的管理。与规训式学生管理相对照，教育性学生管理的基本特征是以发展为中心、以理性为中心、以学生为中心。

以发展为中心，指教育性学生管理将目的定位于促进学生的发展。发展意味着学生对事件的相互联系、个体与环境的互动具有洞察力，能够理智地选择活动的目的和策略，使活动既能满足个体进一步发展的需要又有助于个体承担相应的社会责任，最终这个人“能够通过在人生一切职务中和别人的交往，使自己充分地、适当地成为他所能形成的人”③。以发展为中心与遵守必要规范、创建校园秩序并不矛盾，但强调规范、秩序都是促进学生发展的手段，合理的规范是为保障个体开展明智的活动而制定的，不是“为了现行的学校工作方式可以进行而不得不制定的”④，恰当的秩序是学校成员依据各自需要开展明智而有目的的活动所达成的有序状态。简言之，教育性学生管理从促进学生发展的角度思考“需要怎样的学校秩序”及“如何达成这种秩序”等问题，反对仅仅因为历来如此而固守既定的规范。

以理性为中心，指教育性学生管理将理性引导作为学生管理的基本方式，支持学生独立思考、自主抉择和自律行动。教育性学生管理鼓励学生根据具体情境和特殊需要来推理，选择最佳的行动方案来行动。在教育性学生管理中，教育者会尽量避免灌输式教育，使规则尽可能地来自学生的独立思考，使规则成为学生建构的成果；当放任学生尝试错误太过危险（危及学生和他人的健康、安全）时，教育者会引入预设的规则，同时借助介绍他人生活经验、讲道理等方式帮助学生理解规则的合理性。依据道德认知发展规律及其他心理学理论，我们知道，采用奖励、惩罚、榜样示范和情感陶冶均能很好地建立校园秩序，教育性学生管理会将这些方法作为理性引导的辅助手段，但不会脱离

---

① 杜威．民主主义与教育［M］．北京：人民教育出版社，1990：58.
② 李业富．经验的重构：杜威教育学与心理学［M］．上海：华东师范大学出版社，2017：55.
③ 杜威．民主主义与教育［M］．北京：人民教育出版社，1990：376.
④ 杜威．学校与社会；明日之学校［M］．北京：人民教育出版社，2005：142.

理性引导，孤立地使用这些方法。

以学生为中心，指在教育性学生管理过程中，学生是发展的主体，教师依据学生发展的需要做好促进者和辅导者。学生是学生管理的起点，每个学生都是有丰富需要的人，在特定时间做什么事、如何做事引发了自我管理的需要；一群学生相聚在学校，他们之间相互影响。为了使这种相互影响促进每个人的发展，学生管理是必要的。学生是规则的制定者和执行者，基于实践经验、平等协商，学生能够制定出维持基本秩序的规则以及确保规则运行的适当程序。教师仍然拥有专业权威，但其权威的运用仅限于引导学生学会思考、学会协商，教师权威的终极目的是促进学生理性发展，使学生成长为能够自己管理自己的人。

当前，学生管理转型已经悄然启动，教师们所持的学生管理观念正在发生变化，越来越注重学生的理性发展，不再将服从规范作为学生管理的出发点。这一点，和现在很多家长希望孩子有主见而不希望孩子太听话的情况相似。从社会公众对于个性发展的期望可以看出，公众的心态正在发生变化，他们不再欣赏“听话”的“乖孩子”，而是期待培养出一种新型的好孩子、好学生，一代学会思考、学会协商、学会选择的新型公民，学校、班级理应为新型公民的生成做出积极的贡献。

三、教育性学生管理的实施要点

作为系统演化的一种特殊形式，转型意味着“系统从一种结构转变为另一种性质不同的结构，属于革命式的转折，每一次都需要跨越不小的势垒”①。教育性学生管理的实现，注定是一个漫长的过程，而如果我们采取适当的策略，就可以降低转型成本，加快转型过程，彰显转型效能。

（一）正视转型难度，基于对规训式学生管理传统的反思破旧立新

当前，民主、平等理念已经深入人心，各地学校在纷纷开展民主管理、学生自主管理探索。循其名而责其实，笔者认为，很多学校的学生自主自治并不真实：有的是由学生会、班干部依据学校既定的规则来严格管理同学；有的是通过“人人有事管，事事有人管”来让全班同学各司其职，维护既定规则；有的是推行以小组为单位的捆绑式量化考核，用组间竞争、小组荣誉制造的压力来迫使学生服从规则。在这些学校，预设的规则仍然是学生管理的中心，片面强调管理者和规则的权威、重视他律、忽视学生自主参与等惯习仍然畅行无阻。如果我们将这些做法看作真正意义上的学生自主自治，就是低估了学生管理转型的难度，不利于教育性学生管理的落实。

我们建议，将学生是否拥有自主立约的权利看作教育性学生管理的试金石。如果学生确实获得了自主制定行为规则、基于实践探索逐步修订规则的机会，学生管理才真正做到了以促进学生理性发展为中心，才是真正意义上的自己管理自己。关于这一点，要做两点说明。首先，自主立约不是每个学生各自为政，而是学生团体的权利，要求学生

---

① 苗东升．系统科学精要［M］．4版．北京：中国人民大学出版社，2016：49.

与学生之间、学生与教师之间建立“用平等与互相尊重界说的协作关系”①。同学们基于同伴协商所确立的行动规则既能尊重每个人的个性，又能确保每个人的权益不受侵犯；学生自主立约还要与学校教育目的、教师权益和责任相平衡，师生之间的平等协商既能确保校园安全和班级秩序的底线，又能给学生提供自主建构的机会。其次，自主立约鼓励尝试，允许修订，反对僵化的规则。假如赋予学生自主制定规则的权利，我们不难想象，校园中关于着装、发型、坐姿等方面的很多规定都可能被打破，校园不可能像以往一样整齐划一、秩序井然。笔者认为，这种略显杂乱的状况恰恰体现了成长的魅力，学校应保障学生在尝试中成长的，如无必要不加禁止；学校应指导学生确立修订规则的程序，及时通过班会、学生代表大会、教师家长学生联席会研讨校园事务，完善规则。

（二）统筹转型过程，让学生管理转型与学校治理现代化、教学转型齐头并进

教育性学生管理是学校治理现代化的必要组成部分，推进学校治理现代化为落实教育性学生管理创造了适宜的语境。当代治理理念倡导赋权和参与，主张扩大学校办学自主权、保障教师专业自主权，而在学生管理中倡导师生平等对话、向学生赋权，也是学校治理现代化的题中应有之义。有学者指出：“我国各级各类学校在走向现代治理的过程中，最需要重视和培养的一种能力就是广大教师和学生作为学校最重要的主体参与学校治理的能力。在这一过程中，培养和形成学生参与学校治理的品质与能力决不可忽视。这是推进学校治理能力现代化的重要元素，也是实现学校现代化发展的重要目标。”② 当代欧美学校的普遍做法是让学生参与学校管理，听取学生关于校园事务及校园规章的意见，从而将建立师生协作关系、开展相关主体平等协商落到实处。

尤其值得重视的是，在学校教育转型过程中，学生管理转型和教学转型有机混融于一体，不能彼此割裂。以灌输书本知识为中心的传统教学必然要求助于蛮不讲理的规训式学生管理，而如杜威学校所呈现的那样，在紧密联系学生生活经验、彰显教育性和个体发展功能的教学中，教育者不必强迫学生，学生自然能生成活泼有序的新型纪律。③我们认为，教育性学生管理与教育性教学可以相互支撑、相互促进，如果教学紧密联系生活实际，通过问题中心教学、项目学习等调动学生兴趣，就能为学生管理松绑，为学生管理转型开辟空间；而师生平等协商、学生自主管理自己和校园，又能推动教学创新，使学校成为师生共同成长的乐园。

（三）拓展转型思路，跳出“严管”与“不管”的非此即彼，创新工作方式

从以教师为中心转到以学生为中心，教师不再是校园生活中高高在上、权杖在手、全副武装的立法者、法官和警察，那么，教师是不是对学生放任不管呢？显然不是。

杜威指出，在进步学校中，教师不应滥用职权、强迫学生按照他所指出的路径活

---

① 皮亚杰. 儿童的道德判断 [M]. 济南：山东教育出版社，1984：478.
② 张乐天. 推进学校治理能力现代化：意义、重心与路径 [J]. 复旦教育论坛，2014 (6)：9.
③ 杜威. 学校与社会：明日之学校 [M]. 北京：人民教育出版社，2005：31.

动，但作为更有能力、更富经验的社会成员，他们将作为工作同伴和游戏同伴而出现，指导学生，以促进学生发展。① 教育性学生管理确认学生是发展的主体，而教师是学生发展的促进者，教师的指导将更多地通过环境创设、活动支持来实现。一是为每个学生提供安全、优美的环境，准备具有吸引力的学习资料，创设能够调动学生主动参与的学习活动，让学生追求真善美的高层级需要得到展现，自主地开启追梦之旅。二是以成长伙伴和“乐队首席”的身份与学生对话，分享个人成长经验，借助文学作品、角色扮演，帮助学生理解人生和社会，学会自主制定成长规则。三是针对学生意志力薄弱等特点，提供必要的鼓励、督促和辅导，帮助学生抵制诱惑，坚定地追求自主设定的成长目标。同时，对无法让学生冒险探索的领域，教师要在晓之以理的基础上加以必要的限制。

知识拓展

落实教育性学生管理，必须走出“管制”取向，回归育人本位，将学生管理的目标定位于培养自律的学生品德和良好行为表现，全面优化学生管理的实施方式，理顺学生管理与德育体系其他途径之间的关系。

1. 优化前提：保障校规的合理性

以育人为本位的学生管理应该培养学生对规则的理性认同而非盲目服从，其必要前提是审视校园规章，保障校规的合理性。一是要坚持民主沟通。要倾听学生声音，广泛动员学生思考“我希望生活在怎样的学校或班级之中？校园生活和班级生活需要哪些规章？违反规章应该承担什么后果？”等问题，使校规体现对学生年龄特点、个体差异、个性发展需求的尊重、宽容、鼓励，不宜过分追求整齐划一。二是要坚持多元平衡。学校承担着代表社会向青少年传递主流价值观的法定责任、促进学生身心健康发展的人本责任、为教师提供体面有尊严的工作条件的组织责任，应该召集学校管理者、教师、学生、家长、教育研究者、政府、社区人士各方代表共同审议校规，使相关各方的观点得到充分的表达和互动，使最终出台的校规能够恰当平衡社会发展要求、学生成长需要、教师合法权益，相比以往的校规更加能够赢得学生基于理性的尊重和信从。三是要坚持动态更新。确立定期审查和修订校规的常规机制，及时应对学生成长、时代进步和校园变迁带来的新情况、新问题，提升校规的针对性和科学性。

2. 完善过程：开展有机协调的学生管理

当代学生管理要协调处理好学生管理育德的各种矛盾和关系，为学生品德成长搭建坚实阶梯。一是做好积极管理与消极管理的统一，以引导鼓励为主，以约束惩戒为辅。要注重表达对正当行为的期望，加强对正当行为的强化，促进良好习惯养成；优化成长

---

① 李业富．经验的重构：杜威教育学与心理学［M］．上海：华东师范大学出版社，2017：9-37.

环境，做好氛围打造，营造平等、尊重、友善、进取的校风班风，使学生进入校园就能受到正能量的指引。二是做好理性引导与情感培育的统一，将理性引导贯穿管理全过程。与学生展开平等对话，引导学生思考各类规章与美好生活、健康成长、社会发展的关系；在运用奖惩手段时也要做好说理引导，促使学生不仅“知其然”而且“知其所以然”。说理的方式要与时俱进，通过灵活运用问题情境创设、实践体验、模拟扮演、故事品析、研讨辩论等方法融合“知”“情”“意”“行”，使学生管理更加能够入脑入心。三是做好管理与自主管理的统一，注重主体性培育。让学生平等参与校规制定，为学生自主摸索学习生活规章提供宽松环境，通过设置学生自治委员会、值日班长乃至学生值日校长等提供丰富的自主管理、自我教育机会，“把教育的对象变成自己教育自己的主体”①。四是做好集体教育与个别指导的统一，支持个性和创造性发展。既要提出面向全体的统一要求，又要细致分析不同学生的成长特点，鼓励学生在不危害他人的前提下自主探索；既要加强班集体、学习小组、社团建设，发挥同伴间的正向促进，又要赋予个人选择机会，进行有针对性的指导，避免使同伴间的竞争压力对个性发展带来伤害。

3. 推动融合：以生活为中心构建德育体系

首先，学校要加强德育体系整体规划，促使学生管理、直接德育等德育途径协调一致，发挥育人合力。要建立全员育人的联动机制，促使德育处、团委、少先队、班主任、德育课教师乃至全体教师对本校德育的推进理念、工作重点、协作方式达成共识，群策群力。要围绕当前学生成长中的突出倾向或问题确立德育和学生管理项目，以主题教育周（月）的方式整体推进，打破隔膜，使常规管理、直接德育等各项工作围绕项目联动开展，有效帮助学生养成相应观念和习惯。

其次，要坚持在生活中进行育德，促使各种德育途径在校园生活中相遇、交汇。走进新时代，回归生活、指引学生走向美好生活成为德育的主导理念，当前《道德与法治》教材即直面学生成长中遇到的问题，以学生成长过程中需要处理的各种社会关系为线索，以逐步扩展的生活为成长舞台，以过积极健康的生活为价值追求，鼓励学生知行合一②，落实德育课程的思想性、人文性、实践性、综合性③；而回归育人本位的学生管理强调纪律、约束是自由、发展的手段，从帮助人学会生活、学会交往的角度来实施合乎理性、遵循规律的管理，致力于引导人、促进人、成全人。以上理念的落实，要求做到生活逻辑和知识逻辑的统一，坚持德育向生活开放，提高在生活事件中萃取德育资源的能力，促使学生从生活实际出发实现良好品德的自主建构。校园文化建设、师德教育、家校合作等也要紧扣校园生活和社会生活实际，使校园中的批评、表扬、德育课教

---

① 联合国教科文组织国际教育发展委员会．学会生存：教育世界的今天和明天［M］．北京：教育科学出版社，1996：200.

② 杨一鸣，王磊．彰显国家意志　促进人的全面发展：新时代初中《道德与法治》教材编写思想刍议［J］．中国教育学刊，2018（4）：12-17.

③ 中华人民共和国教育部．义务教育思想品德课程标准（2011年版）［S］．北京：北京师范大学出版社，2011：1-2.

学、班团队活动、校园广播、研学旅行、社会实践等围绕学生日常生活扩展和优化这一中心展开，使学生自主管理、同伴正向促进、师长积极示范、良好氛围熏陶等多种因素彼此支撑。这样，学生管理必能更好地促进学生良好行为习惯养成和美德生成，促进自觉自律的社会主义合格公民的成长。

第三节　家校合作

- 家校合作的含义
- 家校合作的必要前提
  - 树立全面发展的教育目的观
  - 树立积极引导的教育手段观
- 建立家校之间的常规沟通与互动平台
  - 优化家校沟通，保障信息通畅
  - 完善家庭教育指导，有效提升家长的育人智慧
  - 发挥家长委员会功能，引导家长参与学校管理

案例点击

老师生气地拨通了家长的电话，向家长投诉："你家孩子书写马虎，考试不合格，上课还影响别人，你来学校一趟吧。"过了一段时间，家长满脸通红地低着头走进办公室，办公室的老师都认得他，因为这都不知是他第几十次进办公室了。老师对家长说："你要在家督促他好好完成作业，好好学习；自己不学习还是小事，上课喜欢捉弄别人，弄得别人都上不了课。"家长回答："我不是没有教他，每次都教，不听的时候不知打了多少次，骂了多少遍了，但他还是改变不了，气死我了，今晚看来又要打他一顿了。"

案例分析：教师表面看起来是在进行家校沟通，实则是将学生的问题行为推给家长，要求家长把孩子管好再送到学校。这一事件暴露出家校关系的不平等，这种"请家长"的工作方式很难达到理想的教育效果。这一案例提示我们，教师要不断提升教育智慧，努力实现真正意义上的家校合作。

人们通常把班集体成员限定为班级里的教师和学生，而明智的教育者则会把班集体建设的范围扩展到家校合作领域，努力构建学校与家庭同向同行的教育共同体。在班级层面，家校合作意味着学生家长与教师在育人目标和育人方式上拥有较大共识，在教育过程中分工协作，共同担任学生成长的引导者、促进者。

一、家校合作的含义

家校合作、家校共育意味着家庭与学校、家长与教师共同承担教育责任，联通家庭教育与学校教育，减少家庭教育与学校教育的冲突，让青少年的成长方向更加清晰、坚定。家校合作与家校共育要求打破学校教育的孤岛现象，建立家长和教师的共识与协调，这意味着家校合作与家校共育注定是一个动态发展的过程，需要经过持续沟通、磨合才能逐步达成共识。

关于家校合作的内涵，有学者这样进行表述：家校合作是指学生最具影响的两个社会机构——家庭和学校形成合力对学生进行教育的模式。在这种模式下，学校在教育学生时能得到更多来自家庭方面的支持，而家长在教育子女时也能得到更多的来自学校方面的指导①；家校合作是家庭与学校以促进青少年全面发展为目标，家长参与学校教育，学校指导家庭教育，相互配合、互相支持的双向活动。② 客观来说，这些表述透露出一种家校地位关系的不平等，因为“指导”一词意味着学校在教育方面掌握着更多的真理，“支持”一词则意味着学校在教育中承担主要的责任。

苏霍姆林斯基对家校关系的表述更为形象，更为合理。他说：“儿童只有在这样的条件下才能实现和谐的全面发展，就是两个‘教育者’——学校和家庭，不仅要一致行动，向儿童提出同样的要求，而且要志同道合，抱着一致的信念，始终从同样的原则出发，无论在教育的目的、过程还是手段上，都不能发生分歧。”③ 当然，他所描绘的是家校关系可能达到的理想状态，因为家庭与学校、家长与教师在教育目的、过程、手段方面出现分歧、差异是必然现象，家校能否合作，关键取决于家校之间是否建立起基于平等协商解决分歧和矛盾的机制。

依据苏霍姆林斯基提供的理想图景，家校合作的基本内涵是家校共育，家庭和学校结成教育共同体，共同承担与其角色相应的教育责任。具体来说，家校合作以家庭和学校、家长和教师地位平等为前提，家庭和学校持共同的教育理念，相互支持，共同促进儿童成长；家校合作以家庭和学校、家长和教师相辅相成为表征，双方形成相对合理而稳定的分工格局，高效实现育人目标。

第一，家长和教师持大致相同的教育理念是家校合作的必要前提。教育理念体现在教育目的和教育方式两个方面。就教育目的而言，教师作为社会代言人对学生进行教育，教师的教育目的观应该与教育方针所规定的“培养德智体美劳全面发展的社会主义建设者和接班人”相一致，而“最贤明的父母所希望于自己孩子的一定是社会所希望于一切儿童的”④，家长应该注重子女的全面发展，引导子女成长为适应社会发展需要的合格公民。就教育方式而言，教师和家长应该遵循建构主义、人本主义所提示的现代教育教学方式，通过言传身教、环境创设、启发鼓励等方式实施全面发展教育。

---

① 马忠虎．家校合作［M］．北京：教育科学出版社，1999：155.
② 黄河清．家校合作导论［M］．上海：华东师范大学出版社，2008：37.
③ 苏霍姆林斯基．给教师的建议［M］．北京：教育科学出版社，1984：407.
④ 杜威．学校与社会；明日之学校［M］．北京：人民教育出版社，2005：25.

第二，家校合作要求建立家校之间的常规沟通与互动平台。当前常见的家校沟通与互动形式要包括成立家长学校、家长进课堂、亲子义工、家长委员会、家长会、家访、校园开放日、填写家校联系册、建立班级 QQ 群等。这些方式有的以家校信息沟通为主，如家长和教师通过常规性填写家校联系册来交流儿童学习进展情况并传递对彼此的期望、建议与要求；有的以家庭教育指导为主，如学校成立家长学校，邀请学者或者优秀家长传播现代家庭教育理念，帮助家长实施更为有效的家庭教育；有的以家长参与学校管理为主，如成立学校、班级的家长委员会，邀请家长代表参与学校或班级重要事务决策。

二、家校合作的必要前提

《周易》云：“二人同心，其利断金；同心之言，其臭如兰。”家长和教师对中小学生成长具有重要影响，他们在教育目的和教育方法上观念一致，可以给学生提供稳定的成长环境，促进学生形成社会期望的品格，推动学生德智体美劳全面发展。广大家长有必要自觉更新教育理念，学校有必要承担家庭教育指导责任，帮助家长树立并践行现代教育理念。

（一）树立全面发展的教育目的观

父母亲需要树立一种全面的发展观，从孩子小时候开始形成关注其全面发展的习惯，久而久之，促进孩子的全面发展就不会成为一句空话。

案例点击

晓光的父母对学习的要求非常严格。小学三年级，晓光的成绩逐渐下降。看着有些拿不出手的成绩单，迎接晓光的只有父母的责骂和抽打。从那以后，晓光一直把学习摆在第一位，直至大学也不敢放松。但是，父母的责打使晓光变得自闭。

案例分析：现在的很多父母亲对分数太过崇拜，已经到了迷信的程度。在当代中国，竞争仍然激烈，分数、好大学对年轻人来说是重要的，但是，父母、教师在重视分数的同时也不要把分数看成了全部，只顾分数，看不到其他方面。严格的管教可以逼出一时的好成绩，也可能会教出一个大学生，但如果孩子没有必要的人际交往，没有健全的心理世界和协调的综合素质，很容易错失机会，犯下很多错误。

如果简单地对中国的父母亲进行分类的话，第一类是崇拜分数的，他们占了城市父母亲的绝大多数和农村父母亲的一部分；第二类是不重视孩子的，他们的观念还停留在让孩子吃饱、穿暖、把教育推给学校、把成才与否交给命运的传统水平；第三类是重视孩子并且关注孩子的全面发展、不以分数评高下的。第三类父母亲是我们所倡导，但他们在社会中所占的比例还亟待提高。

全面发展观对个人而言的意义与科学发展观对社会而言的意义是相似的。一个社会，如果只注重经济发展而忽视环境保护、精神文明建设，经济的飞速发展很快就会走到尽头；而如果各方面齐头并进，社会就能走向一种持续、高效的繁荣。一个人的发展，如果只有分数的提高而没有情感、个性和综合素质的提升，这个人的世界不是越来越宽广，而是越来越狭窄，这样的人很难适应丰富多变的世界。

全面发展，可以理解为智商和情商的全面发展。情商的重要性现在已经被越来越广泛地认可，尤其是当代人压力较大、容易暴躁、一些青少年因为情绪失控而酿下悲剧等情况更提示了情商培养已经成为教育的必要内容。情商大体可以分为两个方面，一方面是对自己，要能够及时识别自己的情绪变化，调控消极情绪（悲伤、气愤、沮丧等），调动积极情绪（快乐、有兴趣、友好等），做阳光的自我；另一方面是对他人，要能够感受他人的需要和情绪变化，关心他人，在交往中既能够表达自我，又能够倾听他人，做到有效沟通和愉快交往。情商高的年轻人更有人缘，能够因为自身的亲和力、执着而获得更多的资源和机会。从这一角度来看，全面发展的教育一方面要培养孩子的智力，让他读万卷书、行万里路，学会动手和动脑；另一方面要丰富孩子的交往经验，让他感受生活中的喜怒哀乐，让他学会如何赢得周围人的认可、尊重和支持，让他有丰富而美好的情感世界。

全面发展，也可以理解为德、智、体、美、劳的全面发展。西方贵族的家庭教育很重视体育，因为“健全的精神寓于健康的身体”，从心理学角度来说，心理层面、精神层面的很多问题都在一定程度上起源于生理问题，一个人在疾病缠身时是很容易暴躁而失去理智的，就是这个道理。体育运动目前还没有成为家庭中的常规安排，这一点需要改进。对智力的重视和开发要讲究方法，最基本的是智力开发要依据孩子的兴趣，最好能够结合生活来启发孩子提出问题、解决问题。做人做事的道理要多加传授，因为良好品德是人立身于社会的根本，每个孩子都应该成为一个正义的人、自立的人。美育可以陶冶情操，让孩子在生活中多多发现美好，体验到愉悦。劳动可以让孩子创造财富，为家庭、社会贡献力量，在生活中证明自己存在的价值，何不多安排一些机会呢？

全面发展要落实于家庭，家长的思维方式要改变：从幼年开始，就要思考如何促进孩子的全面发展，要做到每天有计划、有小结。计划时，要问一下自己：今天在智力方面要让孩子做哪些探索？在体育和健康方面要进行哪些锻炼和安排？在德育方面要讲哪些故事，告诉孩子哪个道理？在美育方面要带领孩子欣赏什么，创作什么？在劳动教育方面要安排孩子做哪些工作？小结时，要回顾一下：一天、一个星期下来，孩子在智力、体质、道德发展、生活习惯、审美创美、劳动各个方面分别有哪些进步？下一阶段应该做些什么？试着做一个表格，记下各个方面的发展情况，努力不让任何一栏空着，这样的家庭教育就是促进全面发展的家庭教育了。

（二）树立积极引导的教育手段观

很多家长对子女成长寄予厚望，但教育方式简单粗暴，不能给子女提供健康、积极的成长环境，阻碍了子女的全面发展。依据教育心理学和成功家庭教育经验，我们建议家长重视以下家庭教育原则或方法。

一是重视教育原则。相比较现在以如何照顾孩子、如何给孩子提供更优越的生活条件为中心的家庭生活状况，父母亲要学会把家庭教育放在家庭生活的中心。在安排家庭活动、布置家庭环境的时候，首先要思考一下：这样做对孩子的成长会有什么影响？教育意义何在？什么样的做法更能促进孩子的全面发展？

二是保持较高期望原则。不要因为现在生活已经不错或者家底已经很厚就对孩子要求太低，不要说“我不指望你能有什么出息，只要你健康、快乐就行了”，这种说法，会诱使孩子放弃在真、善、美等一切正路上刻苦前进的想法，而很快滑入安逸享乐、追求刺激的败家之路。要经常对孩子说：“我相信你能行”“孩子，你真是好样的”，这样，孩子的活力才不会涣散，孩子的成长会更加坚定有力。

三是注重全面发展原则。高分低能是不能成功也不会幸福的，每个孩子都需要成长为全面发展的人。孩子要有知识、有能力、有修养，才能得到社会的认可；身体要健康，学问要扎实，修养要齐备，才能享受到幸福。

四是启发兴趣原则。不是逼着孩子学习，而是促进孩子学习。孩子看到有趣的事，自然就想模仿，想操作，这就是兴趣。顺着孩子的兴趣，鼓励孩子一点点地挑战难题，孩子就会自然而然地进步。强扭的瓜不甜，牛不喝水，不要强按头，要想办法调动孩子的兴趣。

五是积极鼓励原则。要保持孩子的进取心，而不要打击孩子的热情。在孩子犯错误的时候，要发现孩子身上的闪光点；在孩子有进步的时候，要让孩子知道你为他的每一次进步而激动。

六是父母示范原则。要求孩子做到的，父母亲先要自己做到。父母亲的学识可能有限，但最起码要做一个勤奋进取的人、一个有正义感的人、一个能够战胜自己的人。

七是方向一致原则。父亲、母亲的思路要一致，不能朝令夕改。父亲、母亲要确立一个家庭教育的主管，统管家庭教育，两人不得在孩子面前争吵。

八是坚持规章原则。该做的就做，不该做的绝对不能做，这应该成为面对孩子的基本原则。面对孩子的馋、懒、贪、浪费、依赖等恶性，一定要做到铁石心肠，心太软只会害了孩子也苦了自己。

九是启发自觉原则。父母亲再用心，也需要孩子自觉。靠别人扶才能站直的阿斗，是不可能成功的。孩子要对人生有理想，对生活有追求，对自己有要求，才能抓紧时间，好好地发展自己。

十是定期沟通原则。平时不理睬，有事才说话，亲子关系已经有隔膜了，你的话孩子已经听不进去了。必须坚持定期沟通，每天、每周都要给孩子正面的引导、及时的批评，把孩子的小问题消灭在萌芽之中，同时，父母和孩子也可以成为无话不谈的好朋友。

三、建立家校之间的常规沟通与互动平台

教育理念共识的达成，教育活动细节的默契，要求家校之间建立常规的沟通与互动平台。审视现有的各类家校合作平台，我们尝试针对一些普遍存在的问题提出优化建议，以期帮助教师更好地理解和实施家校合作。

（一）优化家校沟通，保障信息通畅

家长会、家访等是常见的家校沟通方式。对比欧美发达国家，我国很多学校的家校沟通起步较晚，实施不够充分，家校地位不够平等。

一些有效能的教师会在与学生正式见面之前就开始设计并实施家校沟通，在起点处使学生、家长建立对学校和教师的信任。如两位幼儿园小班教师给每位小朋友的家庭寄来一封简短的欢迎信：

> 亲爱的奕樟：
>
> 欢迎到恐龙幼儿园来！你的加入将令我们激动。入学的第一天，你可以从家里带上你最喜欢的一件玩具或一本书。我们为你准备了许多地方来放你的东西，并且每个地方将有你的名字和特殊的标签。我们将在 8 月 26 日星期二在学校与你见面。
>
> 你的老师　王老师和许老师

我们认为，相比直奔主题的新生报到通知，这封短信显然有更多的温度和生活气息，更容易打消家长和儿童对幼儿园的顾虑，拉近家校之间的距离。

家长会是各校普遍重视的家校沟通方式。我国家长会的通行模式是学校、班主任把全体家长召集到学校，由教师向全体家长汇报班级近况，提出教育方面的要求。很多国家的家长会则是采用个性化方式，由教师与每位学生的家长单独交流 15 分钟左右的时间。建议教师结合两种方式的优点，既有集体交流，又有个别沟通；教师与家长进行平等对话，而不是仅仅让家长听教师训话；为家长提供弹性化时间选择，鼓励家长根据需要主动到校进行家校对话；利用家长会给每位教师提出针对性建议，更好地促进每位学生的成长。家长会是教师与家长面对面沟通的重要机会，在一次成功的会议中，家长和教师应该能够围绕儿童的优点、进步及有待提高的地方展开具体的交流。

家访是一种由来已久但近年来有些弱化的家校沟通方式。家访要求教师牺牲下班后的时间，意味着教师体力、精力的巨大付出，同时，也更能让家长和学生感受到来自教师的重视，因而，建议教师重视家访。在常规的家访中，容易出现两个突出问题：一是教师在学生家中以专业权威的身份自居，从指导者的角度发表意见，提出要求，而缺少对家长和学生观点的倾听；二是一些教师将家访看作批评学生、解决学生身上的棘手问题的法宝，带着“问题”来家访，影响家长对教师的信任。针对这些问题，一是教师在家访前要通知家长，征得家长同意，避免突然到访使家长尴尬；二是在家访中以积极肯定为先导，将家访看作拉近家校关系的常规安排，建立家校之间的信任关系；三是在家访中要做好观察和倾听，了解家长和学生的心声，努力达成共识。

随着数字化时代到来，QQ 群、微信群成为家校沟通的重要方式。教师要辩证看待网络沟通的优势与不足，认识到网络沟通便捷、高效但容易出现错误，缺少感情色彩，如一些教师在 QQ 群、微信群分享信息时没有做到公平公正地对待每一个学生，在与家长交流时可能会出现居高临下的态度，而这些不恰当的做法因为留下了痕迹所以容易引发连锁反应。建议教师重视 QQ 群和微信群的家校沟通功能，注重日常积极沟通，在网络空间培育正能量；对家长和学生要公开表扬，私下批评，普遍展示，尽可能让每个

人、每个家庭都感受到尊重；发挥热心家长作用，鼓励教育理念先进的家长多发言，壮大正能量传播队伍；将沟通与宣传教育适度结合，在群内积极传播现代教育理念。

（二）完善家庭教育指导，有效提升家长的育人智慧

学校普遍开设了家长学校，对家长进行教育理念和教育方法的指导。一些学校的家长学校课程较为系统有效，但很多学校的家长学校是形式化的，每年只是应付性地提供一两次讲座，实操性差，指导性弱。有些讲座甚至含有商业宣传内容，例如，有些主讲人会借机销售图书以牟利。

针对这些问题，我们建议学校在机制和方法层面优化家庭教育指导，办好家长学校，有效提升家长的育人智慧。学校内部可以设立家长中心，提供独立办公空间，常态化收集家长的意见和需求。学校可以和社区组织（妇联、团委、志愿者协会等）合作，共同开展家庭教育指导，规划家庭教育课程，设计丰富多彩的家庭教育指导活动，吸引广大家长参与。学校可以组织召开跨年级的优秀家长经验交流，让高年级的优秀家长向低年级家长贡献家庭教育智慧。教育行政部门还可以组建区域内的家庭教育指导联盟，集合全区人力与物力，研发或者购买线下或线上的家长培训课程。家长培训课程要体现引导性、针对性、实用性，注重体验、模拟和实操指导，符合成人学习规律。

（三）发挥家长委员会功能，引导家长参与学校管理

教育部于 2012 年发布《关于建立中小学幼儿园家长委员会的指导意见》（以下简称《意见》），要求各地教育部门和中小学幼儿园从办好人民满意教育的高度充分认识建立家长委员会的重要意义，把家长委员会作为建设依法办学、自主管理、民主监督、社会参与的现代学校制度的重要内容，作为发挥家长在教育改革发展中积极作用的有效途径，作为构建学校、家庭、社会密切配合的育人体系的重大举措，大力推进建立家长委员会工作。《意见》指出，家长委员会应在学校的指导下履行参与学校管理、参与教育工作、沟通学校与家庭的职责。由此可见，家长委员会是不容忽视的家校合作平台。

当前家长委员会功能还没有充分发挥。在一些地方，家长委员成为“办事员”，单方面地服务学校和教师的安排，很少参与班级和学校事务决策，或者虽然参与也只是简单联合附和而没有代表家长仗义执言。一些学校还出现了学校以家长委员会的名义向学生乱收费的现象，家长委员会成为替代学校乱收费、随意补课、违规办学的组织。这样的家长委员会性质变味，应该加以纠正。

要充分发挥家长委员会功能，我们提出如下建议。一是建立家长委员会参与学校事务决策的常规机制，如形成学年、学期例会制，定期向家长委员会通报学校、班级情况，请家长委员会“参政议政”。二是建立家长委员会与教师集体平等协商的对话关系，加强两者之间的互动和联系，在召开家长会议时应充分听取家长代表们的意见，并与代表们进行沟通协商，共同探讨对策方案，以确保家长委员会在决策中的话语权。①三是支持家长委员会开展团队建设，通过专题培训等方式帮助家长委员们提升能力，让

① 柳燕．学校治理中家长委员会的建设［J］．教学与管理，2016（7）：16-19.

松散联合的家长委员成为同心同德的教育共同体。四是鼓励家长委员会的校际联系，让不同学校的家长委员会可以相互学习借鉴，共同进步。

当前一些关于教育改革的讨论倾向于将父母意志视为教育改革的阻碍力量，所谓“学校减负、家长增负”的报道不断加深人们的这一印象。然而，我们必须看到，父母作为学校教育改革的阻力而出现并不是教育改革的常态。“可怜天下父母心”，父母对子女的关心和爱是人所共知的，关心子女成长和幸福的父母之所以迷恋于传统教学，反对教育改革，是因为部分父母的教育观念没有与时俱进。改革过程中家校关系的另一种状态则是部分父母有着教育改革的期望而学校、教师出于惯性拒绝变革。一旦广大父母接受了现代教育理念，他们将自然成为学校教育改革的支持者，成为促进学校改革的建议者、推动者。学校和教师应借鉴发达国家和地区的经验，健全家校合作与沟通体制，吸引父母在改革中发挥积极作用，使家庭和学校成为推进现代教育的教育共同体。

知识拓展

在开展扎实的家长教育、推进家校合作方面，帕夫雷什中学的做法是迄今为止难得一见的典范。

苏霍姆林斯基指出，学校和家庭，不仅要一致行动，要向儿童提出同样的要求，而且要志同道合，抱着一致的信念，始终从同样的原则出发，无论在教育的目的上、过程上还是手段上，都不要发生分歧，因为生活向学校所提出的任务是如此复杂，以致如果整个社会（首先是家庭）不具有高度的教育学素养，那么不管教师付出多大的努力，都收不到完满的效果。学校里的一切问题都会在家庭里折射反映出来，而学校在复杂的教育过程中产生的一切困难的根源也都可以追溯到家庭。人的全面发展取决于母亲和父亲在儿童面前是怎样的人，取决于儿童从父母的榜样中怎样认识人与人的关系和社会环境。

教师们研究和了解每一个家庭的精神生活，同时，学校开办家长学校，努力使每一位家长掌握最基本的教育学知识。家长在自己的孩子入学前就报名参加家长学校的学习，在那里听课，直到他们的孩子从中学毕业。家长学校的心理学和教育学课程共计250学时。家长学校的听众们分为五个组，这是按他们的孩子的年龄划分的：① 学前组（5至7岁儿童）；② 一、二年级组；③ 三、四年级组；④ 五至七年级组；⑤ 七至十年级组。每组每月活动两次。主要的活动形式是由校长、教导主任和最有经验的教师进行讲课或谈话，把心理学和教育学的理论知识跟家庭教育的实际紧密地联系起来。

教学大纲涉及师范学院课程的各个部分，特别受到重视的是年龄心理学、个性心理学、体育、智育、德育和美育理论。家长学校尽量让每一位父亲、每一位母亲把在家长学校里学到的理论知识，与自己孩子的精神生活联系起来。同时，在面向全体的教学中，不讨论家庭关系中那些尖锐的、易伤感情的方面，这一类问题仅在个别谈话中涉及。

苏霍姆林斯基专门为学前儿童的家长们编写了一本《人的世界》的文选，其中关于童话、儿童读物的材料占很大的篇幅。他这样写道："我向家长们说明，应当给学前儿童讲哪些童话故事，家里应当有哪些儿童读物，怎样给儿童读和怎样解释。……父亲和母亲应当多读书、多思考，以便满足和发展儿童的求知欲。在家长学校活动时，我们让父母们参观教育书籍和科普读物的展览台。……我们做到了让每个家庭都过'书籍节'。到这一天，家长们给儿童买一批小小的藏书。在别的节日里，也给孩子们买书。我们认为家长的教育修养的一个重要标志，就是书籍在他们的生活里占有何种地位。如果家长热爱和尊重书籍，儿童也就会热爱它们。在家长学校每一次活动时，除了听讲课以外，父母们还听文艺作品的艺术朗读。"

家长学校引导家长认识家庭生活对儿童的深刻影响。苏霍姆林斯基写道：正是这种细致的分析（什么品质是从哪里来的，是怎样传递的，孩子的道德特征是怎样发展的），成了我们对家长进行日常工作（集体听课、个别谈话）的内容。这对于达到学校和家庭的教育影响的一致是十分重要的。也就是说，要使家长从孩子身上看到自己，懂得儿童发展的辩证法。……讲清楚儿童是怎样受到家长影响的，这也可以促进家长的自我教育。家长知道了儿童的模仿能力很强，就会经常对自己多加检点，以批判的态度对待自己的行为。他们不再把儿童的教育看成是需要采取一连串"非常措施"的事，而把它看成一种不断的、非常细心的劳动。要做好儿童教育首先要使自身的行为完美起来。我们力图使家长通过教育儿童而振作向上，使他们加强对家庭、对儿童的责任感。……我们力求让儿童从小就量力而行，为年长的家庭成员创造物质和精神的福利，并且在这种创造中找到欢乐。几年以前，我们跟家长们商量好：每一个家庭都让儿童在指定的某天栽一棵树，献给母亲、祖母、祖父、父亲，然后由儿童照料这些树。当果树结果的时候，儿童把第一批水果奉献给长辈。这已经成为一个传统。它能帮助儿童树立劳动意识，对于儿童的德育、美育和体育都有重大的意义。……我们建议家长们，对于孩子们提出的跟他们对家庭收入和社会生产的劳动贡献"不相称"的要求应当加以限制。如果儿童单纯消费，如果他的一切要求都不用通过劳动就能得到满足，那么他就会逐渐地变成好吃懒做的人。如果家长不懂教育或教育无力，就会造成这种后果，子女的命运就掌握在他们手里。

学校邀请家长参与学校管理，建立家校共同体。苏霍姆林斯基写道："为了保持教师集体跟家长集体的经常联系，我们把那些最积极的、有较高教育修养的和生活经验丰富的家长（每个年级找一位家长）吸收进校务委员会。他们参与决定学校的一切教育问题。"①

① 苏霍姆林斯基. 给教师的建议［M］. 修订本. 杜殿坤，编译. 北京：教育科学出版社，1984：549.

思 考 题

一、名词解释

1. 班级文化
2. 教育性学生管理
3. 家校合作

二、简答题

1. 如何理解班级文化建设的必要性？
2. 如何引导相关主体发挥在班级文化建设中的积极作用？
3. 教育性学生管理的基本特征是什么？
4. 当代家长应该树立怎样的教育理念？

三、论述题

1. 选择一个班级，分析该班级的班级文化现状如何，结合班级实际情况提出开展班级文化建设的方案。

2. 回顾自己的求学历程，对传统班级中的学生管理方式的优缺点进行分析，提出优化学生管理的建议。

3. 家校合作重要吗？如何做好不同学段的家校合作？

四、材料分析题

试结合本章内容，对这一事例进行分析。

某班规定，禁止学生在教室里看课外书。学生小王有一次看课外书被班主任发现，班主任对其进行了批评。不久之后的一次自习课上，班主任发现小王又在看课外书。于是，班主任当场命令小王亲手把这本课外书在全班同学面前撕掉。

推荐阅读书目

1. 杜威．学校与社会；明日之学校［M］．北京：人民教育出版社，2005.

2. 联合国教科文组织国际教育发展委员会．学会生存：教育世界的今天和明天［M］．北京：教育科学出版社，1996.

3. 蔡汀．苏霍姆林斯基选集［M］．北京：教育科学出版社，2001.

Chapter

10

第十章
班级管理中的教育侵权、法律救济与侵权预防

第一节　班级管理中的教育侵权

- 与班级管理中的管理者和被管理者相关的法律规定
- 班级管理中的教育侵权行为概述
  - 教育侵权行为的概念
  - 教育侵权行为的性质
  - 教育侵权行为的特征

班级是学校组织中最基层的组织，是开展教学活动的基本单位。班级管理是实现学校培养目标，使学生得到全面发展的组织活动。班级管理既是中小学、幼儿园教育的基本内容，也是学校管理的基本构成。依法治国是我国当前的基本国策，这必然要求依法治教，因此班级管理工作必须依法开展。从这个视角来看，中小学、幼儿园的班级管理就是班级管理者围绕“教育”这一核心要素，按照教育法律规范及教育行政机关和学校内部的规章制度要求，对被管理者施加教育影响的活动。因此，在教育法治化的背景下，认清班级管理中教育侵权行为的性质与特征、掌握班级管理中教育侵权的法律救济途径，对于班级管理中的管理者和被管理者而言，都有着积极的意义。

课堂点睛

依法治国的基本国策

2020 年中央全面依法治国工作会议于 11 月 16 日至 17 日在北京召开。中共中央总书记、国家主席、中央军委主席习近平出席会议并发表重要讲话，强调推进全面依法治国，对当前和今后一个时期推进全面依法治国要重点抓好的工作提出了 11 个方面的要求：“要坚持党对全面依法治国的领导”“要坚持以人民为中心”“要坚持中国特色社会主义法治道路”“要坚持依宪治国、依宪执政”“要坚持在法治轨道上推进国家治理体系和治理能力现代化”“要坚持建设中国特色社会主义法治体系”“要坚持依法治国、依法执政、依法行政共同推进，法治国家、法治政府、法治社会一体建设”“要坚持全面推进科学立法、严格执法、公正司法、全民守法”“要坚持统筹推进国内法治和涉外法治”“要坚持建设德才兼备的高素质法治工作队伍”“要坚持抓住领导干部这个‘关键少数’”。

一、与班级管理中的管理者和被管理者相关的法律规定

班级是幼儿园和中小学的最基层组织。当前我国的教育法律规范对这一基层组织中的管理者和被管理者进行了相关规定。

班级管理中的管理者，一般是指直接对班级工作全面负责的人。《幼儿园工作规程》规定：“幼儿园可以按年龄分别编班，也可混合编班”，“幼儿园教师对本班工作全面负责”。《中小学班主任工作规定》要求“中小学每个班级应当配备一名班主任”，并规定“班主任是中小学的重要岗位，从事班主任工作是中小学教师的重要职责”。由此可见，班主任和任课教师是班级管理工作的主要实施者，即班级管理中的管理者。

班级管理中的被管理者，一般是指管理者工作指向的对象。《幼儿园工作规程》规定幼儿园教师的主要职责有：“（一）观察了解幼儿，依据国家有关规定，结合本班幼儿的发展水平和兴趣需要，制订和执行教育工作计划，合理安排幼儿一日生活；（二）创设良好的教育环境，合理组织教育内容，提供丰富的玩具和游戏材料，开展适宜的教育活动；（三）严格执行幼儿园安全、卫生保健制度，指导并配合保育员管理本班幼儿生活，做好卫生保健工作；（四）与家长保持经常联系，了解幼儿家庭的教育环境，商讨符合幼儿特点的教育措施，相互配合共同完成教育任务；（五）参加业务学习和保育教育研究活动；（六）定期总结评估保教工作实效，接受园长的指导和检查。”《中小学班主任工作规定》中明定“班主任是中小学日常思想道德教育和学生管理工作的主要实施者，是中小学生健康成长的引领者”，班主任的职责与任务均指向中小学校的学生。综上所述，幼儿园的幼儿和中小学校的中小学生是班级管理中的被管理者。

二、班级管理中的教育侵权行为概述

（一）教育侵权行为的概念

教育侵权行为，是指教育主体违反教育法律规范的一般规定，侵害其他教育主体的合法权益而应承担相应法律责任的违法行为。这里的教育主体主要包括教育行政主体（包括教育行政机关和法律、法规授权的组织）、学校及其他教育机构、教师及其他教育工作者、学生及其他受教育者。

知识拓展

当前我国教育法律规范的构成

当前我国的教育法律规范，主要由以下几个部分构成：(1)《中华人民共和国宪法》中有关教育的条款；(2) 由全国人民代表大会及其常务委员会制定的专门教育法律，包括《中华人民共和国教育法》《中华人民共和国义务教育法》《中华人民共和国教师法》《中华人民共和国高等教育法》《中华人民共和国职业教育法》《中华人民共和国民办教育促进法》《中华人民共和国学位条例》《中华

人民共和国家庭教育促进法》8部；（3）由国务院制定的教育行政法规；（4）由省级人民代表大会及其常务委员会、设区的市的人民代表大会及其常务委员会制定的地方性教育法规；（5）由国务院各部委、省级人民政府和设区的市的人民政府制定的教育行政规章。

（二）教育侵权行为的性质

侵权行为根据其性质不同，一般分为民事侵权行为和行政侵权行为两种。

依据《中华人民共和国民法典》（简称《民法典》）第七编第一章关于侵权责任的“一般规定”，民事侵权行为一般包括以下方面。

第一，行为人由于过错造成他人财产、人身权益受损，依法应当承担民事法律责任的行为。《民法典》第一千一百六十五条规定：“行为人因过错侵害他人民事权益造成损害的，应当承担侵权责任。”

第二，行为人虽无过错，但法律规定应对受害人承担民事法律责任的其他致害行为。《民法典》第一千一百六十六条规定：“行为人造成他人民事权益损害，不论行为人有无过错，法律规定应当承担侵权责任的，依照其规定。”

第三，行为人发生危及他人人身、财产安全的行为，虽未造成损害事实但依法应当承担民事法律责任的行为。《民法典》第一千一百六十七条规定：“侵权行为危及他人人身、财产安全的，被侵权人有权请求侵权人承担停止侵害、排除妨碍、消除危险等侵权责任。”

行政侵权行为是指行政主体（包括行政机关和法律、法规授权的组织，即行政管理中的管理者）在行政管理过程中违法行使职权、侵犯行政管理相对人（包括公民、法人或其他组织，即行政管理中的被管理者）合法权益而应承担相应的法律责任的行政行为。行政主体在行政管理过程中违法行使行政职权、侵害被管理者的合法权益时，无论行政主体主观上有无过错，均应对行政管理相对人承担行政侵权的法律责任，行政侵权以是否违法为其前提条件。换句话说，行政主体只要依法行政，即使侵害了行政管理相对人的合法权益，也不用承担行政侵权赔偿责任，但可能要依法承担行政补偿责任。

知识拓展

《中华人民共和国民法典》

《中华人民共和国民法典》被称为“社会生活的百科全书”，是新中国第一部以“法典”命名的法律，2020年5月28日由第十三届全国人大三次会议表决通过，自2021年1月1日起施行。《中华人民共和国民法典》共7编、1260条，依次为总则、物权、合同、人格权、婚姻家庭、继承、侵权责任以及附则。通篇贯穿以人民为中心的发展思想，着眼满足人民对美好生活的需要，对公民的人身权、财产权、人格权等做出明确翔实的规定，并规定侵权责任，明确权利受到削弱、减损、侵害时的请求权和救济权等，体现了对人民权利的充分保障，被誉为“新时代人民权利的宣言书”。

教育侵权行为根据其性质不同，一般亦可分为教育民事侵权行为和教育行政侵权行为。教育民事侵权行为主要是指在教育活动中，教育主体违反教育法律规范的一般规定，侵害其他教育主体的人身、财产权益，依法应该承担相应民事法律责任的违法行为。教育行政侵权行为是指在教育行政管理中，教育行政主体违法行使教育行政职权，侵犯教育行政管理相对人的合法权益的而应承担相应行政法律责任的违法行为。

（三）教育侵权行为的特征

根据上文对教育侵权行为性质的描述，可以概括出教育侵权行为的以下特征。①

1. 违法前提的特殊性

界定一种行为是否是教育侵权行为，要看侵权人的行为违反的是教育法律规范的一般规定还是其他法律规范的一般规定。教育侵权行为是以侵权人违反教育法律规范的一般规定为前提的。

2. 违法性质的双重性

如前所述，教育侵权行为既可能是一种教育行政侵权行为，亦可能是一种教育民事侵权行为，即教育侵权行为具有行政侵权和民事侵权的双重属性。

3. 违法主体的多样性

在教育侵权行为中，违法主体既可能是行政主体，如各级教育行政机关或法律、法规授予行使行政职权的学校等，也可能是民事主体，如学校及其他教育机构、教师及其他教育工作者等。

4. 救济方式的综合性

我国现有的教育法律规范为权利受损人提供了一套综合的法律救济体系，这套法律救济体系由多种教育权的法律救济制度构成。遭受教育侵权行为的当事人，在符合法定条件的前提下，既可以通过行政途径，如教育申诉制度、教育行政复议制度等寻求救济；也可以通过司法途径，如行政诉讼制度、民事诉讼制度等寻求救济。

---

① 刘旺洪．教育法教程［M］．南京：南京师范大学出版社，2006：222.

知识拓展

学校的权利与义务

《中华人民共和国教育法》第29条规定学校可以行使下列权利："按照章程自主管理""组织实施教育教学活动""招收学生或其他受教育者""对受教育者进行学籍管理，实施奖励或者处分""对受教育者颁发相应的学业证书""聘任教师及其他职工，实施奖励或者处分""管理、使用本单位的设施和经费""拒绝任何组织和个人对教育教学活动的非法干涉""法律、法规规定的其他权利"。第30条规定学校应当履行下列义务："遵守法律、法规""贯彻国家的教育方针，执行国家教育教学标准，保证教育教学质量""维护受教育者、教师及其他职工的合法权益""以适当方式为受教育者及其监护人了解受教育者的学业成绩及其他有关情况提供便利""遵照国家有关规定收取费用并公开收费项目""依法接受监督"。

第二节　班级管理中教育侵权行为的性质与法律救济

知识结构

- 班级管理中教育侵权行为的性质
  - 学校与班主任之间的法律关系
  - 学校与教师之间的法律关系
  - 班级管理内容的非行政属性
- 班级管理中教育侵权的法律救济
  - 学生申诉制度
  - 民事诉讼制度

现有的教育法律规范关于班级管理中教育侵权的规定，主要涉及管理者侵犯被管理者的合法权益。班级管理中管理者发生教育侵权行为后，被管理者可以采用哪些方式去寻求救济，是由班级管理中的教育侵权行为的性质决定的。

一、班级管理中教育侵权行为的性质

探讨班级管理中教育侵权行为的性质，是要厘清班级管理中教育侵权行为是教育行政侵权行为还是教育民事侵权行为。这是由班级管理的法律性质决定的。

关于班级管理的法律性质，教育法目前虽无明确规定，但不容否认的是，班级管理应属于学校管理的范畴，是学校组织管理的内容之一。学校的法律地位决定了学校管理的性质，即它决定了学校管理是一种行政主体的行政管理，还是一种事业单位内部的组织管理。从学校的法律地位来看，学校一般是从事非营利性的社会公益事业的组织，是事业单位法人；但学校亦具有法律、法规授权的行政主体地位，如学校行使招生管理权、学籍管理权、学业证书颁发权时，即依法享有行政主体资格。那么班级管理是否具有教育行政管理属性呢？

一般而言，中小学校的班级管理不具有行政管理的属性。这可以从学校与班主任之间的法律关系、学校与任课教师之间的法律关系以及班级管理的内容三个方面来加以分析。

（一）学校与班主任之间的法律关系

从学校与班主任之间的法律关系来看，二者之间的法律关系是一种聘任合同关系。教育部颁布的《中小学班主任工作规定》中明确规定："中小学每个班级应当配备一名班主任"，"班主任由学校从班级任课教师中选聘"，"班主任是中小学日常思想道德教育和学生管理工作的主要实施者"。由此可见，班级管理的主要负责人——班主任，是由学校聘任的，这不同于行政任命的法律关系。在聘任的过程中，聘任双方是在平等自愿的基础上，通过明确双方的权利、义务、责任关系而形成的一种聘任合同关系。

知识拓展

《中小学班主任工作规定》

《中小学班主任工作规定》旨在进一步加强中小学班主任工作和发挥班主任在中小学教育中的重要作用，保障班主任的合法权益及全面推进素质教育。《中小学班主任工作规定》由教育部于2009年8月20日印发，共7章22条，各章依次为总则、配备与选聘、职责与任务、待遇与权利、培养与培训、考核与奖惩、附则。

（二）学校与教师之间的法律关系

从学校与教师的法律关系来看，二者之间亦是一种聘任合同关系。《中华人民共和国教育法》第三十五条规定："国家实行教师资格、职务、聘任制度，通过考核、奖励、培养和培训，提高教师素质，加强教师队伍建设。"《中华人民共和国教师法》第十七条规定："学校和其他教育机构应当逐步实行教师聘任制。教师的聘任应当遵循双方地位平等的原则，由学校和教师签订聘任合同，明确规定双方的权利、义务和责任。实施教师聘任制的步骤、办法由国务院教育行政部门规定。"《幼儿园工作规程》第四十一条规定："幼儿园教师实行聘任制。"

（三）班级管理内容的非行政属性

从班级管理的内容来看，没有行政性质的管理内容。班级管理主要包括班级日常管理、班级活动管理、班级教育力量管理等方面的内容。其中班级日常管理内容包括品德指导、学习指导、安全与法规的指导、健康与卫生指导、操行评定等，班级活动管理包括班会、团队会、文体娱乐、社会实践、春游、秋游等活动形式的管理，这些均不属于行政管理的范畴。从现有的教育法律规范来看，当学校作为法律、法规授权的行政主体行使招生管理权、学籍管理权、学业证书颁发权等权利时，是以学校作为独立法人去行使的，没有法律、法规将这些教育行政管理权授予班级管理中的负责人——班主任和任课教师去行使。班级管理是由班主任和任课教师实施的教育教学管理活动。由班主任、任课教师与学校之间的教育聘任关系可见，班主任和任课教师的班级管理活动，是履行其岗位职责的活动，因而可视为代表学校实施的教育管理活动，或者可视为学校基于聘任合同委托他们行使管理职权的活动。

基于以上分析，不难发现，班级管理不具有教育行政管理的属性，而属于学校内部组织管理的范畴，因此班级管理中发生的教育侵权行为不是教育行政侵权行为。在中小学班级管理的实践中，由教育侵权行为引发的教育法律纠纷，一部分是与学生的人身权、财产权密切相关的民事法律纠纷，另一部分是与学生的受教育权及其他的教育权利密切相关的法律纠纷。所以，本书认为，班级管理中的教育侵权行为一般是教育民事侵权行为，是班主任及其他班级管理工作者（任课教师）代表学校进行教育管理时，违反教育法、民法相关规定侵犯被管理者（学生）的教育权利、人身权利、财产权利而应承担相应法律责任的行为。

知识拓展

受教育者的权利与义务

《中华人民共和国教育法》第四十三条规定受教育者享有下列权利："参加教育教学计划安排的各种活动，使用教育教学设施、设备、图书资料""按照国家有关规定获得奖学金、贷学金、助学金""在学业成绩和品行上获得公正评价，完成规定的学业后获得相应的学业证书、学位证书""对学校给予的处分不服向有关部门提出申诉，对学校、教师侵犯其人身权、财产权等合法权益，提出申诉或者依法提起诉讼""法律、法规规定的其他权利"。第四十四条规定受教育者应当履行下列义务："遵守法律、法规""遵守学生行为规范，尊敬师长，养成良好的思想品德和行为习惯""努力学习，完成规定的学习任务""遵守所在学校或者其他教育机构的管理制度"。

二、班级管理中教育侵权的法律救济

有侵权就应有救济。教育侵权的法律救济指当学校或其他教育机构、公民（在教育活动中主要有教师及其他教育工作者、学生及其他受教育者）的教育权和受教育权受到行政主体和其他教育主体不当行为侵害时，向法定的国家机关提出救济请求，由法定的国家机关依照法定程序予以恢复或补救，使之能正当享有教育权与受教育权的法律活动。

当前我国有关教育权的法律救济制度的规范，主要有教育申诉制度（包括教师申诉制度和学生申诉制度）、行政复议制度、行政诉讼制度和民事诉讼制度，它们共同构成了我国教育权的法律救济体制。具体而言，我国现有的教育法律规范主要规定了三种情形下的教育侵权及相应的法律救济制度。第一种情形是当教育行政管理中的行政主体违法侵犯教育行政管理相对人的合法权益时，教育行政管理相对人可以通过行政复议制度、行政诉讼制度和教育申诉制度（仅当行政管理相对人是教师或者学生时）寻求法律救济。这里行政主体包括行使教育管理职权的行政机关或者法律、法规授权的组织；这里的行政管理相对人包括学校或其他教育机构、教师或其他教育工作者、学生或其他受教育者。第二种情形是当学校作为事业单位法人组织在学校内部管理中侵犯教师、学生合法权益时，教师、学生可以通过教育申诉制度寻求救济，涉及侵犯人身权、财产权的，也可以直接向人民法院提起民事诉讼。第三种情形是当教师在教育活动中违法侵害学生的合法权益时，学生可以通过学生申诉制度寻求救济，如果涉及侵犯人身权、财产权的，学生也可以直接向人民法院提起民事诉讼。

综上分析，结合班级管理中教育侵权的性质，班级管理中的教育侵权的法律救济符合第二种情形和第三种情形。根据《中华人民共和国教育法》第四十三条的规定，学生“对学校给予的处分不服向有关部门提出申诉，对学校、教师侵犯其人身权、财产权等合法权益，提出申诉或者依法提起诉讼”。适用班级管理中教育侵权的法律救济制度主要包括学生申诉制度和民事诉讼制度。

知识拓展

教师申诉制度与行政复议制度

教师申诉制度是指教师认为学校或其他教育机构侵犯其合法权益，或对学校或其他教育机构做出的处理决定不服，依法向法定的国家机关申诉理由、请求重新处理的一项法律救济制度。《中华人民共和国教师法》第三十九条规定：“教师对学校或者其他教育机构侵犯其合法权益的，或者对学校或者其他教育机构作出的处理不服的，可以向教育行政部门提出申诉，教育行政部门应当在接到申诉的三十日内，作出处理。教师认为当地人民政府有关行政部门侵犯其根据本法规定享有的权利的，可以向同级人民政府或者上一级人民政府有关部门提出申诉，同级人民政府或者上一级人民政府有关部门应当作出处理。”

行政复议制度是指行政管理相对人认为行政主体的具体行政行为侵犯其合法权益，依法向行政复议机关提出申请，请求行政复议机关对该具体行政行为的合法性和合理性进行审查，并做出行政复议决定的一种法律救济制度。《中华人民共和国行政复议法》对该项法律救济制度进行了具体规范。

（一）学生申诉制度

申诉权是《中华人民共和国宪法》所确认的我国公民的基本政治权利。《中华人民共和国教育法》《中华人民共和国教师法》在《中华人民共和国宪法》的指导下，对教师和学生的申诉权做出了相应的法律规定。

1. 学生申诉制度的概念

学生申诉制度是指学生在接受教育的过程中，对学校给予的处分决定不服，或认为学校和教师侵犯了其合法权益而要求有关部门重新做出处理的一项法律救济制度。在中小学的班级管理中，学生认为班主任或任课教师侵犯其合法权益，可以依法向所在学校的直接教育行政主管部门或学校内部的学生申诉委员会申诉，请求重新做出处理。中小学生一般为未成年人，开展法律活动由其法定代理人代理。根据《中小学教育惩戒规则（试行）》第十七条的规定："学生及其家长对学校依据本规则第十条实施的教育惩戒或者给予的纪律处分不服的，可以在教育惩戒或者纪律处分作出后 15 个工作日内向学校提起申诉。学校应当成立由学校相关负责人、教师、学生以及家长、法治副校长等校外有关方面代表组成的学生申诉委员会，受理申诉申请，组织复查。学校应当明确学生申诉委员会的人员构成、受理范围及处理程序等并向学生及家长公布。"

知识拓展

教育惩戒规范的出台及其法律依据

2019 年 6 月，《中共中央国务院关于深化教育教学改革全面提高义务教育质量的意见》对制定教育惩戒有关实施细则提出明确要求。2020 年 9 月 23 日教育部第 3 次部务会议审议通过《中小学教育惩戒规则（试行）》，自 2021 年 3 月 1 日起施行。该法制定的法律依据是："《教育法》规定，学校及其他教育机构有对受教育者实施处分的权利；《义务教育法》规定，对违反学校管理制度的学生，学校应当予以批评教育；《教师法》规定，教师有评定学生品行的评价权，并提出教师应当制止有害于学生的行为或者其他侵犯学生合法权益的行为，批评和抵制有害于学生健康成长的现象；最新修订的《未成年人保护法》规定，对实施欺凌的未成年学生，学校应当根据欺凌行为的性质和程度，依法加强管教。法律虽然没有直接使用教育惩戒的概念，但这一概念已经约定俗成，被社会和教育界普遍认同，符合我们的文化传统和教育实践，也是教育权的题中应有之义。"①

2. 学生申诉制度的范围与程序

学生申诉制度的范围较宽，主要有对学校给予的处分决定不服，认为学校、教师侵犯了其合法权益。这里的合法权益，不仅包括学生在接受教育过程中所享有的受教育

① 佚名．让教育惩戒有尺度、有温度：教育部政策法规司负责人就《中小学教育惩戒规则（试行）》答记者问[EB/OL].(2020-12-29)[2022-04-12].http://www.moe.gov.cn/jyb_xwfb/s271/202012/t20201229_507960.html.

权、升学权、公正评价权、姓名权、隐私权、名誉权和荣誉权，而且还包括其他人身权和财产权。

学生申诉制度的程序包括提出申诉、对申诉的处理、对申诉做出处理决定和执行。

（1）提出申诉

学生申诉应当以书面形式提起申诉。学生申诉书的内容包括以下事项：申诉主体的详细信息、被申诉主体的详细信息、申诉请求、申诉理由和附项。申诉主体的详细信息应包括姓名、年龄、性别、民族、籍贯、职业、住址等，委托代理的，还应包括制定代理人的相关情况。被申诉主体是法人组织的，应写明被申诉主体的名称、地址、法定代表人的姓名、性别、职务、住址等。申诉请求是申诉主体认为被申诉主体侵犯了其合法权益或不服被申诉主体的处理决定，而要求受理机关进行处理的具体要求，表述时尽可能简洁、具体。申诉理由写明被申诉主体侵害其合法权益或不服被申诉主体的处理决定的事实依据、法律依据并陈述相应理由。附项是指写明并附交相应的物证、书面证明或复印材料等。

（2）对申诉的处理

有关部门收到学生申诉申请书后，首先应对申诉主体是否具有申诉资格和是否符合申诉条件进行审查。对于申诉主体不合法、被申诉主体不明确、申诉请求含糊不清或者不属于申诉范围的，受理部门可以不予受理并告知理由；对于申诉申请书未载明法定条件的，可以要求限期补正、重新提交申请书；对于符合申诉法定条件的，在查明事实的情况下，依法于收到申诉申请书的次日起30个工作日内做出处理。《中小学教育惩戒规则（试行）》对班级管理中教师行使惩戒权或对纪律处分不服引发的法律纠纷，规定了明确的受理主体——学生申诉委员会，并对其人员构成进行了明确的规定。

（3）对申诉做出处理决定

受理部门应在法定期限内依法做出申诉处理决定并出具学生申诉处理决定书。申诉处理决定书应载明法定内容，对于申诉申请中的申诉请求，视具体情形分别做出处理决定。

（4）执行

受理部门应将学生申诉处理决定书送达申诉当事人。申诉处理决定书自送达之日起发生法律效力。申请人对于申诉处理决定不服的，可以依法申请复核。其内容涉及人身权、财产权的，可以依法提起行政诉讼。《中小学教育惩戒规则（试行）》中对申请人不服学生申诉委员会的申诉处理决定的情形作了救济的明确规定。“学生或者家长对学生申诉处理决定不服的，可以向学校主管教育部门申请复核；对复核决定不服的，可以依法提起行政复议或者行政诉讼。”

小思考

以下情形可以提起申诉吗？

《中小学教育惩戒规则（试行）》第八条规定：“教师在课堂教学、日常管理中，对违规违纪情节较为轻微的学生，可以当场实施以下教育惩戒：（一）点名批评；（二）责令赔礼道歉、做口头或者书面检讨；（三）适当增加额外的教学或者班级公益服务任务；（四）一节课堂教学时间内的教室内站立；（五）课后教导；（六）学校校规校纪或者班规、班级公约规定的其他适当措施。”如果学生及其家长对其中的某一条惩戒不服，可以申诉吗？

这种情况是可以提出申诉的。《中华人民共和国教育法》明确规定：“对学校给予的处分不服向有关部门提出申诉，对学校、教师侵犯其人身权、财产权等合法权益，提出申诉或者依法提起诉讼。”但这种情况不适合于《中小学教育惩戒规则（试行）》第十七条中规定的简易程序，因而只能向教育行政部门提出申诉。

（二）民事诉讼制度

民事诉讼是三大诉讼之一，是法律救济的一种重要形式。

1. 民事诉讼制度的概念

民事诉讼制度是由《中华人民共和国民事诉讼法》专门规定的法律救济制度。该法第二条规定：“中华人民共和国民事诉讼法的任务，是保护当事人行使诉讼权利，保证人民法院查明事实，分清是非，正确适用法律，及时审理民事案件，确认民事权利义务关系，制裁民事违法行为，保护当事人的合法权益，教育公民自觉遵守法律，维护社会秩序、经济秩序，保障社会主义建设事业顺利进行。”第三条规定：“人民法院受理公民之间、法人之间、其他组织之间以及他们相互之间因财产关系和人身关系提起的民事诉讼，适用本法的规定。”根据这些规定，可以将民事诉讼制度界定为：公民、法人或其他组织为解决公民之间、法人之间、其他组织之间以及他们相互之间因财产关系或人身关系而引起民事纠纷，保护自己的合法权益依法向人民法院提起诉讼，由人民法院进行审理并作出判决的一项法律救济制度。

知识拓展

《中华人民共和国民事诉讼法》

《中华人民共和国民事诉讼法》是由1991年4月9日第七届全国人民代表大会第四次会议通过；根据2007年10月28日第十届全国人民代表大会常务委员会第三十次会议《关于修改〈中华人民共和国民事诉讼法〉的决定》第一次修正；根据2012年8月31日第十一届全国人民代表大会常务委员会第二十八次会议《关于修改〈中华人民共和国民事诉讼法〉的决定》第二次修正；根据2017年6月27日第十二届全国人民代表大会常务委员会第二十八次会议《关于修改〈中华人民共和国民事诉讼法〉和〈中华人民共和国行政诉讼法〉的决定》第三次修正。该法共4编、284条，各编次分别为：总则、审判程序、执行程序和涉外民事诉讼程序的特别规定。

2. 民事诉讼制度的一般程序

公民、法人或其他组织因人身权、财产权内容产生的法律纠纷，均可依法向人民法院提起诉讼请求，人民法院审理案件的程序分为第一审程序、第二审程序和审判监督程序。

（1）第一审程序

第一审程序包括普通程序和简易程序，这里主要简单介绍普通程序。第一审程序中的普通程序包括起诉、受理、审理和判决。

① 起诉

起诉是指公民、法人或其他组织认为自己的民事权益受到侵害或者发生争议，向人民法院提出诉讼请求，以保护其合法权益的诉讼行为。《中华人民共和国民事诉讼法》第一百一十九条规定："起诉必须符合下列条件：（一）原告是与本案有直接利害关系的公民、法人和其他组织；（二）有明确的被告；（三）有具体的诉讼请求和事实、理由；（四）属于人民法院受理民事诉讼的范围和受诉人民法院管辖。"

② 受理

《中华人民共和国民事诉讼法》第一百二十三条规定："人民法院应当保障当事人依照法律规定享有的起诉权利。对符合本法第一百一十九条的起诉，必须受理。符合起诉条件的，应当在七日内立案，并通知当事人；不符合起诉条件的，应当在七日内作出裁定书，不予受理；原告对裁定不服的，可以提起上诉。"第一百三十三条规定："人民法院对受理的案件，分别情形，予以处理：（一）当事人没有争议，符合督促程序规定条件的，可以转入督促程序；（二）开庭前可以调解的，采取调解方式及时解决纠纷；（三）根据案件情况，确定适用简易程序或者普通程序；（四）需要开庭审理的，通过要求当事人交换证据等方式，明确争议焦点。"

③ 审理和判决

审理过程包括审判前的准备和开庭审理达到调解或者宣判、裁定。审判前人民法院要做好送达起诉状副本和提出答辩状、组成合议庭等准备工作。开庭审理前，书记员应当查明当事人和其他诉讼参与人是否到庭，宣布法庭纪律。开庭审理时，首先由审判长核对当事人，宣布案由，宣布审判人员、书记员名单，告知当事人有关的诉讼权利和义务，询问当事人是否提出回避申请。然后进行法庭调查，基本顺序是当事人陈述；告知证人的权利和义务，证人作证，宣读未到庭的证人证言；出示书证、物证、视听资料和电子数据；宣读鉴定意见；宣读勘验笔录。法庭调查结束后，进行法庭辩论，基本顺序为原告及其诉讼代理人发言；被告及其诉讼代理人答辩；第三人及其诉讼代理人发言或者答辩；互相辩论。法庭辩论终结，应当依法做出判决。判决前能够调解的，还可以进行调解，调解不成的，应当及时判决。当庭宣判的，应当在十日内发送判决书；定期宣判的，宣判后立即发给判决书。宣告判决时，必须告知当事人上诉权利、上诉期限和上诉的法院。

（2）第二审程序

当事人不服地方人民法院第一审判决的，有权在判决书送达之日起十五日内向上一级人民法院提起上诉。当事人不服地方人民法院第一审裁定的，有权在裁定书送达之日起十日内向上一级人民法院提起上诉。上诉应当递交上诉状。上诉状的内容，应当包括当事人的姓名，法人的名称及其法定代表人的姓名或者其他组织的名称及其主要负责人的姓名；原审人民法院名称、案件的编号和案由；上诉的请求和理由。第二审人民法院经过审理前的准备，径行判决或经开庭审理做出判决、裁定。我国司法审判施行“二审终审制”，所以第二审人民法院做出的判决、裁定是终审的判决、裁定。

（3）审判监督程序

审判监督程序即再审程序，是指由有审判监督权的法定机关和人员提起，或由当事人申请，由人民法院对发生法律效力的判决、裁定、调解书再次审理的程序。各级人民法院院长对本院已经发生法律效力的判决、裁定、调解书，发现确有错误，认为需要再审的，应当提交审判委员会讨论决定。最高人民法院对地方各级人民法院已经发生法律效力的判决、裁定、调解书，上级人民法院对下级人民法院已经发生法律效力的判决、裁定、调解书，发现确有错误的，有权提审或者指令下级人民法院再审。当事人对已经发生法律效力的判决、裁定，认为有错误的，可以向上一级人民法院申请再审；当事人一方人数众多或者当事人双方为公民的案件，也可以向原审人民法院申请再审。当事人申请再审的，不停止判决、裁定的执行。

知识拓展

行政诉讼制度

行政诉讼制度是指公民、法人或者其他组织认为行政主体的具体行政行为侵犯其合法权益，依法向人民法院提起诉讼，由人民法院依法对该具体行政行为进行合法性审查并做出裁判的一项法律救济制度。《中华人民共和国行政诉讼法》对该项法律救济制度进行了具体规范。

第三节　班级管理中的教育侵权行为及其预防

- 班级管理中的教育侵权行为
  - 班级管理中侵犯受教育者教育权利的行为
  - 班级管理中常的侵犯受教育者民事权利的行为
- 班级管理中教育侵权行为的预防
  - 完善教育法律规范体系
  - 加强教育法律规范学习

- 树立并不断强化依法执教意识
- 严格教育行政执法
- 规范学校管理
- 增强受教育者的法权意识

班级管理中的教育侵权行为主要表现为班主任和任课教师侵犯受教育者的教育、人身、财产方面权利。探讨班级管理中常见的教育侵权行为及其预防，有利于班主任和任课教师依法开展班级管理工作，也有利于保护受教育者的合法权益。

一、班级管理中的教育侵权行为

班级管理中常见的教育侵权行为散见于班级教学管理、班级活动管理以及班级日常管理之中。班级管理中教育侵权行为的发生是以受教育者享有的权利为前提的，有权利才会有侵权。根据《中华人民共和国教育法》和《中华人民共和国民法典》以及其他相关法律规范规定，受教育者既享有作为一名教育主体所应享有的教育权利，也享有作为一名国家公民所应享有民事权利。

（一）班级管理中侵犯受教育者教育权利的行为

受教育者的教育权利是指由教育法律规范赋予受教育者应该享有的基本权利，包括受教育权及其他的教育权利。现有的教育法律规范规定的受教育者的基本权利主要包括：参加教育教学活动的权利、获取奖助贷学金的权利、获得公正评价和学业证书的权利以及法律救济的权利。在教育实践中，侵犯受教育者参加教育教学活动权利的行为、侵犯受教育者获取奖助贷学金权利的行为、侵犯受教育者获得公正评价和学业证书权利的行为是班级管理活动中常见的教育侵权行为。

1. 侵犯受教育者参加教育教学活动权利的行为

《中华人民共和国教育法》第四十三条规定受教育者依法享有“参加教育教学计划安排的各种活动，使用教育教学设施、设备、图书资料”的权利。受教育者参加教育教学活动的权利，既包括参加教育教学计划安排的活动，如参加课堂教学活动、综合实践活动、课外活动等；也包括使用教学设施、设备和图书资料，如教室中的课桌椅、校园公共体育设备、运动场、图书馆等。

案例点击

班主任有权让学生停课一周吗？

某省一所寄宿制学校初三年级学生周某，连续三天晚自习时大声喧哗被当众批评教育，在第四天晚自习时玩手机又被班主任发现。根据该校管理规定，学生是不被允许带手机进校园的。班主任见诸般教育无效，在未与周某家长商量的情况下，让周某回家深刻反省，并要求周某一周内不许到校上课。请问，这种情况下班主任有权让周某停课一周吗？

正常上课属于教育教学计划安排的活动，是学生周某享有的参加教育教学活动的权利内容。从《中华人民共和国教育法》《中华人民共和国义务教育法》《幼儿园管理条例》等法律、法规来看，班主任、教师是无权要求学生停课一周的。在《中小学教育惩戒规则（试行）》第十条中有这样的规定："小学高年级、初中和高中阶段的学生违规违纪情节严重或者影响恶劣的，学校可以实施以下教育惩戒，并应当事先告知家长：（一）给予不超过一周的停课或者停学，要求家长在家进行教育、管教……"学校对学生做出不超过一周的停课或停学的教育惩戒，须同时满足三个条件：小学高年级以上的中小学生、违规违纪情节严重或者影响恶劣、应当事先告知家长。这里需要强调的是，《中小学教育惩戒规则（试行）》中并未规定班主任、教师可以行使这样的权利。

2. 侵犯受教育者获取奖助贷学金权利的行为

《中华人民共和国教育法》第四十三条规定受教育者依法享有"按照国家有关规定获得奖学金、贷学金、助学金"的权利。获取奖学金、助学金、贷学金是受教育者在接受教育的过程中的基本权利。

案例点击

高中生助学金被克扣做班费

李强（化名）是某市第七中学高一学生，家庭较困难。前不久，李强拿到了1000元的普通高中国家助学金。原本是件高兴的事，然而还没拿到钱，李强就被班主任告知要从1000元钱中拿出一部分交到班上。"老师说，拿到助学金的，每人拿出一部分当'班费'。"李强说，"领到500元的，要交50~100元。领到1000元的，要交200~300元。领到1500元的，要交500~600元。"李强介绍，他们班共有11名同学领到了助学金，一共要交3000多元钱。这个情况只在李强班上出现，还是其他班级也有？据悉，这次助学金发放涉及高一至高三，有的一个班十几人，有的一个班三十几人。李强告诉记者，有的班级交得少，有的班级交得多。但也有一些班主任特别强调，不许效仿其他班级，让学生们拿好自己领到的助学金。从普通高中国家助学金里拿出一部分钱当"班费"，到底是班主任的要求，还是学校不成文的规定？记者就此事采访了该校校长秦品华。秦品华说，了解此事后他很震惊，立即调查。"根据初步调查情况，该情况只在少数班级出现。"（资料来源："民主与法制网"）

为贯彻落实《国家中长期教育改革和发展规划纲要（2010—2020年）》精神，完善国家资助政策体系，切实解决普通高中家庭经济困难学生的就学问题，财政部和教育部发布了《财政部教育部关于建立普通高中家庭经济困难学生国家资助制度的意见》和《普通高中国家助学金管理暂行办法》。《普通高中国家助学金管理暂行办法》第十一条规定："学校要制定国家助学金具体实施办法，要为每位受助学生分别办理银行储蓄卡，直接将国家助学金发放到受助学生手中，一律不得以实物或服务等形式，抵顶或扣减国家助学金。为学生办理银行储蓄卡，不得向学生收取卡费或押金等费用，也不得从学生享受的国家助学金中抵扣。"案例中的班主任克扣学生的助学金充当班费的行为是违法行为。

3. 侵犯受教育者获得公正评价和学业证书权利的行为

《中华人民共和国教育法》第四十三条规定受教育者依法享有"在学业成绩和品行上获得公正评价，完成规定的学业后获得相应的学业证书、学位证书"。学业成绩评价是学校及其他教育机构对学生知识获得、技能发展及能力形成等方面的学力评价。品行评价是学校及其他教育机构对学生的品德发展进行的评价。学业证书是学生学习经历的凭证，包括毕业证书、结业证书和肄业证书。根据《中华人民共和国学位条例》的规定，只有高等教育本科层次以上教育才授予学位，基础教育不授学位。学生在完成规定学业以后，有权获得相应的学业证书。

"不买校服就不发毕业证?"

"马上就要毕业了，校服就算买了也穿不了几天了。"28 日上午，安徽省城一所中学的高三学生小朱打来电话说，班主任日前在班上宣布，要求学生购买新一季的校服，一套 65 元，如果不买就不发毕业证书。小朱的父亲是农民工，家里条件原本就不富裕。为了冲刺高考，已经将不少家庭收入都用在补课和购买各类辅导书籍上。如今要拿出钱来购买穿不了几次的校服，小朱心里很不是滋味。"当时班里很多同学都不想买，但是老师的态度很强硬，意思就是不买校服就不发毕业证书。"说到这里，小朱有些气愤，"真不明白，校服到底跟毕业证有什么关系!"（资料来源："民主与法制网"）

根据《中华人民共和国教育法》的规定，学生能否获得毕业证书，是与学生是否完成规定的学业有关，与学生是否购买校服没有关系。将购买校服与获得毕业证书之间挂钩，明显是违法的，这侵犯了学生依法获得学业证书的权利。

（二）班级管理中常见的侵犯受教育者民事权利的行为

《中华人民共和国民法典》第一百一十条规定："自然人享有生命权、身体权、健康权、姓名权、肖像权、名誉权、荣誉权、隐私权、婚姻自主权等权利。"班级管理中常见的侵犯受教育者民事权利的行为主要有侵犯受教者身体权、健康权、姓名权、肖像权、名誉权、隐私权等方面的侵权行为。

1. 侵犯受教育者身体权的行为

这里的身体权是指受教育者保持其身体组织完整并支配其肢体、器官和其他身体组织并保护自己的身体不受他人违法侵犯的权利。《中华人民共和国民法典》第一千零三条规定："自然人享有身体权。自然人的身体完整和行动自由受法律保护。任何组织或者个人不得侵害他人的身体权。"

初二女学生被强迫剪短发　老师称对学习有利

"女孩子留长发是天经地义的事，而且又没剪成奇形怪状的发型，为什么要强迫我们剪短发。"海口某中学几名初二女生认为老师强求剪发侵犯她们的人权。据该校女生介绍，老师从20日开始就通知她们将头发剪短，并定下期限，22日下午第四节自习课，老师到教室里逐个检查，将发型不符合要求的女生挑出来，给她们剪头发。为了逃避剪头发，有的女生逃课。这些女生说，从初一开始，她们的年级组长吴老师就要求她们剪短发。有一次，吴老师拿着一把剪刀站在校门口看到谁头发长就用剪刀剪她的头发，有个被剪了头发的同学躲进厕所偷偷地哭。此后，不论什么季节，老师都会不定期地检查女生的头发，只要不合格的就让其剪掉。（资料来源："搜狐网"）

头发是人身体组织的一部分，教师强行剪学生头发的行为，违背了学生的意志，侵犯了学生的身体权。班级管理制度、学校管理制度的内容是不能与《中华人民共和国民法典》的相关规定相抵触的。

2. 侵犯受教育者健康权的行为

这里的健康权是指受教育者依法享有的身体健康不受非法侵害的权利。身体健康是受教育者参加教育活动的重要保证。《中华人民共和国民法典》第一千零四条规定："自然人享有健康权。自然人的身心健康受法律保护。任何组织或者个人不得侵害他人的健康权。"与身体权强调受教育者身体完整、自由支配不同，健康权强调受教育者生理机能（内部机能与外部组织）正常运作，侵害健康权必然会造成受害人内部机能或外部组织的伤害，而侵害身体权则不一定。从保护目的上看，身体权主要是保护受教育者身体的完整性与自然人的行动自由，即能够按照自己的意志进行支配；而健康权是保护受教育者的身心健康。

上课说话遭体罚　学生面部"很受伤"

市民金先生接孩子放学的时候，发现刚上一年级的儿子脸上出现了红肿和淤青，孩子说是由于上课说话，被班主任老师用软尺惩罚，而且还打了不止一次。金先生马上找到校方了解情况。4月29日上午，记者在医院门口见到了刚刚带孩子做完检查的金先生，记者发现，虽然距离孩子被打已经过去了一天的时间，但是在孩子的脸上，以及额头上仍然留有明显的伤痕。在聊天中，孩子告诉记者，因为自己上课说话，所以在当天上午的第三节课上，老师当着同学的面，对自己进行了体罚，而且还不止一次。（资料来源：“腾讯网”）

《中华人民共和国教育法》《中华人民共和国义务教育法》均规定“禁止体罚和变相体罚”。教师上课时对违纪学生进行教育管理是其法定权利，但教师在教育管理中不能违法侵害受教育者的身心健康。案例中班主任体罚学生致其面部受伤，侵害了学生的身心健康，因而侵犯了学生的健康权。

3. 侵犯受教育者姓名权的行为

这里的姓名权是指受教育者依法享有决定、使用、变更或者许可他人使用自己姓名的权利，禁止他人干涉、盗用、冒用。《中华人民共和国民法典》第一千零一十二条规定：“自然人享有姓名权，有权依法决定、使用、变更或者许可他人使用自己的姓名，但是不得违背公序良俗。”第一千零一十四条规定：“任何组织或者个人不得以干涉、盗用、假冒等方式侵害他人的姓名权或者名称权。”

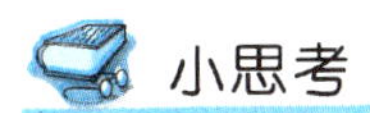
小思考

老师擅自给学生改名违法吗?①

学生赵丽美所在的班级换了一名新老师，恰巧她的名字也叫赵丽美。有一天，赵老师对全班同学说：“同学们，为了避免在今后的教学过程中引起不必要的混淆，我给赵丽美起了一个新名字，今后大家就叫她赵丽娜。”小丽美感到很突然，回家对父母说了这件事，她的父母认为赵老师这样做不妥当。请问，赵老师擅自给学生改名的做法违法吗?

姓名与姓名指称人的人格尊严、学习生活、声音、容貌等方面是紧密联系在一起的，是一个公民区别于他人的标志之一。案例中赵老师擅自变更学生姓名的行为，是侵犯学生姓名权的行为。

4. 侵犯受教育者肖像权的行为

这里的肖像权是指受教育者依法享有自己肖像的制作、使用、公开以及许可他人使用自己肖像的具体人格权。《中华人民共和国民法典》第一千零一十八条规定：“自然人享有肖像权，有权依法制作、使用、公开或者许可他人使用自己的肖像。肖像是通过影像、雕塑、绘画等方式在一定载体上所反映的特定自然人可以被识别的外部形象。”第一千零一十九条第一款规定：“任何组织或者个人不得以丑化、污损，或者利用信息技术手段伪造等方式侵害他人的肖像权。未经肖像权人同意，不得制作、使用、公开肖像权人的肖像，但是法律另有规定的除外。”

小思考

班主任这样做违法吗?

小林和小黄是某小学四年级学生，因天性活泼好动，课间总是在教室打闹。班

① 李文成．教师擅自给小学生改名是违法的［J］．教学与管理，2008（26）：26.

主任多次对他们进行劝说教育，并请家长协助教育，但没有什么效果。无奈之下，此后班主任隔三差五就用手机拍下二人在课间打闹的照片发到家长群里和微信朋友圈中，希望家长关注孩子的不良行为。请问，班主任这样做是否侵犯了小林和小黄的肖像权？

案例中，班主任在未经肖像所有人及其法定监护人同意的情况下，擅自使用、公开小林和小黄的肖像，不符合《中华人民共和国民法典》第一千零二十条规定的“合理实施下列行为的，可以不经肖像权人同意”的情形，是一种侵犯受教育者肖像权的行为。

5. 侵犯受教育者名誉权的行为

这里的名誉权是指受教育者就其自身属性和价值所获得的社会评价，依法享有的保有和维护的具体人格权。《中华人民共和国民法典》第一千零二十四条规定：“民事主体享有名誉权。任何组织或者个人不得以侮辱、诽谤等方式侵害他人的名誉权。名誉是对民事主体的品德、声望、才能、信用等的社会评价。”

小思考

班主任侵权了吗？

某小学学生李卉的妈妈发现孩子最近情绪低落，多方打听才知道原委。原来在上周三班主任王老师的数学课上，李卉和同桌在座位上打闹，被班主任王老师发现。班主任在对他们进行批评时说道：“大家看，这就是我们班的两粒老鼠屎，大家今后离他们远点。”自此以后，其他同学经常用“老鼠屎”称呼他们。

案例中班主任用“老鼠屎”这类侮辱性言语批评李卉与其同桌，对学生的信誉、声望和形象带来了负面影响，并对学生心理造成创伤。班主任的行为侵害了学生的名誉权。

6. 侵犯受教育者隐私权的行为

这里的隐私权是指受教育者享有的私人生活安宁和不愿为他人知晓的私密空间、私密活动、私密信息依法受到保护，不被他人非法侵扰、知悉、搜集、利用和公开等的一种人格权。《中华人民共和国民法典》第一千零三十二条规定：“自然人享有隐私权。任何组织或者个人不得以刺探、侵扰、泄露、公开等方式侵害他人的隐私权。隐私是自然人的私人生活安宁和不愿为他人知晓的私密空间、私密活动、私密信息。”

案例点击

互联网时代该怎样保护学生隐私权

2020年线上教学期间，为解决孩子玩网络游戏及聊天上瘾的问题，某中学班主任召开网络家长会，家长们委托班主任在网课期间监管孩子们的学习情况。老师在管理过程中，远程检查了个别学生手机中下载的App，甚至还要求学生打开聊天记录及电脑文件夹，查看里面的内容。事件在网络上曝光后引发热议，学校认识到此种管理方式有失妥当，对该老师进行了批评教育，明确今后进一步规范老师的教育教学行为。家长也回应，该事件得到妥善处理，老师的行为得到学生谅解。（资料来源："人民资讯网"）

《中华人民共和国民法典》第一千零三十三条规定："除法律另有规定或者权利人明确同意外，任何组织或者个人不得实施下列行为：（一）以电话、短信、即时通讯工具、电子邮件、传单等方式侵扰他人的私人生活安宁；（二）进入、拍摄、窥视他人的住宅、宾馆房间等私密空间；（三）拍摄、窥视、窃听、公开他人的私密活动；（四）拍摄、窥视他人身体的私密部位；（五）处理他人的私密信息；（六）以其他方式侵害他人的隐私权。"本案例中，班主任通过远程手段，指挥学生打开屏幕共享，展示微信中的聊天记录和电脑硬盘文件夹中的文件信息，明显具有公开学生私密信息和私密活动的性质。因此，班主任的行为侵犯了学生的隐私权。

二、班级管理中教育侵权行为的预防

从幼儿园、中小学班级管理自身具有的特征来看，被管理者是一群未成年人，保护未成年人身心健康、保障未成年人合法权益是全社会的共同责任。为了更好地促进未成年人德智体美劳全面发展，培养有理想、有道德、有文化、有纪律的社会主义建设者和接班人，培养担当民族复兴大任的时代新人，要尽量避免班级管理中的教育侵权行为，以免造成对未成年人的身心伤害。

《中华人民共和国未成年人保护法》

《中华人民共和国未成年人保护法》是由全国人民代表大会常务委员会根据宪法制定的、专门保护未满 18 周岁的公民的合法权益的法律。该法 1991 年通过施行，2006 年进行了第一次修订，2012 年进行了修正，2020 年进行了第二次修订，2021 年 6 月 1 日起施行新法。现行《中华人民共和国未成年人保护法》分为总则、家庭保护、学校保护、社会保护、网络保护、政府保护、司法保护、法律责任和附则，共 9 章 132 条。

事后救济与事前预防相结合，是减少班级管理中教育侵权行为发生的有效途径。预防班级管理中教育侵权行为的发生，需要在完善教育法律规范体系的前提下，加强班主任和任课教师教育法律法规学习，树立并强化他们的依法执教意识；同时有赖于严格教育行政执法、规范学校对班主任和任课教师的管理和增强受教育者的法权意识。

（一）完善教育法律规范体系

建立完善的教育法律规范体系是依法开展教育活动的前提。当前我国已经建立了比较完善的教育法律规范体系，包括宪法中的教育法律规范、专门的教育法律、教育行政法规、地方性教育法规、政府教育规章和部门教育规章，其中也包含中小学和幼儿园班级管理工作内容有关的规范，如《幼儿园管理条例》《中小学教育惩戒规则（试行）》《中小学班主任工作规定》等，但在班级管理的法律性质、班级管理的内容和权责分工方面，还有待进一步完善。进一步完善教育法律规范体系，使班主任和任课教师的班级管理工作更加有法可依，有利于减少班级管理中的教育侵权行为的发生。

（二）加强教育法律规范学习

班主任和任课教师是班级管理的直接实施者，学法、懂法是依法开展班级管理活动的前提。班主任和任课教师在上岗前要加强学习教育法律规范，熟悉《中华人民共和国教育法》《中华人民共和国义务教育法》《中华人民共和国教师法》《幼儿园管理条例》等法律法规的规定，明晰教师和受教育者的权利与义务，熟悉班主任和教师的岗位职责，这有利于减少班级管理实践中教育侵权行为的发生。

（三）树立并不断强化依法执教意识

班主任和任课教师要将习得的教育法律规范知识内化为自身教育意识的一部分。在教育教学和班级管理实践中，班主任和任课教师通过积极运用教育法律规范的相关知识指导实践工作，形成直观认识，并通过对教育教学工作和班级管理工作的深刻反思，形成依法执教的内省的经验知识，最终树立依法执教意识。以依法执教作为班级管理的指导思想，有利于减少班级管理中的教育侵权行为。

（四）严格教育行政执法

教育行政执法是教育法的适用方式之一，是行政主体依照法定职权和程序、针对特定事项和特定的教育行政管理相对人，适用教育法律规范并产生法律效力的活动。严格教育行政执法有利于加强国家行政机关对学校、教师（班主任）的有效管理，有利于对班主任和任课教师的班级管理工作提供政策性引导和合法性指导，也有利于加强对幼儿园、中小学班级管理工作的监督。所以，严格的教育行政执法，有利于减少班级管理中的教育侵权行为。

（五）规范学校管理

学校要进一步规范对班主任和任课教师的管理。学校应根据教育法律规范的相关规定，制定班主任和任课教师的班级管理工作细则，进一步明晰岗位职责，加强对班主任工作和班级日常管理、活动管理和教学管理的培训与指导，强调生命安全教育和依法治教，建立科学的班级管理工作评价体系，以评促管。通过规范、有效的学校管理，减少班级管理中的教育侵权行为。

（六）增强受教育者的法权意识

幼儿园、中小学班级管理中教育侵权行为发生时，权利受损人总是未成年的受教育者。增强受教育者的法权意识，使其学会自我保护，这样当他们自己的法定权利受到侵犯时，可以通过言语告知班主任或任课教师，从而起到提醒、警醒班主任和任课教师的作用。加强受教育者对自己法定权利的认识，培养学生自我保护意识，有利于减少班级管理中的教育侵权行为。

思 考 题

一、名词解释题

教育侵权行为　学生申诉制度　民事诉讼制度　身体权　健康权
姓名权　肖像权　名誉权　隐私权

二、简答题

1. 简述教育侵权行为的性质和班级管理中教育侵权行为的性质。
2. 简述教育侵权行为的特征。
3. 简述学生申诉制度的程序。
4. 简述民事诉讼制度的程序。
5. 简述班级管理中常见的侵犯受教育者教育权利的行为。
6. 简述班级管理中常见的侵犯受教育者民事权利的行为。

三、论述题

结合中小学、幼儿园的教育教学实际，谈谈如何在班级管理中预防教育侵权行为的发生。

四、材料分析题

当学校和老师开启了“自保”模式，吃亏的到底是谁?①

案例 1：

小明是一名心脏病患者，从初中开始就长期吃药控制，只要按时吃药，就无明显症状，也不会有什么危险。上高中后，为了不受同学歧视，小明在父母的叮嘱下没有告诉老师和同学自己的病情。正常地与其他同学跑操，上体育课。有一天早上，小明的妈妈起床晚了，没有给小明做饭，小明为了不迟到，饭和药都没吃就来到了学校。做课间操时，小明感到明显的不适，但他没有告诉任何人，坚持跑操。跑到最后一圈的时候，小

① 佚名．当学校和老师开启了“自保”，吃亏的到底是谁?［EB/OL］.(2017-06-07)［2022-04-12］.https://www.sohu.com/a/149857679_714612.（标题和内容有改动）

明一头栽倒在操场上。尽管老师及时拨打了120，可小明还是离开了人世。丧子之痛，再加上想获得一些抚恤金，小明的家人把花圈摆到了教育局门口。一时间网络上流言四起。为了尽快消除不良影响，最终学校以某种形式抚恤了小明的家人。

事件平息之后，全县立刻进行了中小学学生健康大普查，彻底查出那些有潜在危险疾病的学生。对这些学生，学校强制他们到医院开证明，否则不能来上学。医院的证明具有法律效力，万一学生身体出了事，可以免除学校的责任。这次体检非常严格，很多有些小疾病的学生也被查了出来，他们在学校或多或少受到同学的歧视。

紧接着，又发生了另一件事。因为前一晚下过雨，操场上有少量积水，有个学生课间跑步时不小心滑倒摔伤了。家长不问青红皂白，带人来学校闹，学校只好赔付了所有医药费和营养费，还专门安排老师给这个学生补课。以后的日子里，这所学校下雨天不跑步，下雪天不跑步，刮风的天不跑步，天气太热、太冷也不跑步。一年里有大半年的时间不跑步。虽然再也没有学生摔倒的事情发生，可学生的整体身体素质大幅度下降。

案例2：

小丽上高中二年级，这一年她多了一个弟弟。一时间，小丽的父母把大部分精力放在弟弟身上。小丽不但少了父母的关心和爱护，每天放学回家还得给弟弟洗尿布。妈妈渐渐变得暴躁起来，经常对小丽发脾气。小丽觉得自己从一个漂亮的公主变成了被人嫌弃的丑小鸭。

弟弟的尿布似乎越来越多，永远洗不完，小丽常常因为洗尿布而不能按时完成作业。第二天老师检查作业，发现小丽没有完成。老师就批评小丽，说小丽懒惰，说小丽这样下去一定没有前途。小丽也觉得，自己天天洗尿布没有未来。下课后，小丽就从五楼跳了下去，离开了人世。

小丽的老师追悔莫及，又是给小丽父母下跪，又是给小丽的灵位下跪，可最终还是失业了。这个学校的老师再也不敢批评学生，哪怕学生犯了严重错误。很多老师觉得，教学成绩不好，大不了被指责没能力，学生跳楼，老师的饭碗就砸了。

学生抽烟、打架、谈恋爱、与社会上的不良青年交友，老师都睁一只眼闭一只眼。很多老师觉得，学生犯了错误，伤害的是学生自己；但如果老师管教学生，导致学生和家长做出过激行为，伤害的一定是老师。

案例3：

小兰从初中就开始谈恋爱，到了高一仍然谈恋爱。高中的班主任发现情况后，找小兰谈了多次，也找小兰的家长谈了多次。家长袒护小兰，说自己的孩子没有谈恋爱，小兰和男生只不过是正常交往。

有一天，小兰和班主任请假说家里有急事，要马上回家。班主任准假后，小兰立刻就走了。班主任估计小兰应该回到家的时候，给小兰的爸爸打了个电话，询问小兰到家了没有。结果发现小兰根本没有回家，小兰的家里也没有什么急事。

小兰的父母知道小兰不见了之后，主观地认为老师在学校里批评了小兰，才把小兰逼走的。小兰的父母带着电视台和报社的记者来到学校，宣称要曝光老师是如何把学生逼走的。

最后，众人在派出所的帮助下弄清了事情的真相。小兰的男朋友是一名社会青年，小兰撒谎说家里有事是为了去和男朋友约会。两人一起吃饭逛街，玩够了之后，小兰才回到学校。这时，小兰的父母还在学校不依不饶地大喊大叫。电视台的记者弄清了事情的来龙去脉之后，就劝小兰的父母别闹了。

这件事之后，再有学生请假，班主任就不敢轻易应允了，只有家长打电话替学生请假才准假。为了防止学生找他人冒充家长打电话，班主任还要求学生家长用学生入学之初报给老师的手机号打电话。原本简简单单的请假，如今却让师生关系充满危机。

阅读以上三个案例，谈谈你的看法。

推荐阅读书目

1. 檀传宝．德育与班级管理［M］．北京：高等教育出版社，2013.

2. 劳凯声．变革社会中的教育权与受教育权：教育法学基本问题研究［M］．北京：教育科学出版社，2003.

3. 刘旺洪．教育法教程［M］．南京：南京师范大学出版社，2013.

4. 黄崴．教育法学［M］．北京：高等教育出版社，2007.

5. 杨颖秀．教育法学［M］．北京：中国人民大学出版社，2019.

6. 尹力．教育法学［M］．北京：人民教育出版社，2018.

7. 叶芸．教育法学［M］．北京：北京师范大学出版社，2015.